DAXUE SHEHUIJIAOYU YANJIU

大学社会教育研究

——基于大学服务社会的历史考察

王雷　著

人民出版社

责任编辑：李之美

图书在版编目（CIP）数据

大学社会教育研究：基于大学服务社会的历史考察/王 雷 著.
-北京：人民出版社，2013.1
ISBN 978-7-01-011479-8

Ⅰ.①大… Ⅱ.①王… Ⅲ.①高等教育-社会教育-研究 Ⅳ.①G64

中国版本图书馆CIP数据核字（2012）第280613号

大学社会教育研究

DAXUE SHEHUI JIAOYU YANJIU

——基于大学服务社会的历史考察

王 雷 著

人民出版社 出版发行
（100706 北京市东城区隆福寺街99号）

北京龙之冉印务有限公司印刷 新华书店经销

2013年1月第1版 2013年1月北京第1次印刷
开本：710毫米×1000毫米 1/16 印张：18.5
字数：260千字 印数：0,001-2,000册

ISBN 978-7-01-011479-8 定价：39.00元

邮购地址 100706 北京市东城区隆福寺街99号
人民东方图书销售中心 电话（010）65250042 65289539

目录

前 言

在学习型社会中，社会发展对教育的要求越来越高，表现在人人都应该受教育，并且只有接受教育才能适应社会发展的挑战和要求；同时，学习型社会应该为每一个人提供受教育的机会，应该激励和满足每个人受教育的需求。国家与社会举办的教育应该是全民教育。教育机构应该扩大教育的对象，丰富教育的形式，拓展教育的空间。换句话说，就是要做到“社会教育化，教育社会化”。通俗说就是使教育无处不在、无所不在、无时不在。在这样的发展趋势下，传统的学校教育模式已不能适应现代社会多方面的教育需求，教育发展中一个广阔而重要的领域——社会教育——日益为人们所关注，并逐渐成为世界各国教育改革与发展中一个十分活跃的课题。

但社会教育是什么？社会教育怎么办？社会教育由谁来办？这是规划、发展社会教育所不能回避的三个基本问题。本书就是从这三个基本问题出发，从历史与现实、国内与国外相互观照的视角，提出社会教育的事业应该由大学来举办。也就是说，通过拓展与提升大学社会教育的效能，通过大学与社会的协同创新，实现社会教育的发展，破解终身教育的难题，找到实现学习型社会的路径。

本书以此作为研究的切入点，从大学服务社会的历史视角出发，通过考察大学服务社会的历史过程，总结大学服务社会的历史经验，总结大学与社会协同创新的历史经验，面向大学服务社会这个广阔的领域，对大学社会教育展开历史与现实的双向深化研究。试图提出大学社会教育这个核心概念,尝试构建大学社会教育的理论体系,提升大学服务社会的教育效能,找到大学参与建设学习型社会的路径。

首先,建设学习型社会必须超越学校教育的局限。学习型社会是以终身教育和终身学习为理念的一种社会教育形态。在这样的社会教育形态中,有两个重要的要素:一是社会要求人人都必须接受教育,只有接受教育,才能适应现代和未来社会生存与发展的需求;二是社会为每个人接受教育提供条件和机会,使有学习愿望的人都有适合自己的受教育形式。第一个要素是指社会要激励每个人受教育的需求;第二个要素是指社会要满足每个人受教育的需求。

在这样一种学习型社会形态下,传统教育受到了前所未有的挑战。传统上以学校为主的教育观、以人才培养为主的目的观、以青少年为主的对象观,在新的学习型社会的要求下,已经越来越不适应。一种开放的教育观念正在强烈地影响着、冲击着封闭的学校教育体系。它要求传统学校教育必须变革,变封闭的学校教育体系为开放的社会教育体系。在教育目的上,要兼顾社会与个人,教育在促使人全面发展的同时,要使社会向学习型社会迈进;在教育对象上,教育要使每个人都有机会学习,都有适合自己的学习形式;在教育制度上,教育不仅仅指正规化的学校教育,还包括各种非正规的社会教育形式;等等。总之,学习型社会的教育观,要求我们必须超越学校教育的范围来思考和发展教育。社会教育就是在这样的背景下应运而生的。

其次,发展社会教育是建设学习型社会的基础。如果把学习型社会看成一个教育系统,那么,社会教育就是支撑这个系统存在的基础,它是建设学习型社会的基础工程,是学习型社会的主要阵地。社会教育以终身教育为指导思想,以建设学习型社会为主要目的。它在性质上是社会教育,在对象上是全民教育,在时间上是终身教育,在空间上是全面教育。它是以“全员、全程、全方位”为特点,通过社会各种正规教育和非正规教育形式,对全体民众进行的有目的、有组织、有计划的教育。

社会教育的这些特点，决定了它是学制体系以外的非正规教育形式，它弥补着学校教育体系的不足，但又和学制体系有着密切的联系，它可以丰富和扩大学校教育的功能。如何看待它和学制体系的关系？如何推动社会教育的发展？世界各国情况不一。笔者认为，我国发展社会教育应从我国历史、国情、民情及教育实际出发，在发展社会教育的过程中，社会教育应该发挥大学的作用，通过大学来参与推动社会教育的发展，使大学的社会服务定位于社会教育。

再次，大学参与推动是社会教育发展的动力。社会教育发展为什么由大学来参与推动？这是本书立意的基本观点和试图阐述的核心问题，在各章中都有论说，这里简要分析如下：

其一，历史经验的总结。我国自古以来就十分重视社会教化，虽然教化的封建内容应该批判，但其面向全民的教化形式却有许多优良的传统需要继承和发扬。许多教化形式对发展社会教育都有启示作用。如全民道德教化、乡规民约、民俗教化、孔庙学宫教化、书院教化、礼仪教化等。发挥各级各类学校的教化作用，尤其值得总结。近代社会教育理论与事业的兴起，使人们认识到大学在推动社会教育事业中具有积极的作用。许多社会教育事业的出现都与大学的积极推动有关。如北京大学平民教育讲演团举办的平民教育活动，进步大学师生参与的各种乡村教育及工农教育活动等。所以，从历史经验来看，无论是古代的社会教化，还是近代的社会教育，都说明了由知识群体或大学来推动参与开展社会教育，是适合国情和民情的一种教育事业。

其二，国外教育的影响。由大学推广教育一直是国外大学办学的一个优良传统，是大学办学的使命之一。国外大学实施社会服务，主要以推广教育或扩充教育为主，从事教育服务是其基本的内容之一。在大学的推动与参与下，各种正规和非正规教育逐渐发展起来，如成人教育、继续教育、民众教育、回归教育、社会教育等。大学参与推动各种社会教育事业是国外教育发展的重要经验之一。

其三,社会教育发展的需要。社会教育发展需要基本的师资条件和设施条件。无论是初期,还是发展期,利用大学的推动是各国发展社会教育的一个重要经验,如美国的社会学院、日本的大学公开讲座、韩国的“新社会运动”、北欧的民众高等学校等,在发展的各个时期都有大学的身影。大学通过自身的推广教育,为社会教育的发展提供人力和物力的支持。

其四,大学社会服务的必需。大学从事社会服务是我国高等教育的重要任务之一,但社会服务的范围、内容、途径、方式等都有哪些?很难规范,也难以制度化。在这方面,我们经历了太多的曲折,既有“开门办学”的教训,也有“关门办学”的不足。笔者认为大学从事社会服务,应以实施推广教育为主,面向社会举办各种社会教育事业应该是大学社会服务的主要任务。参与推动社会教育,为社会教育发展做贡献,是大学义不容辞的责任。

除了上述原因以外,由大学来推动社会教育的发展,也是我国国情、民情及教育实际状况所决定的。国情是我国地域辽阔,各地发展不平衡,目前的经济发展状况很难支撑建设独立的社会教育发展体系,也很难在全国形成统一的社会教育发展模式;民情是我国人口众多,人口素质有待提高,成人受教育程度普遍不高,人们的学习需要拉动;同时人口的老龄化,流动人口增长,农村人口大量涌进城市等现实,使我国一方面感到发展社会教育十分迫切,另一方面又很难找到发展社会教育事业的突破口。如要借鉴美国社区学院以及欧美开放教育的做法,目前很难有足够的经济条件和教育基础;实际困难是在现有的学制体系内,很难使社会教育立足。在目前的教育行政体系内也没有社会教育的地位。因此,各地发展社会教育,其推动者很难一致。既有教育机关,也有党群部门;既有公共团体,也有街道、居委会等。

所以,综合上述看法,笔者认为要寻求我国发展社会教育的模式与途径,找到推动社会教育发展的动力,必须从我国的实际情况出发,借鉴我国历史及国外发展社会教育的经验,采取大学实施推广教育的做法,由大学来推动社会教育的发展,参与开展各种社会教育事业,这是我国发展社会教育一个有效的做法。

联合国教科文组织国际教育发展委员会在《学会生存》一书中曾强调,要建设一种开放的教育体系,在这个教育体系中,“高等院校应该多样化。大学应该成为对成人和青年人开放的具有多种目的的机构”。“高等教育应该通过许多不同的途径,在任何年龄,以各种形式,为人们所享受”。① 同时列举了许多国家在这一方面好的做法。如美国的“无墙大学”、加拿大的“开放学习联合体”、英国的开放大学、印度的开放大学系统、法国的万森大学以及各国的人民大学,工人大学、民众学校等。这些经验和事例,表明了在学习型社会里,高等教育面临着新的任务及发展趋势。

为了充分地论证由大学来参与推动社会教育发展的必要性和可行性,本书紧紧把握从中国历史经验以及国情出发来探索发展社会教育的原则,借鉴历史以及国外优良社会教育的传统与经验;采用考证、比较、经验总结、历史与现实相结合等方法,试图提出一个系统的由大学来参与推动社会教育发展的理论与实践体系;从思想、制度及实践等方面对大学的社会服务,推广教育及参与开展社会教育进行规范化研究。

本书研究的主要内容包括大学与社会教育的关系,大学开展社会教育的历史经验,大学参与推动社会教育的依据、现状、内容以及大学参与推动社会教育的事业及方式等,并从历史与现实、宏观与微观等角度多方面地透视我国当代大学与社会教育之间的关系,为全方位地了解社会教育的性质、内涵及实践提供资料帮助。

总之,大学开展社会教育,理论与事业还处于起步阶段,但是其思想和实践早就孕育在大学的社会服务过程之中,在丰富的大学社会服务以及大学社会实践研究成果的基础上,笔者试图研究大学与社会教育的关系,研究

---

① 联合国教科文组织国际教育发展委员编著:《学会生存》,教育科学出版社 1996 年版,第 277、225 页。

大学在实施社会服务和推广教育过程中，对社会教育的参与和推动。从这个角度来看，笔者认为社会教育是教育事业的一种，它应该由教育部门来推动和管理，其发展趋势是，在大学的参与推动下，逐渐成为教育领域内一项重要的教育事业。

第一章　大学社会教育概述

“大学”与“社会教育”这两个名词,经常使用,耳熟能详,是隶属不同的两个教育名词,各有各的词源与含义,二者在教育学视野中仿佛没有什么关系。人们在谈论“大学”时,关注的往往是大学的“社会服务”。在谈论“社会教育”时,关心的往往是和“学校教育”、“家庭教育”的区别与联系。然而,如果把“大学”与“社会教育”联系在一起,提出大学社会教育的理论,提出大学的社会服务主要是教育服务,大学社会服务的本质是社会教育的观点,难免有人提出异议。本书就从这个理论假设开始,从历史与现实,国内与国外相结合的视角,尝试研究大学开展社会教育的相关理论与实践。

第一节　大学社会教育的内涵

任何一种教育现象都有一个历史发展过程,都是在历史的联系中产生与发展的。大学社会教育就是在大学长期的社会服务过程中,产生发展起来的一种教育理论与实践。如欧美大学早期的大学扩充教育运动、大学推广教育运动,以及我国近代大学参与举办的平民教育、乡村教育、民众教育事业等。在我国,现代大学起步较晚,由大学所实施的推广教育主要表现在开展社会教育上。教育家蔡元培在试行大学区制的过程中,在教育行政上设立扩充教育处,是大学实施推广教育的制度起点。在这以后,大学开展社会教育是通过各种法令规定下来。可以说,近代我国大学实施扩充教育的尝试,为研究大学服务社会提供了一个重要的教育经验,这就是,我国大学的推广教育主要表现于大学对于社会教育的推动。大学服务社会主要是指导、参与和发展社会教育事业。本节就是从这个教育思想理念出发,从历史与现实相结合的角度,对大学社会教育的内涵以及大学的社会教育功能作一考证研究。

一、大学之道

中国古代教育经典名篇《大学》曾论说:“大学之道,在明明德,在亲民,在止于至善。”《大学》中论及的“大学”,虽然和今天所说的大学在制度上有所区别,但是,在大学的教育思想方面,其蕴涵的深刻哲理,仍然有极高的指导价值。

《大学》中强调的“大学之道”,是指受教育者通过接受教育能够开明自己的德性,实现道德的完善,在人格上达到至善至美的境界。然后,“推己及人”,用自身完善的人格,实现“亲民”和“新民”,带动身边的人,教育所有的人,实现共同的理想。

《大学》中的“亲民”之道,包含着十分丰富的教育内涵。用现代的教育理论分析,就是大学的社会教育,是大学通过社会教育实现着“新民”的理念,是大学通过社会教育实现着文化的传承和社会各界的协同创新。

唐朝著名教育家韩愈曾说:“师者,所以传道授业解惑也”。这句话的拓展之意,就是指大学要有“大学之道”,师者要有“为师之道”,只有“有道”之大学或老师,才有可能实现“新民”之理想,“化民成俗”之目的。

为了便于剖析今日“大学之道”,本书所指的大学,泛指国家学制体系内从事高等教育的学府,选拔具有高中以上学历者进行教育和培训,综合性地提供教学和科研条件并授权颁发学位的教育机关,分为综合大学、专科大学或学院。本书所指的大学应该具有较强的教学、科学研究能力,较高的教学、科研水平和相应的规模,能够实施本科及本科以上教育的高等学校,具备开展社会教育的条件。

大学是集知识储备与创新能力强、高智力水平知识群体密集、先进文化传承载体等特征为一体的先进组织。大学具有雄厚的人力资源包括学者和大学生，具有丰富的教育资源包括各种教育教学机构、设施和组织团体。作为高水平知识群体的代表，大学的学者应该是博今通古、学贯中西，是知识的化身，学问的源泉，能培养大学生成才和引领知识群体创造，具备开展社会教育的文化条件。作为进步的知识群体，大学生应该是青年知识分子的杰出代表，具有服务社会、教育社会的理念与精神。

大学应具有形式多样的知识团体，具有开展社会教育的组织资源，表现于众多的学会、研究会、学生社团组织等。活跃的知识团体是大学举办教育活动的组织保证。

大学具有开展社会教育的物质资源，发达的知识物化设施和机构。诸如图书馆、博物馆、科学馆、艺术馆、体育场等，这是大学从事社会教育的重要阵地。

国家设立大学其主要任务是“以培养人才为中心，开展教学、科学研究和社会服务，保证教育教学质量达到国家的标准”。① 本书所关注的不是大学的人才培养，教学与科研，而是大学从事的社会服务。社会服务作为大学的使命之一，其教育性质是什么？社会服务的含义、范围、内容、途径和方式是什么？大学的社会服务能否制度化、组织化、规范化？本书从这些问题出发，依托大学服务社会的历史经验，从大学服务社会这个视角来研究大学对社会教育的推动，研究大学为什么要开展社会教育以及怎样开展社会教育。

社会服务作为我国大学的任务之一，其含义是什么？不同理论有不同的看法，笔者认为大学的社会服务的性质是实施社会教育，其服务社会的主要含义是从事教育服务，是把自己的教育事业推向社会，用自身的教育资源和教育优势来满足和拉动社会各界对各种教育的需求。换句话说，大学所

---

① 《中华人民共和国高等教育法》，法律出版社 1998 年版，第 11 页。

从事的社会服务主要限定于社会教育的范围之内，其活动与事业都与社会教育有关。

从此理念出发，我们可知，大学所从事的社会服务如果界定于社会教育，那么大学开展社会教育，从事对社会教育的规范、指导与服务，就成了大学的重要任务之一，是大学开展社会服务责无旁贷的职责。而且从国内、国外以及历史与现实的经验来看，大学对社会教育的推动越来越成为大学社会服务的主要内容，其目的是为了推进全民教育和终身教育，建设学习型社会。本书就是从这个核心概念和思想出发，试图研究大学与社会教育的关系以及开展大学社会教育的理论与实践。

二、社会教育

在教育理论界，通常认为教育有广义和狭义之分。广义的教育，泛指影响人们知识、技能、身心健康、思想品德的形成和发展的各种活动。诸如一个国家的政治、经济制度，文化传统，风俗习惯以及各种社会现象和活动等等，都有一定的教育意义。这种广义的教育，其特点是没有固定的场所，没有固定的教育者，没有固定的教育对象，没有固定的教育内容也没有固定的教育目的，在作用于社会和人的发展上，既可能是积极的、正面的，也有可能是消极的、反面的。这种广义的教育，国家和社会组织是规范和控制不了的，但是它的教育作用与影响却不能低估。

狭义的教育，主要指学校教育，即根据一定的社会要求和受教育者的发展需要，有目的、有计划、有组织地对受教育者施加影响，以培养一定社会（或阶级）所需要的人的活动。其特点是有固定的场所（学校），有固定的教育者（教师），有固定的教育对象（学生），有固定的教育内容（教材），学校教育能够规范和控制（教育计划）等。

研究广义的教育和狭义的教育之间的关系，我们就会发现二者是有区别的，广义的教育是非正规的教育，没有制度和计划的保证，它无所不在，无时不在，而狭义的教育则具有正规化和制度化特征，有一定的地域性和时间性，但是，同时二者之间又有一定的联系，它们互为影响，互为制约，共同作用于社会发展和人的发展。所以，广义教育和狭义教育是并存并重的教育，对于二者的作用，我们不要只强调一方而忽视另一方。从教育发展史来看，人类是先有广义的教育，然后才出现学校教育，随着学校教育的发展，相继出现了各级各类的学校教育。

至此，学校教育就成了教育发展的主流，学校系统的演化也就成了教育发展的主旋律，人们渐渐冷落了广义的教育，那么，广义的教育能否制度化和正规化呢？随着终身教育思想的出现，随着建设学习型社会的需要，要求“社会教育化，教育社会化”的呼声越来越高，适应这种教育思想的广义的教育，重新受到人们的普遍关注，各式各样的教育形式应运而生，诸如社会教育、民众教育、平民教育、大众教育、工农教育、成人教育、继续教育、回归教育等等。社会教育就是适应这种形势而出现的，如果按照教育的含义来看，它可以被看做是一种广义的教育形式，是试图使广义的教育组织化、规范化的一种教育形式和制度。

如果以教育的含义作为我们考察的起点，我们就会发现，社会教育是以各种形式存在于广义教育范围之内的教育。自社会教育产生以后，人们一直从广义教育的角度来看待它，把它当成是学校教育系统以外的教育，产生了各种各样的看法，归纳起来主要有：

第一，认为社会教育就是以社会全体民众为教育对象所进行的教育。这种主张突出强调社会教育的对象是全体社会民众。

第二，认为社会教育就是把社会作为教育的场所，社会教育就是在社会这个场所中进行的教育。这种主张突出强调社会教育的场所是社会。

第三，认为社会教育就是以社会为教育的手段，通过社会的文化教育机构与设施实施的有计划、有目的、有组织的教育。这种主张强调以社会作为教育的手段。

第四，认为社会教育就是学校、家庭以外，对青少年学生的一种补充性的、辅助性的教育。这种主张突出强调社会是对青少年进行教育的校外场所。

第五,认为社会教育就是实施有关社会知识内容的一种教育。这种主张强调社会的有关知识应该成为各级各类学校的乡土教材。

第六,认为社会教育就是以"社会为本位"的教育,是以"社会为本位"教育主张的一种,和"以人为本"的教育主张相对立。这种主张实际上是一种教育思想,强调以社会为本。

从上述的种种表述中可以看出,如果从不同的角度和侧面来看,可以得出社会教育的不同含义,每一种含义似乎都有立论的理由和根据,都能演化成许多相关的教育理论,这正是社会教育的复杂性以及引起人们争论的原因之所在。但是,也应该看到如果把社会教育放在历史的长河中去考察,我们就会发现上述的种种表述,都是从不同角度来论述的,揭示的是社会教育的不同属性或某一方面的内涵,表明了从历史发展来看,人们对社会教育的认识是动态的、历史的和多样的,也是逐渐成熟和发展的。

综合人们对社会教育的认识,笔者认为,要正确地认识社会教育的概念,就不应忽视社会教育的历史特征,即社会教育在历史上的各种表现形式,应该从历史与现实相结合的角度来看社会教育的本质内涵。概括说来,笔者认为社会教育的内涵应该做如下表述:

社会教育就是学制系统以外,以政府推动为主导,以团体和学校推动为辅助,为了推进全民教育和终身教育的实施,满足和拉动社会全体民众的教育需要,提高社会全体民众的素质,所进行的一种有计划、有目的、有组织的教育。

这个概念表达了社会教育具有如下几个基本特征:

第一,社会教育的对象广义上是社会全体民众,狭义上是学制以外的民众。

第二,社会教育的目的是为了推进全民教育和终身教育的实施,建设学习型社会,满足和拉动社会民众对教育的需求,提高全体民众的素质。

第三,社会教育的推动者是以政府推动为主导,公私团体及各级各类学校推动为辅助的一种有目的、有计划、有组织的教育。

第四，社会教育的内容是社会生活的全部。“教育就是生活”。

第五，社会教育事业包括三种：一是各种学校式社会教育事业，如民众学校、市民学校、家长学校、补习学校、各种培训学校等；二是各种社会式社会教育事业，如图书馆、图书室、阅览室、博物馆、展览馆、阅报栏、文化馆、文化广场等；三是各种社会文化教育活动，如文体活动、竞赛活动、民风民俗改良等。

总之，社会教育的这些特征，反映了社会教育的基本内涵和外延，它是社会教育历史发展的结果，是在长期的历史发展过程中，逐渐积淀而成的。从历史的视角来把握社会教育，我们就会发现，社会教育并非是现代社会的产物，在历史上各个时期它有不同的表现形式，以各种方式存在着。

通过对“教育”、“社会教育”概念的分析和讨论，我们可知，社会教育在理论上属于广义教育范围内的教育，是教育事业的一种，在长期的发展实践中，人们试图把社会教育引向制度化和规范化的道路，但是，这种想法一直没有实现，全民教育、终身教育和建设学习型社会的理论出现以后，社会教育受到了前所未有的关注，各国通过不同途径来发展社会教育，有些国家颁布了社会教育法规来规划与开发社会教育资源，整合社会学习资源。但在发展社会教育的过程中，都感觉到有一个难题，即社会教育由谁来推动？有些国家有社会教育行政，由国家来推动；有些国家鼓励民间团体从事社会教育事业；有些国家发挥学校的作用来推进社会教育的实施。虽然，推动力不同，但有一个共同点就是立足于国情和民情以及历史与现实的要求。我国各种新式教育起步较晚，社会教育行政在近代有过初步的尝试，曾取得过辉煌的成绩。现代，由于取消了社会教育行政地位，使社会教育发展失去了推动力，社会教育事业及其功能被各种宣传事业、文化事业、公益事业、思想教育等所取代。尤其市场经济的推行，使得原有的社会教育事业发展受到了限制，社会教育发展的成效很低。随着经济的发展，社会的进步，社会教育的意义日益突出，人们越来越感到社会教育的重要，因而，重视社会教育，发展社会教育的呼声也越来越高。所以，为了发展社会教育，就必须有推动的力量，在我国目前的经济、社会及教育发展的条件下，社会教育发展由谁来推动更为有效？本书认为大学开展社会教育无疑是一个可以尝试的途径。

三、学习型社会

"学习型社会"这个概念，最早是由美国芝加哥大学校长赫钦斯在1968年出版的《学习社会》一书中提出的。1969年，美国卡内基高等教育委员会发表了《迈向学习型社会》的报告书。1972年联合国教科文组织国际发展委员会发表了《学会生存——教育世界的今天和明天》，在这个报告中，"学习型社会"得到了充分的肯定和详细的解释。该报告发表以后，立即得到了国际社会的赞同。1972年10月举行的联合国教科文组织第17届会议上，许多国家代表称赞该报告的重要性。强调把终身教育和学习型社会作为国家发展教育和制定教育政策的主导思想。许多国家和地区把"学习型社会"作为21世纪教育发展的目标，并以此来规划本国教育发展的蓝图。至此，"学习型社会"的思想逐渐在世界各地传播开来。

"学习型社会"概念出现以来，虽然还有不同看法，但人们逐渐趋向于寻找共同的认识。《学会生存》报告对这种认识作了详细的界说，认为，"学习型社会"是"一个教育与社会、政治与经济组织（包括家庭、单位与公民生活）密切交织的过程。这就是说，每一个公民享有在任何情况下都可以自由取得学习、训练和培养自己的各种手段"。① 它有如下几个基本特征：

第一，"终身教育是学习型社会的基石"。②"每个人必须终身不断地学习"是学习型社会的基本原则。这个原则贯穿于所有教育的发展过程。并日益成为教育改革与发展的指导思想。应该用终身教育的思想重新检查现有教育体制。

---

① 联合国教科文组织国际教育发展委员会编著：《学会生存》，教育科学出版社1996年版，第203页。

② 联合国教科文组织国际教育发展委员会编著：《学会生存》，教育科学出版社1996年版，第223页。

第二,“必须在空间和时间上重新分配教学活动”。即“教育必须按照每个人的需要和方便在他的一生中进行”,“教育不应再限于学校的围墙之内”,“教育的机构和手段必须大大增加,使人们比较容易得到教育,使个人有尽可能多的选择机会。教育必须具有真正群众运动的方式”。① 目前制度化的学校教育体系,已经不能满足学习型社会的需要,应该发展各种非正规教育形式。

第三,“我们应该通过多种多样的手段去传播和获得教育”。取消封闭的教育体系,实行开放教育和开放学习。使“每个人应该能够在一个比较灵活的范围内,比较自由地选择他的道路”,②即使错过了受教育的机会,也有其他的途径和方式使其重新学习。

第四,“终身教育,从这个名词的意义来讲,是指商业、工业和农业的机构都具有广泛的教育功能”。“我们必须超越学校教育的范围,把教育的功能扩充到整个社会的各个方面”,社会的教育功能不是学校的特权,“所有的部门——政府机关、工业交通、运输——都必须参与教育工作”。③ 城市里面蕴藏着巨大的教育潜力。“城邦是最好的教师”。

第五,“高等教育的多样化”。“高等教育应该通过许多不同的途径,在任何年龄,以各种形式,为人们所享受,这种教育尤其要着眼于继续不断的自我改造或自我发展”。④ 应该使中学以后的教育体系多样化,大学向“正规”学生以外的更多的人开放。

第六,“今后10年内,教育策略应把迅速发展校内与校外的成人教育,

---

① 联合国教科文组织国际教育发展委员会编著:《学会生存》,教育科学出版社1996年版,第224页。

② 联合国教科文组织国际教育发展委员会编著:《学会生存》,教育科学出版社1996年版,第227页。

③ 联合国教科文组织国际教育发展委员会编著:《学会生存》,教育科学出版社1996年版,第201、208页。

④ 联合国教科文组织国际教育发展委员会编著:《学会生存》,教育科学出版社1996年版,第225、242页。

作为优先的目标之一”。① 为此，采取三项行动：一是利用现有教育机构，推动各种成人教育活动，并增加成人进入高等院校的人数；二是创办专门的成人教育机构，或者把各种校外活动结合起来；三是创立个人和集体教育活动的组织，鼓励自我教育，使所有教育手段能为最大多数人所利用。

通过上面的介绍，我们可知，“学习型社会”是这样一种社会形态，它以终身教育为指导思想，以开放的教育体系为教育制度，社会对人有学习的要求，个人对学习有积极的愿望，社会为人提供学习的条件，个人能够根据自身的状况利用这个条件的一种社会形态。

这种“学习型社会”形成的标志，其基本点有两个：

首先，社会对每个人都有学习的要求，同时社会又为每个人提供学习机会与条件。

其次，人人都必须学习，以适应社会的要求，同时参加学习又有充分的适合自己的学习机会与条件。

前者强调的是社会对人的要求，后者强调的是个人对社会的要求，两者的互动与交织，形成了学习型社会。

“学习型社会”如何实现？如何从理想变为现实？如何把学习化理论应用于社会实践？显然，其推动力至关重要。从世界各国来看，每个国家都根据自己教育发展的实际来推进终身教育的实施，推进建设学习型社会。如日本于1990年6月29日颁布《关于整备振兴终身学习措施的推进体制的法律》，强调建立“振兴终身学习措施的推进体制”。② 加拿大阿尔伯达省教育规划委员会提出一个教育报告，建议以终身教育为中心进行教育改革等。

我国建设“学习型社会”，也必须从我国的历史、国情、民情与教育的实

---

① 联合国教科文组织国际教育发展委员会编著：《学会生存》，教育科学出版社1996年版，第248页。

② 梁忠义：《日本的社会教育》，山西教育出版社1994年版，第395页。

际出发，探索适合我国的终身教育体系。从目前来看，依靠现有教育体制以及依靠独立的教育制度来推动建设“学习型社会”是有难度的，而谋取大学对社会教育的推动，通过大学开展社会教育的实施来建设学习型社会，是适应我国社会与经济发展实际的一项教育事业，可以作为我国推进建设学习型社会的起点。

四、大学社会教育

大学社会教育主要指利用大学的人力资源（学生、师资）、物力资源（设施、机构）、活动资源（社会实践、文化惠民）等，有目的、有计划、有组织地把大学的教育事业推向社会，通过大学教育的推广与扩充，激励和满足社会民众对教育的需求，实现对社会教育的规范、组织、指导和援助，其特点是：

第一，大学开展社会教育的目的是为了推进全民教育和终身教育，为社会各阶层的民众提供接受各种教育的机会、场所和场地，以满足和拉动社会民众对教育的需求，谋取教育机会的均等，建设学习型社会。

第二，大学开展社会教育是利用大学的教育资源，诸如人力、师资、机构、设施与活动等，制定相应的政策和制度，鼓励学生和教员以及各种机构团体广泛参加社会教育实践活动，以带动和满足广大群众的教育学习需要。

第三，大学开展社会教育是对大学教学计划的补充和扩充。从中国教育史上看，它是学制系统以外的大学推广教育；从国外教育经验来看，它是大学教育自身的推广与扩充；从发展来看，大学开展社会教育应该走向规范化和制度化。

第四，大学开展社会教育的对象，从广义上看，是面向全体社会民众，从狭义上看，主要以学制以外的社会各阶层民众为主，对于没有受过大学教育的人，给他们提供各种受教育的机会，对于受过大学教育的人，为他们提供继续教育的机会。

第五，大学开展社会教育的范围主要表现在三个方面，一是参与建设各种社会文化事业，如图书馆、展览馆、博物馆、科技馆等；二是推广各种教育事业，如成人教育、继续教育、补习教育、培训教育、职业教育、远程教育等；

三是组织各种社会教育的实践活动,如科普活动、宣传活动、改良风俗习惯、改良民众娱乐等。

总之,大学开展社会教育是其社会服务功能的主要体现,它使大学的社会服务有了更加明确的教育指向,使大学的社会服务更加具体、规范和明确,可以提升大学服务社会的教育效能,提升大学服务社会的教育含量。从其开展社会教育的含义和特点来看,由大学开展社会教育有着自己独到的教育理念,有着自己独特的施教领域和受教群体,它给我们提供了这样一种大学教育观:即大学教育不仅仅面向青少年,不仅仅面向高考成功者,不仅仅为了培养人才、选拔人才,也不仅仅是一种学历教育,更不仅仅是收费教育。大学还具有重要的社会教育职能,通过大学开展社会教育的实施,大学还承担着指导、规范、公益和援助社会的职能,对民众教育体现着一定的福利和慈善色彩,从教育学的意义上来看,大学开展社会教育,实现着对社会服务的规范与控制。

第二节　大学社会教育的意义

大学开展社会教育,其基本的理念就是通过大学面向社会举办各种教育事业。从历史与现实来看,大学开展社会教育有重要的历史意义与现实意义。大学开展社会教育既是历史经验的总结,也是大学自身发展的必需,社会发展的必需。

一、大学开展社会教育有助于“开民智”

中国自维新运动以来,先进人士就主张“开民智”、“作新民”,但在用什么方式来“开民智”,用什么措施来“作新民”上,人们一直没有形成较为稳定的认识,各个时期的教育家从识字教育到通俗教育,从平民教育到乡村教育,从民众教育到工农教育进行了不少的尝试和努力,但这些努力大都停留在试验的范围之内,有些努力有始无终,有些试验昙花一现,有些教育代价惨痛。

近代自社会教育的理论与事业产生以后，一些教育家看到社会教育具有“开民智”、“作新民”的作用，所以他们为开展社会教育奔走呼号，有人主张建立社会教育的体系，有人主张发展广泛的社会教育事业，有人探讨社会教育与学制系统的关系，但人们在重视社会教育事业的过程中，普遍感到一个问题，那就是这些社会教育的事业由谁来推动？在这样的认识下，受欧美扩充教育的影响，大学实施扩充教育应运而生，由大学来开展社会教育事业，成了这个时期教育家们普遍感到可以接受的观点，也是一个可行的教育方案，所以，在这种思想的影响下，大学开展社会教育就成了这个时期各个大学的一项重要教育实践活动，如北京大学平民教育讲演团和北京师范大学平民教育社，就是大学开展社会教育最初的两个典型，他们都是利用学校的人力与物力，来从事和学校教育计划无关的社会教育的实践活动，尤其北京大学平民教育讲演团，成立的宗旨就是“以增进平民智识，唤起平民之自觉心”①，通过“以学就人之教育”，采用露天讲演等方式，实施对社会各种人群的教育。他们利用田间地头，利用街头巷尾，或在露天广场或在报告厅，进行演讲，以实现文化知识的普及。在这以后，大学开展社会教育就成为五四运动以后大学开展社会教育的一项重要教育事业，一种影响深远的教育热潮。大学的师生纷纷走出学校，走出教室，走向农村，走向平民，用自己的知识来启发民众，教育民众，呈现出我国近代高等教育史上“知识分子上山下乡”的色彩斑斓的一幕。大学参与社会教育各种机构与设施的建设，大学师生参加社会教育的实践活动，使近代以来“开民智”的主张，有了实施者，使社会教育的事业，有了基本的人力与师资，这对于“民智”的开启，教育的普及，以及民众文化知识水平的提高，无疑具有积极的作用。后来，教育部相继颁布了学校开展社会教育的法令，使大学开展社会教育的做

---

① 朱有瓛等：《中国近代教育史资料汇编·教育行政机构及教育团体》，上海教育出版社 1993 年版，第 492 页。

法得以规范和推广。

所以说，历史的经验表明，大学开展社会教育，是应国情、民情所需而发展起来的一种教育事业，大学利用自己的人力、物力，将教育事业推向社会，这对于受教育程度普遍低下的我国民众来说，无疑是极为有意义的事情，它对于开启“民智”，扫除文盲，普及知识，提高社会各阶层民众的素质，起到了积极的作用。

二、大学开展社会教育有助于改良社会

现代社会教育观念，是在工业化社会问题与矛盾比较突出的情况下出现的，从产生起，社会教育的理论与事业，就具有强烈的社会对策性，它通过福利、公益、帮助等机构与设施实施对社会各种人群的救助与教育，对于解决社会问题，缓解社会矛盾，补充法制和行政的不足起到了重要的作用。

对此许多教育家都有论说，如德国教育家第斯多惠认为，传统的教育应该扩大至国民的各个阶层，必须实施实际的社会帮助。另一位社会教育家诺尔也强调，在工业社会中，尤其要提倡社会的养护与照顾，“应该对不幸的青少年及受伤害的青少年，予以生活帮助”①，它认为社会教育的一个重要的观念，就是在学校以外对各类人群实施“社会的与国家的照顾”。在众多教育家的呼吁下，德国于 1871 年创办了最早的社会教育机构：民众教育弘布会，并于 1922 年制定了青少年福利法，1923 年制定了青少年法庭法，以青年运动和立法的形式来促成这种社会教育理念的实施。

日本教育学界一般把 1892 年山名次郎的《社会教育论》和 1899 年佐藤善治郎的《社会教育法》两书的出现，看成为社会教育用语及观念产生的时期，这两本书是“在以资本原始积累所带来的劳动问题和社会问题不断涌现的背景下”出现的，“山名和佐藤的社会教育论皆以社会对策性、慈善性为主要特征”②。

---

① 詹栋樑：《社会教育学》，台湾五南图书出版公司 1983 年版，第 2 页。

② 梁忠义：《当代日本社会教育》，山西教育出版社 1994 年版，第 4 页。

我国近代自设社会教育司以来，一些教育家逐渐认识到社会教育是中国必须重视和优先发展的一种教育事业。如梁漱溟认为，近代以来，中国民族危机，文化转变，社会动荡，急需用社会教育的力量来除旧布新，他说："此刻的中国，天然的要注重民众教育，或说社会教育"，"在中国的此刻，已非平常时期，应着重成人教育，应以全力办民众教育，开展社会教育"。① 著名教育家俞庆棠也认为，中国社会问题与矛盾比较集中，必须运用社会教育的力量来改良，她认为社会教育是中国教育发展的一种新的途径，是适应中国国情的一种教育事业。晏阳初更是从中国"贫、愚、弱、私"的社会疾病出发，强调必须发展平民教育来救治这些病患。正是因为具有这样的教育理念，近代许多教育家才对通俗教育、平民教育、乡村教育、民众教育等学制系统以外的教育乐此不疲，并以巨大的热情与精力投身于这些事业之中，他们走出都市，深入城市与乡村社会，和平民交朋友，和农民交朋友，用自己的知识来启发民众、教育民众，直面各种社会问题。

所以，国内外历史的经验表明，社会教育理论与事业的发展是有助于社会的改良与进步的，它对于解决各种社会问题，缓解社会矛盾，减轻民众的负担具有重要的辅助作用，对于"开启民智"，普及科学文化知识，提高民众的受教育水平也具有自己独特的教育功能。

从现实来看，腐败、迷信、犯罪、各种事故、假冒伪劣产品、侵权等社会问题严重地干扰着社会的进步与发展，为了解决这些问题，减少和避免各类社会矛盾的发生，我们在加强法制和德治的过程中，不能忽略社会教育的辅助作用，因为社会教育它有着法律、思想政治工作所不具备的特点，在思想观念上，它有教育、慈善、福利、助人及服务等多种成分，在机构与设施上，它以广泛的事业扎根于社会的各个角落，一个图书室、一个阅报栏、一个福利广告、一条标语等，虽然显得很普通，但它所潜在的教育意义与作用却是无法估计的，有时甚至比机械的说教更为有效。所以，历史的经验表明，发展广

① 马秋帆编：《梁漱溟教育论著选》，人民教育出版社 1994 年版，第 191 页。

泛的社会教育事业，是社会进步的重要标志之一。

谋取社会的改良与进步一直是近代以来仁人志士的奋斗目标，如何改良社会？如何促使社会的进步？人们为此付出了多种努力。近代自社会教育的理论与事业产生以后，许多教育家都认为，通过举办社会教育事业，可以有助于社会的改良，而由大学来推动社会教育事业，是促进社会教育发展从而实现社会改良的有效途径。如蔡元培认为"从教育着手，去改造社会，改造之点，繁不胜举"①，他一直主张大学应该面向社会办学，通过改造大学教育来实现改良社会，为此，他提出了通过改造大学而实现改造社会的两种主张，他说："第一改造教育，以改造将来的社会，就是学校里养成一种人才，将来进社会做事。……第二改造教育同时改造社会，就是学生或教员一方面讲学问，一方面效力社会。"②因为有这样的认识，所以蔡元培鼓励学生利用业余时间从事学校以外的社会教育实践活动，并主张实行大学区制，由大学来开展社会教育事业。

不仅蔡元培有这种认识，后来从事平民教育、乡村教育和民众教育的教育家们也有这样的共识。平民教育家晏阳初认为"教育界可以支配中国，支配前途，改造社会，有史可证"③，所以，他主张知识分子下乡开展平民教育运动，以实现社会的改良。梁漱溟则始终坚持"学校教育和社会教育不可分"，强调"教育应尽推进文化改造社会之功"，他认为现实的中国正处于"改造时期"而"完成社会改造的工程即教育"。④ 著名教育家陶行知创办晓庄试验乡村师范学校的教育目的之一，就是"养成改造社会的精神"，他说："学校是为社会而设的，学校而没有改造社会的能力，简直可以关门"。⑤可见，这些教育家们都有通过学校来改造社会的认识。从实际来看，近代中

---

① 高平叔编：《蔡元培教育论著选》，人民教育出版社 1991 年版，第 265 页。

② 高平叔编：《蔡元培教育论著选》，人民教育出版社 1991 年版，第 264 页。

③ 马秋帆、熊明安编：《晏阳初教育论著选》，人民教育出版社 1993 年版，第 7 页。

④ 马秋帆编：《梁漱溟教育论著选》，人民教育出版社 1994 年版，第 103 页。

⑤ 张达扬、李红梅主编：《陶行知论普及教育》，安徽教育出版社 1986 年版，第 5 页。

国社会的每一次进步，多少都有大学的作用，都有大学师生的身影，学生运动已经成为近代中国社会进步事业的动力之一。所以，历史的经验表明，近代大学实施扩充教育，对于中国社会由传统向现代转型，发挥了重要的带头作用。

三、大学开展社会教育有助于为社会各界民众谋取受教育的机会

谋取教育机会的均等一直是近代以来教育家们为之奋斗的目标，尤其谋取普通大众的受教育机会，许多教育家为此做了不少的努力，从通俗教育到平民教育，从乡村教育到民众教育，但是，在这些教育的实践中，教育家们感到，推广这些教育需要一定的人力与师资，而对于中国的社会现实来说，这些人力与师资到何处去寻呢？由此，他们把注意力集中于大学，试图通过发展大学实施扩充教育来促进各种社会教育事业的发展，试图通过各种社会教育事业的发展来谋取社会大众受教育的机会。因此，这些教育家都形成了这方面的认识，主张大学开展各种社会教育事业等。

蔡元培是这一主张的积极支持者，他通过对国外大学扩充教育的介绍，认为我国也应学习国外这种做法，由大学来举办各种社会教育事业，为社会各个阶层的人群提供受教育的机会、场所和场地。此外，晏阳初、梁漱溟、傅葆琛、陶行知、俞庆棠等教育家也都十分赞成由大学来推广社会教育事业，利用大学的条件为社会大众服务。从近代社会教育发展的实际状况来看，社会教育的许多事业也的确在大学的推动下，开始在社会的各个角落扎根，如图书馆、阅报处、识字处、演讲所、新式电影、戏剧，各种报刊、杂志以及各种新的风俗习惯的形成等，大学在许多方面都开风气之先河。这些广泛的社会教育机构、设施与活动，为社会民众接受教育，接受各种新的知识、观念，提供了各种可以利用的场所和场地。

因此，大学开展社会教育，有利于教育机会的扩充与均等，尤其对社会底层的民众来说，各种助人性的、福利性的社会教育机构与设施，是他们能够接受教育，能够获得知识的重要途径。

四、大学开展社会教育有助于指导家庭教育和弥补学校教育的不足

大学开展社会教育的观念出现以后，许多教育家都认为，大学开展社会教育有助于指导家庭教育，有助于弥补学校教育的不足。蔡元培主张设立社会教育司，就是为“年长失学者”提供“成人教育和补习教育”，以补学制体系的不足，后来社会教育司执掌范围，又增加了改良和指导家庭教育的事项。他说：“照现在教育状况，可分为三个范围：一是家庭教育，二是学校教育，三是社会教育”，①并认为社会教育“补正式学校之不足，其于教育普及上，必有极大助力，无可疑也”。② 晏阳初也认为中国的义务教育必须有社会教育相配合才能成功，他说“所谓社会教育，是一种辅助正式学校的教育”，③如果父母得不到教育，那么儿童所受的教育就不能得到巩固。梁漱溟则说：“正唯传统学校教育有所不足，或且日益形见其缺短，乃有今日所谓社会教育起为补救。”④陶行知公开指出“中国乡村教育走错了路”，“中国现在的乡村教育，老实说来，确实不能适应乡村的需要”，⑤所以，他主张中国需要大众教育运动，“以弥补正规学校教育之不足”。

这些教育家在教育的实践中，都看到了学校教育的不足，看到了学校教育由于只注重青少年，只注重培养人才所带来的严重后果：一方面有些学生从学校毕业就面临失业，另一方面学校外的失学大军越来越多，得不到救助。所以，他们都主张应该扩充学校教育的功能，增加社会各界民众受教育的机会，在教育实践中，这些教育家也都是这样做的。如蔡元培支持为北京大学校役开设夜校，鼓励学生进入社会举办平民学校。晏阳初通过在城市与乡村社会设置平民学校的方式来推动平民教育。梁漱溟则举办乡农学校来实现乡村建设。陶行知则举办乡村师范学校，通过培养乡村教师，实现对

---

① 高平叔编：《蔡元培教育论著选》，人民教育出版社 1991 年版，第 392 页。

② 高平叔编：《蔡元培教育论著选》，人民教育出版社 1991 年版，第 621 页。

③ 马秋帆、熊明安编：《晏阳初教育论著选》，人民教育出版社 1993 年版，第 25 页。

④ 马秋帆编：《梁漱溟教育论著选》，人民教育出版社 1994 年版，第 102 页。

⑤ 张达扬、李红梅主编：《陶行知论普及教育》，安徽教育出版社 1986 年版，第 57 页。

乡村教育的扩充。这些教育家们的思想与实践,为学校教育的扩充,为大学开展社会教育,积累了大量的经验。这些经验告诉我们,大学不能“关门办学”,大学不能成为培养贵族的学校,大学不能只面向精英举办学历教育,还应当面向社会普通大众,用自己的教育优势,实施对家庭和社会的指导与救助,使大学的教育在一些方面,对社会、对民众来说,体现出一定的慈善和福利成分。

五、大学开展社会教育有助于大学自身的发展

大学开展社会教育要求把大学的教育事业推向社会,大学要有服务社会、指导社会、援助社会的精神,大学在这样做的同时,对自身的发展也有着积极的促进作用。

首先,在开展社会教育实践中,可以培养锻炼学生的全面素质。近代的学生教育实践表明,学生参加社会教育实践活动,对于自身知识、能力的提高,具有帮助作用。大学参与社会教育可以增加知识、增长才干、锻炼自身的本领。许多杰出的人物在回忆学生时代时,都认为“两耳不闻窗外事”的闭门读书方式是不符合大学精神的,对于人才的成长不利。

其次,在开展社会教育实践中,可以发挥大学知识群体的作用。大学知识群体由大学专家教授学者组成,在服务社会的同时,提高自己,锻炼自己,走与生产劳动相结合的道路。大学知识精英参与社会教育实践是取得成绩的重要路径。历史经验表明,中国五四运动以后,一些知识分子和劳苦大众相结合,闯出一条中国革命的新路,就是一个很好的体现。

再次,在开展社会教育实践中,可以促进学校整体的改革与发展。一方面扩充教育的实践为大学的教学和科研提供施展的舞台,另一方面又为教学和科研充实内容;一方面通过社会教育实践,扩大学校的影响,另一方面和社会各个方面的联系与合作会促进学校的建设。因此,近代许多大学校长既是教育家,又是社会活动家,开展社会教育的实践,使他们和其所在的学校与社会的关系不是隔离的,而是密切相连的。

大学通过开展社会教育的实践,在服务社会、服务民众的同时,也为自身的发展拓宽了空间，丰富了施教的领域，培养和锻炼了一批人才，这个历史经验表明，大学应该“开门办学”，大学在社会进步事业上应开“风气之先”，为社会的发展提供思想、知识与智力的支持，成为社会进步的动力之源。

总之，从历史与现实相结合的角度分析大学开展社会教育的经验，我们可以看出，大学开展社会教育的做法，是在国外大学扩充教育思想的影响下，在国内社会改良和教育发展的需要下产生和发展起来的。大学开展社会教育的实施，使大学的教育功能，发生了重大的变化，它经历着从少数人享有受教育的特权，向多数人应当具有受教育权利的转变；从面向“士人”，到面向公众的转变；从以校内“学生”为主，到兼顾学校以外广大“失学者”的转变。大学这种办学理念的转变，是与整个社会观念从专制，向民主；从落后，向科学；从愚民，向利民等方向的转变所分不开的，也是和近代以来教育观念，从以“人才为急务”，到人才与国民并重；从以学校教育为主，到学校教育与社会教育共同发展等观念的转变相一致的。大学开展社会教育的经验，为我们今天发展高等教育提供了许多重要的启示，它启示我们大学还应该继承实施历史上扩充教育的传统，密切和社会的联系，广泛发展各种社会教育事业，拓宽自身的施教范围，扩大其教育的对象，广泛参与各种社会教育活动，在社会进步事业上应开风气之先，满足和拉动社会各界对教育的需求，这些教育理念既是大学开展社会教育历史经验的总结，也是我国国情、民情、教育实际情况所必须，是值得我们总结和发扬的。

第三节　社会教育与相关教育的关系

在社会教育概念周围和社会教育相近、相关或相同的概念很多，这些名词、概念伴随着社会教育的发展，在其周围形成了一个庞大的教育概念群，这些各种形式教育和社会教育是什么关系，它们有什么联系和区别，大学开展社会教育和这些教育是什么关系，为了更好地了解大学开展社会教育的本质，我们有必要探讨一下社会教育与这些教育的关系以及与大学教育的联系。

一、社会教育与社区教育、非正规教育

"社会教育"这个名词，最早是由德国教育家第斯多惠在 1835 年提出的，从社会教育观念产生的源头来看，社会教育最早是作为一种解决社会问题和教育问题而出现的对策，社会教育的最初意义是和"社会帮助"、"生活帮助"、"青年照顾"等相连的。如第斯多惠认为，传统的教育观念应该扩大至国民的各个阶层，必须实施对国民各个阶层实际的社会帮助与教育。另一位德国教育家诺尔也强调，在工业社会中，由于竞争的激烈和信仰的失调，尤其要提倡社会的养护与照顾，"应该对不幸的青少年及受伤害的青少年，予以生活帮助"，他认为社会教育的一个重要理念，就是在学校以外对各类人群实施"社会的与国家的照顾"。①

在这些教育家的呼吁下，德国出现了民众教育运动，并相继影响各国。日本"社会教育"的用语产生于明治中期，从源头上看，日本社会教育的观念是"在以资本原始积累所带来的劳动问题和社会问题不断涌现的背景下"出现的，社会教育的最初意义也是"以社会对策性、慈善性为主要特征的"。② 我国社会教育的用语出现于 1902 年以后，主要是受日本社会教育的影响。我国在法令上接受和使用"社会教育"这个名词始于民国教育部设立社会教育司，蔡元培主张设立社会教育司，虽然是"为了提倡成人教育和补习教育"，③但从当时社会教育司执掌的事项来看，社会教育亦具有鲜明的对策性和慈善性，其目的是为了灌输道德、整顿民风、普及知识。而且随着社会教育的发展，社会教育已经远远超出了"教育"这个范围，据国民教育部统计，截至 1931 年被认定的社会教育事业竟达六十多种，诸如一般

① 参见詹栋樑：《社会教育学》，台湾五南图书出版公司 1983 年版，第 2 页。

② 梁忠义：《当代日本社会教育》，山西教育出版社 1994 年版，第 4 页。

③ 高平叔主编：《蔡元培教育论著选》，人民教育出版社 1991 年版，第 707 页。

的文化机关,图书馆、博物馆、展览馆等;一般的公益事业,阅报处、识字处、浴池、体育场、公园等;一般的福利事业,慈善机构、救济所、教养院、养老院、孤儿院等;一般的教育机关,民众学校、民众教育馆、民众补习学校等都是社会教育事业。此外,诸如改良小说、戏曲,改良民俗,各种讲习会、讲演会等在近代也都是作为社会教育发展的。

可见,在我国出现的社会教育包含了学校以外的所有文化教育事业。因此,人们理解社会教育就出现了广义和狭义之分。广义的社会教育就是指一切社会生活影响于个人身心发展的教育。狭义的社会教育就是学校以外的一切文化教育设施对青少年、儿童和成人所施加的教育。

社区教育隶属于社会教育范畴,是社会教育范围内的一个领域。人们对此认识不一,主要有:

第一,认为社区教育就是以社区全体居民为教育的对象,对社区全体居民所进行的教育。

第二,认为社区教育就是把社区作为教育的场所,社区教育就是在社区这个场所中所进行的教育。

第三,认为社区教育就是以社区为教育的手段,通过社区的文化教育机构与设施实施的有计划、有目的、有组织的教育。

第四,认为社区教育就是学校、家庭以外,对青少年学生的,一种补充性的、辅助性的教育。

综合人们对社区教育的认识,概括说来社区教育就是在社区,为了社区,通过社区,为了满足和拉动社区居民的教育需要,提高社区内全体居民的素质,所进行的一种有计划、有目的、有组织的教育。

比较社会教育与社区教育这两个概念,可以看出,从产生来看,社会教育的出现早于社区教育;从发展来看,社区教育是社会教育事业的一部分。二者的区别在于,社会教育范围大,其对象领域、事业领域包括学校以外的所有教育事业,而社区教育则指在社区的教育事业,强调的是教育的场所,其对象领域、事业领域是在社区,是一种区域性的教育事业。

二者的相同点是，在教育对象上，都以学校以外的民众为教育的重点，都体现出一定的公益性。

大学与社会教育和社区教育的联系，主要表现于大学参与推动社会教育和社区教育，社会教育和社区教育的许多事业是在大学的推动下发展起来的。如美国的社区学院；日本的大学公开讲座等。

非正规教育亦称为"非正式教育"，与"正规教育"相对。这一术语于20世纪70年代开始流行，并在理论与实践等方面发展迅速。一般说来，非正规教育指在正规教育体制以外的有组织的教育活动，其教育的对象是面向失去学校教育机会的人，为其提供学习的机会，具有实用性、针对性和灵活性等特点。

比较而言，非正规教育在内涵上比社会教育要广，它突出强调教育的形式，可以在不同场合和场所内进行，而社会教育强调的是通过社会场所来实施教育，在社会教育这个场所，可以不拘形式，所以，社会教育也可看成为是非正规教育。

大学开展社会教育可以通过各种非正规教育形式来进行，诸如专题讲座、研讨座谈、咨询展览等。

二、社会教育与成人教育、民众教育

成人教育发源于欧美，历史很长，但各国情况不一。综合来看，成人教育主要指对从业人员的教育活动，这种教育活动，可能是正规的教育，也可能是非正规的教育，可能是学历教育，也可能是非学历教育，其目的是提高成人的素质。我国成人教育在历史上有诸多提法，如干部教育、职工教育、工人教育、农民教育等，也是以从业人员的教育为主，其教育活动与形式也是多方面的。所以说，成人教育其特点是突出强调教育的对象是成人，是以教育对象为出发点而进行的教育。

社会教育则以社会这个场所作为教育的出发点，突出强调教育的地点，所以二者是有区别的。在施教对象上，成人教育主要以从业人员为主，而社会教育除了社会内从业人员以外，还包括社会内的儿童、青少年与无业人

员。在教育形式上,成人教育在发展中已经逐渐制度化了,诸如成人高考、函授教育、自学考试等,而社会教育尚未制度化,在形式上,则注重于社会各种教育事业的建设。因此,在教育事业上,二者强调的重点不同。

但二者也有一定的联系,社会教育与成人教育都从不同的侧面和领域,强调学校以外民众的教育。

民众教育、大众教育或全民教育在各个国家都有类似的提法,在思想层面上,其含义大同小异,主要指对一个国家内所有人的教育,办教育应该为所有的人提供受教育的机会,以实现教育机会的均等。在制度及实践方面,各个国家在实施上则小同大异,都根据自己的国情和民情来实现这种教育主张。如北欧的民众学校、美国的社会学院、日本的社会教育等。我国民众教育的提法始于近代国民政府倡导的民众教育运动,从发展的实际情况来看,广义上民众教育就是社会教育,狭义上民众教育指的是失学民众的补习教育。

比较可知,民众教育和社会教育在教育对象、教育领域、教育事业等方面是一致的,含义较为宽泛,二者都不拘形式、不拘地点、不拘内容,是一种全民教育事业。区别则在于社会教育是通过社会施教,为了社会,依靠社会;民众教育则强调教育对象是民众。

大学开展社会教育在很多方面都表现出对成人教育和民众教育的推动,如成人高等教育、民众高等学校等。

三、社会教育与终身教育、继续教育

终身教育又称为终生教育或终身学习,主张教育应该贯穿于人的一生中的各个年龄阶段,而不只是在儿童和青少年时代,它是一种指导各种教育事业与活动的教育主张和思想。而社会教育不仅仅是一种教育主张,还是一种教育事业与活动,它是以终身教育为指导思想的一种教育活动,是以实现终身教育为目标的一种教育事业。因此,社会教育是终身教育的一部分,是终身教育的一个阶段。

继续教育是学历教育的延伸和发展,是使已获得一定学历的人员不断

提高其能力和更新其知识的教育，是成人教育的继续。

比较言之，继续教育的含义比社会教育的含义更为专一、专门。它强调的是学历后的再教育，具有提高的成分。而社会教育的含义则比较宽泛，它是普及与提高相结合的教育，对失学的人给其提供学习的机会，对受过教育的人，给其提供再学习的机会。

二者的联系是，都体现了终身教育的思想。而大学开展社会教育则是对继续教育和终身教育认识的深化，它强调要扩大教育的对象和形式来发展继续教育和实现终身教育。

通过对与社会教育相近、相关教育概念的比较研究，我们可知这些教育概念和社会教育有着密切的联系，在指导思想、内涵以及实践领域等方面，都有一定的相同之处，它们共同构成了学校教育系统以外的广阔教育领域。虽然对这个领域的教育，各个国家采用不同的教育术语来规范和发展，但其本质是相同的。如欧美有的国家称为非正规教育，有的国家称为成人教育，在日本则称为社会教育等。无论称为什么教育，其目的都是为了实现终身教育的理想，推进全民教育的实施，实现建设学习型社会。所以，明确了这些教育概念的区别与联系，我们就会得出结论，那就是通过社会教育来规范和发展学校以外的教育事业是我国历史、国情、民情与教育实际状况的最佳选择。

第二章　大学社会教育的历史经验

研究任何一种教育现象，都不要忽视这种教育现象产生的源头和历史发展过程，因为，任何一种教育现象都有其产生与发展的历史阶段，都有其依托的社会背景和社会各方面的联系。孤立地研究某种教育现象或者把国外的教育现象放到我国历史与现实的背景下来研究和实施，是不可取的，其效果也是有限的。为了清楚地了解社会教育发展的历史，为了从历史的角度来把握大学对社会教育的推动，我们有必要对大学开展社会教育的历史作一考证，从历史的联系出发，看一看大学与社会教育的关系和相互作用。

第一节　我国古代大学的社会教化

我国古代社会，大学有两个方面的含义。其一，泛指古代高等学校。如西周时期，学校教育制度已较完备，分国学和乡学。国学按年龄程度分大学与小学两级。《礼记·王制》记载："大学在郊——天子曰辟雍，诸侯曰泮宫。"自汉武帝以后历代设立的太学、国子学、国子监等都属于大学；其二，指的是一种大学教育思想，表现于各种教育著作之中。如《礼记·大学》

篇，是“四书”之一，是宋代以后学校教科书，科举必读教材，提出“大学之道，在明明德，在亲民，在止于至善”等观点。宋代朱熹著《大学章句序》，认为《大学》系“古之大学所以教人之法”。明王守仁撰《大学问》，认为“大学”即“大人之学”，学习要发掘“良知”，并推及天下。可见，古代大学就有着“教人”、“新民”的职责，实现着大学对社会教化的开展。

在我国古籍中，“教育”这个词是很少用的，据考证，“直到19世纪末年，中国古籍中仍鲜有‘教育’的提法”。① 而用得最多的名词是“教化”。在古代社会一直用“教化”来泛指所有教育现象。而古代常用的“教化”一词，实际上是一个“政教合一”的概念，其含义不仅仅指教育，更多的是包含政治和道德在内的一种“统治术”，其对象是全民，“教化”的含义更接近于现代的社会教育。

现代“教育”的含义，是20世纪初开始出现的，受西方教育的影响，“教育”这个词自出现起，就完全被限定于教育的范围之内，是一个完完全全的教育概念，用来表示各种教育思想观念和实践活动，同时“教育”这个词开始和各种词汇连接和引申。如国民教育、义务教育、通俗教育、平民教育、社会教育、成人教育、大众教育等。随着这些名词的出现，各种教育现象与活动也随之发展和扩大起来。

所以，如果比较古代的“教化”和现代的社会教育，我们就会发现二者在有较大区别的同时，也有一定的相同之处。主要表现在：一是实施的主体都突出国家和政府的作用，也就是说，施教的权力属于国家和政府；二是在教育对象上，都面向全民，以社会上所有民众为对象；三是在教育的措施与方法上，都运用面向社会大众的教育手段，形式是多种多样的。如“宣讲”、“讲演”等；四是施教的地点与场所都突出以社区为单位。如古代的乡约、保甲，现代的社区教育等。

由此可知，从历史联系来看，我国古代虽然没有社会教育的提法，但类

---

① 陈桂生：《教育学的建构》，湖南教育出版社1998年版，第183页。

似于社会教育的教育现象却大量存在着。古代的社会教化包含着丰富的社会教育的思想及实践活动。我们仅从大学开展社会教育这个视角,来追寻一下这种思想及实践产生与发展的历史。

一、古代大学的社会教化思想

中国古代的大学教育,是从西周时期起步的,据古文献记载,早在奴隶制国家西周时期就出现了大学的建制。当时西周的大学有三种类型:第一种名辟雍,是天子设立的大学;第二种名泮宫,是诸侯国建立的大学;第三种名畴学,是天子王宫中负责天文、水利、建筑、制造等各种技术部门官吏们的父子相传的教育形式。由于西周的奴隶制特点,西周时期的大学完全是一种政治统治工具,其目的是为了培养贵族的后代成为统治者,因此,西周时期大学的特点是“学在官府”,“官师不分”和“政教合一”。由于大学办学的阶级性和等级性,使得这个时期由大学对社会和民众所实施的扩充教育是没有的。

随着奴隶制的解体,宫廷文化失落民间,官学逐渐衰落,私学开始兴盛,由于“学术下移”,出现了“士”阶层。私人讲学的出现,使教育目的、教育形式、教育对象、教育内容等发生了巨大的变化。教育开始由少数贵族的特权向社会各个阶层转移,教育的对象逐渐扩大,教育的形式也逐渐多样。在这种情况下,中国古代类似大学推广教育的思想与实践开始萌芽。我们仅从古代较为典型的大学实践和教育家教育思想中,来提炼一下古代社会教化思想以及大学开展社会教育的一些经验。

(一)孔子论教化:“有教无类”

孔子是我国古代伟大的思想家和教育家,是儒家学派的创始人,也是私学的创始人。孔子一生的活动都是和教育相连的,他在教育活动中,培养弟子,著书立说,周游列国,用自己的言行来教育学生,影响帝王和社会。纵观孔子一生的教育思想与实践,我们不难看出,孔子教育思想一个重要的特点就是面向全民,教化大众,而面向全民的教育是大学实施推广教育或大学开展社会教育产生与发展的重要思想依据。归纳起来,孔子的全民教化思想主要有：

1. 全民教化的对象："有教无类"。"有教无类"是孔子的办学方针，规定了孔子办私学的教育对象。"有教无类"的含义是指在教育对象上，不分贵族与平民，不分华夏与华夷诸族，只要能拜孔子为师，孔子是"来者不拒"。从孔子"弟子三千，贤人七十二"的门生来看，既有"贫且贱"的人，也有富且贵的人；既有父子，也有兄弟，这种不分年龄，不论贵贱的施教对象，表现了孔子办教育不仅仅是一种学校教育形式，还有一定的社会教育色彩，不仅仅面向青少年，他是面向社会全民而施教，这种教育对象的确定，扩大了教育的社会基础，拓宽了教育对象的领域，开发了人才的来源，对后来私学以及书院的发展产生了积极的影响。所以，从教育对象来看，孔子不仅仅是一个学校教育家，他还是一个全民教育家。

2. 全民教化作用："庶、富、教"和"性相近，习相远"。孔子谈论教育多数都是从"民"，从"人"的角度来论说的，其论教育对象如此，论教育作用也一样。他论教育对社会的作用，提出了"庶、富、教"的主张，认为人口是社会存在的基础，人口多了应该发展经济，使人民富裕，在富裕的基础上发展全民的教化事业。

他论教育对人的作用，提出了"性相近也，习相远也"的重要命题，认为人的先天素质差别很小，由于教育和环境习染的不同，造成了人性的差别很大。所以，对于国家来说，应该重视教育，对于个人来说，应该"学而时习之"，应该"好学"。但孔子论"人"的教育不仅仅是指青少年，他认为教育应该面向所有的人，对不同的人施予不同的教育，不同的人也应该寻求适合自己的受教育的方式。如他把人分为三种："生而知之者"，"学而知之者"和"困而不学者"。

3. 全民教化内容："文、行、忠、信"。孔子的教育内容有不同种介绍，但从其教育对象、教育作用、教育目的等方面来看，他对教育内容的阐述也是从"民"出发的。从文献记载来看，孔子教育内容主要反映在四个方面，即：文、行、忠、信。文指的是文学，行指的是品行，忠指的是忠诚，信指的是信实。如何进行这些方面的教育，孔子通过礼、乐、射、御、书、数这些科目来进行教学，而其使用的教材是《诗》、《书》、《礼》、《乐》、《易》、《春秋》“六书”。这些教育内容，从现在来看，仿佛偏执文科，但在当时的背景下，也是十分充实和丰富的，对于后来各个朝代对民“教化”思想的形成，产生了一定的影响。

4. 孔子的全民道德教化论。孔子关于道德的论述，也是从“民”出发来阐述的。其道德教育的目的、内容、原则、方法都是对民施予“教化”而言，并非仅仅是对所教“学生”而论的。孔子的道德教育内容，主要是“仁”和“礼”，其“仁”是一种政治化的道德理论，其“礼”也是一种道德化的政治哲学。他认为统治者的统治意志、统治手段和统治制度，对“民”都有“教化”作用，从这种意义上出发，他提出了“父慈子孝”、“君礼臣忠”等道德教化内容，从更为广阔的方面来论述道德对于“民众”的教化作用，因此，我们不能把孔子的道德教育内容仅仅用在所谓的“学生”身上，把孔子的道德要求仅仅看做是青少年应当遵循的道德准则，孔子的道德教育具有全民性，无论是掌权者，还是老百姓，在道德面前人人平等。因为具有全民道德教化的特点，所以，他论道德过程、原则、方法，也是对从政者而言，以“民”为教化出发点的。诸如克己、内省、改过、中庸、力行等等，均是对“君子”的要求，因而，具有全民性。

总之，孔子作为我国教育发展史上奠定思想基础的教育家，其教育思想和实践对后世的影响是巨大的。他提出的全民教育观，倡导教育对象上的“有教无类”，并认为政府的政治本身具有教化的意义，这些思想对后来“政教合一”教育思想及体系的形成，无疑具有重要的影响。中国教育思想史上，政治具有教育的意义，教育具有政治的功能，与孔子这种最初的思想意识是分不开的。

（二）孟子论教化：“善教得民心”

孟子是继孔子之后我国又一位伟大的思想家和教育家，在教育方面他继承并发展了孔子“养民”、“教民”的教育思想，结合自己的思想及实践，进一步提出了以“民为贵”的“重民”教育主张。这种主张集中体现在他所论述的教育作用及目的观点上。

孟子的政治主张是要求统治者施“仁政”,因为只有施仁政,才能得民心,只有得民心,才能得天下、保天下。基于这样的政治理想,他提出了“民为贵,社稷次之,君为轻”(《孟子·尽心下》)的“重民”思想。那么,如何“重民”?如何以民为贵?他认为应该重视教化的作用。《孟子·离娄上》中说:“得天下有道:得其民,斯得天下矣;得其民有道:得其心,斯得民矣。”如何得民心?《孟子·尽心上》中又说:“善政,民畏之,善教,民爱之。善政得民财,善教得民心”。可见,在孟子看来,善教的目的是为了得民心,善教既是对政府而言,也是对民而言,对政府是为了施仁政,对民是为了得人心。孟子的这些论述,给我们提出了这样一个道理:即一个国家的政治对民而言是具有教育意义的,从一定意义上讲,政治本身就是一种教育形式,政治制度、政治思想对民众具有教化的作用。所以说,中国古代的教化其意义是非常丰富的,从形式来看,它不仅仅指学校教育,还包括政治制度等多种教育形式;从对象看,教化不仅仅对学生而言,不仅仅指对青少年而言,还包括学校以外的民众,这种教育思想的产生,无疑扩大了教育的范围,拓宽了教育的功能,丰富了教育的领域,也是后来国人接受扩充教育理论与实践的思想基础。

孟子在看到通过教化可以“得民心”的同时,也提出了教化对“人”和“民”而言还有一个目的,可以“明人伦”。他从“性善论”出发,认为“善性”存在于人性之中,因此,教化对人而言,就是为了扩充人的善性,教化对民而言,就是使人人“明人伦”,即明确人与人的关系。他提出“君君、臣臣、父父、子子”应当“正名定分”的主张,认为“明人伦”就是做到“父子有亲,君臣有义,夫妇有别,长幼有序,朋友有信”。(《孟子·滕文公上》)可见,“明人伦”的教育目的也并非针对学校教育而言,他把所有的人都纳入了受教的范围,突出了以全民为教育的对象,明确了“明人伦”的教育重点。

从孟子论教化对社会、国家及人的作用来看,孟子的教育主张无疑是一种大教育观,这种教育观不是局限于学校教育范围之内的,他所提出的教育目的、作用、对象等并非仅仅对学生而言，而是把全民作为教育的对象，把施“仁政”看成为一种教育的形式，把“得民心”，“明人伦”看做是教育的目的，这对后来“政教合一”思想及体制的形成产生了重要的影响。

（三）《大学》论教化：“新民之道”

《大学》是儒家学者论述大学教育的一篇文章，它通篇的主旨在于说明“大学之道”，即大学的教育纲领，但这里所谓的“大学”和现代意义上的大学有很大的不同。这里所说的“大学”是指“十五成童明志，入大学，学经术”，或者说是“束发而就大学，学大学焉，履大节焉”，从年龄上看，是指15岁以上的教育，从内容上看，是在初步文化知识（小艺）和道德品质（小节）教育之后的儒家经术教育和儒学思想教育。因此，《大学》所论的教育，在对象上更具有广泛性，后来成了所有读书入士之人的必读教材。

《大学》开篇就说：“大学之道，在明明德，在亲民，在止于至善”，从含义来看，“明明德”，就是指把人天生的善性，发扬光大，这是人人为学做人的第一步。“亲民”，朱熹解释为“新民”，是儒家仁政和德治的思想表现，其意相当于“化民成俗”。“止于至善”是《大学》教育的终极目标，其含义是指：“为人君止于仁，为人臣止于敬，为人子止于孝，为人父止于慈，与国人交止于信”，明确了社会上做人的身份与地位和应该遵循的伦理道德。

《大学》提出的“三纲领”，从目的来看，反映了儒家伦理道德的要求，是儒家一贯倡导通过“仁政”和“德治”实施教化的思想表现；从教育对象来看，它面向的是所有读书人，通过个人的正心、诚意、修身、明德，以实现齐家、治国、平天下，这种“内圣外王”的为学之道，深刻地影响着中国知识分子，形成了中国读书人非常关心国事、关心政治的传统观念，这种思想观念也是大学开展社会教育思想理论在后来产生与发展的重要价值基础。

（四）《学记》、《乐记》论教化：“化民成俗”

《学记》是战国后期思孟学派的作品，是中国古代最早的一篇专门论述教育、教学问题的论著，是先秦时期儒家教育和教学经验的理论总结。《学记》继承了儒家“仁政”、“德治”的政治观点，重视教育的作用，主张“建国君民,教学为先",提出了教育与教化的作用在于"化民成俗",其意思是指,国家要重视教化,兴办学校,通过教化和教育来培育人才、教化人民,使人民形成良风美俗,根据这样的教育作用观,《学记》论述了大学的教育管理、教育教学原则和为师之道。从《学记》的教育主张来看,《学记》论教育作用是从教化和政治相结合的角度来论说的,从"天子视学"到"帝王尊师",突出了国家办教育的目的是"化民成俗";国家施教的对象是全体人民;天子和帝王本身就是一个教育者,其榜样对民众具有重要教化作用。所以,我们不要把《学记》的教育观,仅仅看做是一种大学教育观,一种学校教育观,《学记》中倡导的为师、为长、为君之道,更有其广阔的教化意义。

《乐记》也是儒家的作品,是先秦儒家专门论述乐教的论著。古人所谓的"乐",内涵十分丰富,包括音乐、诗歌、舞蹈,同时还有绘画、雕刻、建筑等艺术形式,甚至还扩及仪仗、田猎、肴馔等使人感官得以快乐和享受的活动。"乐教"这种丰富的教化形式,表明了乐教并非仅仅在学校场合来进行,也表明了乐教的教化对象并非仅仅是面向学生。《乐记》中突出论述了音乐的教化作用,指出音乐产生于人的心理活动、产生于人的情感,"凡音之起,由人心生也","人情之所以必不免也",由于音乐是人心理与情感的需要,所以,实施乐教"可以善民心"、"移风易俗",可见,乐教也是儒家实行教化的一种手段,是和思想、道德、政治教育融合在一起的,其目的都是为了"同民心而出治道也",而《乐记》中提出的著名艺术标准,"德成而上,艺成而下",则一直影响后来人们的艺术创造标准,并泛化到各种艺术的、社会的实践活动之中。从《乐记》论音乐教育作用,我们可以看出,古人论述乐教其含义也是非常广泛的,并非仅仅面向青少年施教,也并非仅仅在学校场合内施教,和"礼教"一样,其教育是与生活艺术实践紧密相连的,是在广泛的艺术活动实践中进行的。

二、古代大学的社会教化实践

(一)"稷下学宫"的教化实践

稷下学宫是战国时齐国创办的一所高等学府,因设立在齐都临淄(今山东淄博)的稷门而得名。稷下学宫是战国时期唯一的一所官办高等学府,它建立不久,就成为当时的文化和教育中心,成为百家争鸣的园地。由于稷下学宫脱胎于养士用士制度,同时兼具官学和私学的特点,所以,稷下学宫和当时社会的各个方面联系密切,因而,使其推广教育的实践有一定的基础和条件,从其当时的建制和实践活动来看,稷下学宫的推广教育实践主要表现在如下几个方面。

首先,稷下先生有时做一些行政事务,有时发挥齐王“智囊团”的作用。如当时著名“稷下先生”淳于髡就曾屡受齐王之命,数使诸侯各国。孟子也曾受齐王所派“出吊腾国”。同时齐王把“稷下学宫”看做是“询议机构”或“代议士”,实行“不治而代议论”。“稷下先生”也把咨政议政看做是自己应该做的事情,“齐稷下先生喜议政事”,“以干世主”。这些虽然是“养士、用士”的遗风,但这些“稷下先生”不是封建官僚,他们作为一个“学者”,用自己的学识服务于帝王,表明了在古代大学初创时期,大学办学是为帝王所需的,大学的学术和教育活动,是与当时的政治活动相连的。

其次,“稷下先生”通过广招弟子影响帝王和社会。稷下学宫罗致了当时中国绝大多数学派的“带头人”,这些学术流派“大师”,都带众多的弟子。如淳于髡“诸弟子三千人”,孟子“从者数百人”,田骈有“徒百人”。这些名流学者所随弟子多者数千人百人,少者也有几十人或数人,这种率群徒聚众讲学、游学的风气,一方面壮大着自己学派的势力,另一方面也影响着帝王和社会各界。

再次,“稷下先生”通过著书立说,形成学派来影响社会。稷下学宫的一个重要特色就是容纳百家,学术自由,在各派进行讲学和思想交锋的过程中,许多稷下学者也通过著述来扩大自身的影响。仅据《汉书・艺文志》记载,与稷下有关的子书就有数种,如《孙卿子》、《公孙固》、《环子》、《田子》、《邹子》、《慎子》、《尹文子》、《宋子》等,这些著述从内容来看,分属儒、道、阴阳、法、名诸家。讲学和争鸣,著述和游学,一方面活跃着思想学术,另一方面也影响着社会的发展。

总之,稷下学宫是我国古代高等学校的一个重要典范,它在办学实践中的许多经验,不仅在当时具有重要的意义,而且对后来中国大学的发展也具有一定的影响。对于中国学术的发展、大学教育传统的形成以及知识分子的学术品格都有一定的源头性作用。可以看出,在中国大学初创的时期,大学就是和社会政治、社会改革、社会发展紧密相关的,大学和政府的关系也是互相作用、互相制约的。帝王试图办好大学和利用大学实现对社会的教化;而大学则试图通过自身的学术和教育活动来影响帝王和社会。学者始终关心着社会的发展与变化,并试图影响这种发展与变化,这可以说是中国大学知识分子"心系天下"、关心政治等观念的一个重要思想源头。也是后来大学实施推广教育,开展社会教育理论与实践的一个重要思想起点。

(二)古代官学的社会教化

秦的速亡,使汉初的思想家、政治家认识到教化民众的重要性。贾谊认为,教化是取得民心、稳固封建政权的重要措施,他认为,民众是国家的根本,而教化则是取得民众支持的根本。"夫民者,诸侯之本也;教者,政之本也;道者,教之本也。有道然后教也,有教然后政治也,政治然后民劝之,民劝之然后国丰富也。"(《新书·大政下》)教育民众对国家政治、经济的发展都是有利的。汉代思想家董仲舒也十分重视教民。他说,"立大学以教于国,设庠序以化于邑,渐民以仁,摩民以谊,节民以礼,故其刑法甚轻而禁不犯者,教化行而习俗美也"。(《汉书·董仲舒传》)通过广泛的教育宣传,使得人人都能"贵孝悌而好礼义,重仁廉而轻财利"(《春秋繁露·为人者天》)他认为教化具有潜移默化的作用,用封建的伦理道德教化民众,就可以齐风导俗,稳定统治秩序。

汉武帝也极为重视教化民众对巩固其统治的作用。他采用了董仲舒提出的德主刑辅思想,把德治教化和刑暴惩恶作为维护君权的两个重要手段,他特别重视德治的功能,说:"扶世导民,莫善于德"。汉武帝又通过征辟选用儒学之士,设立"太学",立五经博士和博士弟子,推广儒学教育。他规定,中央的地方官员均负有教化民众的责任,即所谓"公卿大夫所使总方略，壹统类，广教化，美风俗也”。（《汉书·武帝纪》）到了西汉时期，地方郡县学有了相当的发展。东汉建立后也注意发展地方教育，平帝时下令立学官，“郡国曰学、县、道、邑，侯国曰校。校、学置经师一人。乡曰庠，聚曰序。序、庠置《孝经》师一人”。涌现出了一批兴办学校、政绩突出的官吏。

隋朝建立以后，隋文帝很重视利用儒学对人民进行教化。他说：“建国重道莫先于学；尊主庇民莫先于礼。”隋文帝一方面尊崇儒学，另一方面又兴办学校。当时自京城到各州县均设有学校。为表示对兴办学校的重视，他还亲自到国子学参加开学典礼，并几次下诏强调学校教育的重要性。

李唐王朝是在马上得天下的，对于如何巩固新建立的封建王朝，魏征认为治理天下应该辅之以仁义道德，加强教化，先礼民心。唐太宗也认识到儒学可以教化人性、征服人心，有利于建立上下尊卑有序的封建统治秩序。因此他大力提倡儒学，重视教化。他在位期间积极兴办学校，最兴盛的时候，“诸馆及州县学六万三千七十人”（《新唐书·选举制下》），其中还不包括私学。为了保证教学质量，唐太宗又大征天下儒士，充当教育长官和教师，并授予“博士”、“助教”等职称，给他们各种优厚的待遇。

宋代的程颢、程颐十分重视对民众进行教育的社会功能，提出“生民之道，以教为本”，把教育作为治国的根本，认为国家的治乱系于教育，凡太平盛世“由教而致”；而天下不治，则是由于“教不明”的结果。

到了明朝，明太祖吸取前代帝王“戡乱以武，定国以文”的统治经验，对文化教育的作用有了进一步的认识。他说：“致政在于善俗，善俗在于教化。”（谷应泰：《明史纪事本末》卷十四）建国之初，朱元璋就十分重视学校建设，他认为学校不仅是培养统治人才的场所，也是推行社会教化的机构。他一再强调“治国以教化为先，教化以学校为本”，强调学校在推行社会教化过程中的重要作用。洪武五年（1372 年）明太祖下令全国各地学校都要举行乡饮酒礼，以使学校在社会教化中进一步发挥作用。乡饮酒礼的主要内容是宣传社会伦理道德和国家法律。明太祖推行乡饮酒礼，显然是为了达到教化民众的目的。按照朱元璋的旨意，还将《大诰》颁布全国，每家一部，诏令国民认真学习，以了解国家法律，达到遵纪守法的目的。凡不收藏、不阅读者，则依法治罪。

而清代统治者深知儒学在汉人中的地位，入关之后即明确规定以儒家思想作为教化的工具。康熙亲政以后，更进一步提倡儒学，表彰孔、孟、程、朱。他自称统治天下当"以讲学明理为先务"。清朝的地方官也注意兴办学校、教化民众。另外，统治者还十分重视对乡村民众的教化。雍正年间，在乡村范围内整顿乡村组织，完善乡村教化。"城村俱设约正，值月宣讲圣谕"。(《石门县志》卷四《食货志·户口》)每月的朔望两天，将全乡的人召集到讲约所，宣读《圣谕广训》及有关法令。清代还在地方上设有蓍老一职，负责地方"宣谕王化"，化民成俗。担任蓍老的一般都是在地方德高望重，在乡人中有较高的威望的人。① 可见清王朝动用人力、物力加大对民众教化的广度和深度。

由此可以看出，我国古代的学校不仅仅是培养人才的场所，不仅仅具有"储才"的功能，还具有社会教化的职责与作用，一所学校是当地的社会教化中心，在导引民风，化民成俗等方面起着重要的作用。

(三)古代大学礼仪的教化功能

我国古代大学是实施教化的基地，大学实施的教化是通过各种教育礼仪来完成的，主要表现在国子监的祭孔、孔庙学宫祭孔典礼、书院的祭祀活动等。

释奠礼是国子监和孔庙的祭孔典礼仪式，是我国古代学校礼仪制度中最重要的教育礼仪，是祭祀先圣先师的大型礼仪制度。在发展中，逐渐有学宫祭孔，成为影响全社会的礼仪制度。《礼记·文王世子》曰："凡学，春，官释奠于其先师，秋冬亦如之。凡始立学者，必释奠于先圣先师。""释奠"是古代学校的一种庄重典礼，内容为陈设酒食以祭奠先圣先师。

中国历来重视礼仪对民众的教化与训导作用。释奠礼对国家意识形态

① 参见张瑞全:《略论清代的乡村教化》,《史学月刊》1994 年第 3 期。

与民众的思想都产生了深远的影响。早在汉代,儒家学派在移风易俗方面的功用已被社会广泛重视。汉高祖出行经过鲁国,特意用太牢祭祀孔子。西汉武帝始立太学。东汉明帝又立辟雍,并于辟雍亲行大射礼、养老礼。《后汉书》记载:“礼毕,帝正坐自讲,诸儒执经问难于前。”

魏晋时期在辟雍行释奠礼,以太牢祀孔子,颜渊配享。唐代释奠礼在北齐与隋的基础上有所发展,《唐六典》国子监条:“凡春秋二分之月,上丁,释奠于先圣孔宣父,以先师颜回配。七十二弟子及先儒二十二贤从祀焉。祭以太牢,乐用登歌,轩县,六佾之舞”,礼制更为详尽精密。唐代释奠礼的另一特点是:不仅奏陈雅乐,而且有京兆府供食、教坊杂乐倡优助兴。这种用教坊杂乐的风俗,一直延续到宋朝。宋徽宗大观年间下诏:“今学校所用,不过春秋释奠。如赐宴辟雍,乃用郑卫之音,杂以俳优之戏,非所以示多士。其自今用雅乐”。

释奠礼最初是祭奠周公和孔子的,后来演变为专门祭奠孔子暨诸弟子的典礼。释奠礼的目的,在于通过简明的形式来表达对先圣先师的敬心,提倡尊师重道,释奠礼逐渐成为古代学校教育最重要的祭祀之一。从汉代开始,共有十一位帝王十八次到曲阜祭祀先师。自东汉始,除了曲阜圣庙继续祭祀先师之外,各郡县开始在各自的学校祭祀。发展到后来,孔庙祭祀、书院祭祀、私塾祭祀成为古代教育世代相承的传统。明孝宗弘治十七年,释奠礼升格与天子等同。释奠礼在每年仲春、仲秋的第一个丁日隆重举行,因为五行中丙丁属火,象征礼乐文明,而丙为明之初,丁为明之盛,故而在丁日祭奠先师。

书院是唐宋至明清出现的一种独立的教育机构,是私人或官府所设的聚徒讲授、研究学问的场所。书院之名始见于唐代,但发展于宋代。最初,书院为民办的学馆。原由富室、学者自行筹款,于山林僻静之处建学舍,或置学田收租,以充经费。书院是中国文化的藏体与载体,是中国学术思想发源与传承的基地,是中国教育培养人才、传播文化知识的摇篮。

书院的各种教育活动均有教化的功能。书院的讲会是主要的教学形式，讲会是各地书院主讲者普遍采用的教学形式，其主要做法就是“坐皋比，主讲席，诸学者环列以听，及谓之讲会”。在讲会的推动下，书院的学术气氛极为活跃，许多名师硕儒纷纷被邀至书院讲学论辩，阐印圣宗，发表自己的学术见解。这对促进书院教学的繁荣及学术文化的进一步发展产生了积极影响。许多书院关心时事，辩论时政，学者参与社会教育活动。东林书院的“风声雨声读书声，声声入耳，家事国事天下事，事事关心”道出了书院开展社会教育的心声。

书院的教育空间，其成熟形态包括两部分，其一是教学空间，其二是祭祀空间。书院的祭祀空间一般称为祠宇，书院祭祀的形式一般分为释菜礼和释奠礼，具有重要的教化价值。

所谓释菜礼，是古代学校祭奠先圣先师的礼仪，一般在学校开学时举行。书院继承了这种仪式。所谓释奠礼，是古代学校祭奠先圣先师的典礼。此外，书院在每月朔望（即农历初一和十五）也要举行祭礼，由山长主持，每日则要“早晚堂仪”，形成一套严格的规矩。

书院祭祀的对象包括三类：一是祭祀儒家的先圣、先师和先贤，最主要是孔子，配享“四圣”颜渊、曾参、子思、孟子；二是祭祀本学派的创始人或代表人物，以表明本书院的学派立场和学术派别；三是祭祀对本书院有贡献的人物，如名宦、乡贤、祖先等，以纪念他们对本书院的贡献。

不同朝代，不同书院，其祭祀形式有些不同，这种本院师生对先师先儒先贤的祭拜形式，有着极为重要的教育功能，通过祭祀仪式，宣扬先人的事迹，继承他们的学术派别，怀念他们的功德，为师生树立仰慕和依效的典范，成为学派学术承继和继续治学良好传统。

总的看来，中国古代历朝历代都很重视在大学中的典礼仪式，而且仪式也相应很隆重，因为，他们在看到“万世师表”教育作用的同时，也看到了“尊师重道”的社会作用。这种社会作用就是大学对社会的引领以及榜样的力量，可以形成良风美俗。

中国素以“礼仪之邦”著称，各朝各代的统治者以一个“礼”字教化朝野，上于太学行“大射之礼”，下至郡、县、道、行、乡皆设学校，并且要求各学校严格按照礼仪标准，郑重地举行祭祀先师和拜见老师的仪式，借以引导社会风气。例如，宋代的范仲淹在苏州设立郡县学，并且邀请当地著名学者胡瑗设堂讲学，苏地的风气日开，蛮夷之风有所改变。宋代注意到了学校的典礼仪式对社会风气的引导作用，而到了元代，政府则广设庙学，主要的活动就是在文庙举行祭祀大典，仪式结束后，令学者随机给当地乡民开课讲议经史，民风日化。

从中国古代高等教育史来看，先秦时期在教育家的言论和教育实践中，有类似于大学实施推广教育的点滴思想与实践，在教育作用、教育对象、教育内容、教育场所等方面，孕育着大学开展社会教育思想与实践的萌芽。然而，在随后的长达千年的封建社会中，先秦许多优良的教育主张，并未很好地发展起来，在封建社会中，教育和教化完全成为一种政治统治工具，成为封建帝王“得天下”和“治天下”的“法宝”，大学的建立也成为一种统治手段，是封建王朝培养和选拔各级官吏的场所，尤其科举制实行以后，大学逐渐成为科举的附庸，大学对全民的教育与教化功能，渐渐狭窄，由大学所扩充的教育更是微乎其微，虽然类似于大学开展社会教育的主张与活动，在历史上不乏其例，如汉代太学的“政治运动”，“清议之风”，明清之际伟大的思想家、教育家黄宗羲的“公其非是于学校”，“治天下之具皆出于学校”的振聋发聩的主张等，但是，在社会上起主导作用的仍是正统的教化或教化“工具论”。

第二节　我国近代大学与社会教育

我国社会教育的历史发展源远流长，但具有现代意义的社会教育，则发源于清末民初。1912 年民国教育部设社会教育司，是我国首次在法令上使用社会教育这个词，也是我国社会教育行政制度的开端，至此，社会教育的理论与事业逐渐发展起来。纵观社会教育在近代的发展，经历了萌芽期、确立期、发展期和分化期，每一个时期都有大学开展社会教育的身影，大学开展社会教育已经成为近代社会教育事业发展的重要动力之一。

一、蔡元培论大学社会教育

民国元年，蔡元培首任教育总长，他坚持设立社会教育司，以提倡成人教育和补习教育。他通过自己留学德国和法国的经历，认识到欧洲各国民众文化教育水平的提高，不仅仅由于学校之力，还有赖于社会教育的发达；而社会教育事业的发达，与各级各类学校的推动有着重要的关系，所以他主张必须开放大学门户，实施"大学扩充教育"。

他从扩大"教育"内涵这一认识出发认为，"教育"的形式是很丰富的，不要仅仅和"学校"联系起来，他说："教育并不专在学校，学校以外还有很多机关"，①同时他还认为，教育的对象也不仅仅是指青少年，"教育绝不是专为儿童而设，凡年长的人，无论其从前是否进过学校，也不可不给他有受教育的机会。例如补习学校、平民大学等。教育亦并非全靠学校，如演讲会、阅书报室都是教育。如动物园、植物园、博物院、图书馆、戏院、影戏馆都有教育的作用"。② 那么，学校以外的这些教育形式由谁来办理呢？他根据自己在国外的经历，十分推崇国外大学在校内外开展社会教育的做法。早在1916年，他在《北京通俗教育研究会演说词》中，就曾介绍说："鄙人在德国时，尝见彼邦之大学生徒，每于校外出其所长，教授一般工人以实用知识或外国语言。至法国则有所谓平民大学，为大学教员所组织，专在夜间讲演，无论何人均得入校听讲，不因贫富年龄之故稍有歧异。"③

后来他通过考察美国教育，又十分赞赏美国的"大学推广教育"，他说："美国人服务社会的精神，不可多得"，"中国社会教育很少，应学美国尽量

① 高平叔编：《蔡元培教育论著选》，人民教育出版社1991年版，第451页。
② 高平叔编：《蔡元培教育论著选》，人民教育出版社1991年版，第451页。
③ 高平叔编：《蔡元培教育论著选》，人民教育出版社1991年版，第65页。

发展”，他进一步说：“美国大学的目的，要把个个学生养成有一种服务社会的能力，……而且一切文化事业，都由大学包办，如巡回图书馆、巡回影戏片、函授教育等等。在工商业的都会，大学就指导工厂、商业；在农业的州府，大学就指导农人”。① 蔡元培不仅有“大学要举办扩充教育”的主张，而且在实际工作中也积极推崇这种做法。如他在任北京大学校长期间，就主张对校役开设夜校，他在《北大平民夜校开学日演说词》中说：“今日为北京大学学生会平民夜校开学日，此事不惟关系重大，也是北京大学准许平民进去的第一日。从前这个地方是不许旁人进去的，现在这个地方人人都可以进去。”他说：“北京大学第一步的改变，便是校役夜班之开办。于是二十多年的京师大学堂里面，听差的也可以求学。……于是大学中无论何人，都有了受教育的权利。不过单是大学中人有受教育的权利还不够，还要全国人都享受这种权利才好”，他进一步地鼓励学生在校外参加平民教育活动。后来他回忆时认为，五四运动最重要的纪念事项之一就是“扩充平民教育”，并评价说，“五四以来，学生多组织平民学校，教失学的人以普及知识及职业，是一件极好的事”。②

由于有这样的思想和活动，蔡元培主张全国设立大学区制，在大学区教育行政系统中设立“扩充教育处”，并提出了自己“大学开展社会教育”的看法，他说：“分全国为若干大学区，每区立一大学，……一区以内的中小学校教育，与学校以外的社会教育，如通信教授、演讲会、体育会、图书馆、博物馆、音乐、演剧、影戏……与其他成年教育、盲哑教育等等都由大学办理”，③“就教育而言，如党义教育、社会教育以及检查私塾、改良风俗等事宜，虽非学校教育所包含，而未尝不可利用学校出发点。学校的建筑、设备、人才都可利用”。蔡元培这种设立大学区制的思想、实践以及在制度方面的努力，虽然实行时间很短，但“大学扩充教育”的思想，“大学开展社会教育的做

---

① 高平叔编：《蔡元培教育论著选》，人民教育出版社1991年版，第347、358页。

② 高平叔编：《蔡元培教育论著选》，人民教育出版社1991年版，第287页。

③ 高平叔编：《蔡元培教育论著选》，人民教育出版社1991年版，第451、553页。

法”却受到了人们的普遍关注，开了五四运动以后大学开展社会教育的先河，从此，由大学来开展社会教育的做法逐渐发展起来。平民夜校也就成了近代大学开展社会教育的制度起点。

二、北京大学平民教育讲演团

北京大学平民教育讲演团成立于1919年3月28日，由北京大学一些爱国进步的学生发起。创办的目的是“以增进平民智识、唤起平民之自觉心为宗旨”①。在征集团员启示中写道：

> 盖闻教育之大别有二：一曰以人就学之教育，学校教育是也；一曰以学就人之教育，露天演讲、刊发出版物是也。共和国家以平民教育为基础。平民教育，普及教育也，平等教育也。②

从启示中反映了当时青年学生的教育观念已经把学校教育和社会教育分别开来，并认识到要实现教育的平等，必须通过“以学就人”的方式来进行。而突出的方法就是进行讲演。为此，在北京大学平民教育讲演团简章中规定：“本团讲演分为定期与不定期两种：甲、定期讲演，每月四次，于每星期日下午一时至四时举行之；乙、不定期讲演，此项讲演，如有事件发生，或春假、暑假及国庆日，经本团团员认为必须讲演时，临时酌定。”平民教育讲演团的主要工作内容，就是向北京市或郊区人民作定期讲演。“对北京市民的讲演，一般是利用当时北京市立各讲演所进行的，在搞运动和纪念活动时，则组织小组，在各街头作露天讲演。对郊区农民或工人，就利用假日轮流到各地去讲演。”③从1919—1925年，平民教育讲演团在北京讲演所讲演

① 朱有瓛等：《中国近代教育史资料汇编·教育行政机构及教育团体》，上海教育出版社1993年版，第492页。

② 朱有瓛等：《中国近代教育史资料汇编·教育行政机构及教育团体》，上海教育出版社1993年版，第491页。

③ 朱有瓛等：《中国近代教育史资料汇编·教育行政机构及教育团体》，上海教育出版社1993年版，第492、535页。

和城乡露天讲演的题目约有412个之多，①在进行讲演的同时，讲演团在校内还自设讲演所和书报阅览处，定期进行讲演。自1920年春假起，讲演团开始到农村去讲演，分别到过唐山、长辛店、北通州、丰台、海淀等处，所到之处，他们打着旗帜，带上留声机，利用乡村小学、庙会、寺院、村头场地进行讲演，并备有书报，任人观览。

1921年1月在长辛店创设劳动补习学校，这是中国北方最早的工人学校。办校的目的是以增进劳动者和劳动者子弟完全智识，养成劳动者和劳动者子弟人格为宗旨。分日、夜两班，夜班收工人，是补习学校的主体，开设国文、法文、科学常识、社会常识、工场和铁路知识等课，开学初工人二十余人，至4月达四五十人；日班收工人子弟，课程与当时国民学校略同，不收学费，并补贴文具、书籍费用，教员们自编教材，用通俗易懂的方法宣传平民教育的基本道理。

北京大学平民教育讲演团的平民教育实践活动是五四运动时期社会教育发展的一个重要亮点，也是近代高等学校开始从事社会教育的一项重要事业，大学生是一种新的社会教育力量，对这个时期大学开展社会教育是一个有力的促进。

三、大学参与平民教育和乡村教育试验

五四运动以后，社会教育的中心事业是平民教育和乡村教育。在平民教育和乡村教育的试验活动中，试验者都充分认识到了大学在开展这些教育中的作用，认为在中国办大学应该注意中国的国情和民情，大学在推进平民教育和乡村教育上应该起促进作用。

晏阳初是倡导平民教育的杰出教育家，他在自己的平民教育实践中认识到：

---

① 参见朱有瓛等：《中国近代教育史资料汇编·教育行政机构及教育团体》，上海教育出版社1993年版，第504—523页。

中国近几十年来教育上最大的错误，在一切制度方法材料多半从东西洋抄袭来的，那工商业发达的国家的都市人的教育，如何能适合尤滞在农业时代的中国社会的需要？我们初到乡间，看见农民的失学，慨叹中国的教育不普及，后来在乡间久住，才知道幸而今日中国的教育不普及。否则真非亡国不可。这并非愤激之谈，因为农村青年，未入学校以前，尚能帮助他的父母，……可是一旦入了学校，受了一些都市文明的教育，他简直变成一个在乡村不安，到城市无能，不文不武的无业游民。①

他分析中国现在所谓的“新教育”：

并不是新的产物，实在是从东西洋抄袭来的东西。日本留学生回来办日本的教育；英美留学生回来办英美的教育，试问中国人在中国办外国教育，还有什么意义？②

所以现在的情况是，学校教育越办越大，结果毕业就是失业。而乡间那些急待救助的失学大军，却无人过问。因此，他主张“要创造一种中国教育”，以适应中国的情形。必须改造中国的大学教育，使大学办学应以中国为本位，应从中国乡村的需要出发，使大学生在学生时代生活就农民化，毕业后直接为农村服务。他认为如果大学教育能够和乡村建设相结合，为乡村建设培养人才，会开辟中国大学教育的新纪录。在这种认识的指导下，晏阳初主持的平教会和南开大学、清华大学、燕京大学、协和医学院等大学，在北京成立了华北农村建设协进会，负责大学和平民教育工作的联系，为大学推进平民教育工作献计、献策。

---

① 马秋帆、熊明安编：《晏阳初教育论著选》，人民教育出版社 1993 年版，第 65 页。

② 马秋帆、熊明安编：《晏阳初教育论著选》，人民教育出版社 1993 年版，第 160 页。

另一位著名乡村平民教育家傅葆琛认为，大学应该设有关于乡村教育的科目，直接为乡村教育培养人才。大学的学生对于平民教育也应有服务的责任。他说："中国学生是极爱国极热心社会事业的青年，……他们都有预备要替社会服务的志愿。……所以，有远识的学生，看见同胞不识字，不明白国家情形的人这样多，又看见中国这样的穷弱危机，都认定中国的根本问题是要使教育普及。"①所以，学生对于平民教育非常热心，奋勇去提倡，积极参与。他还提出了大学生利用假期推行平民教育是一个极好的机会，在农村，大学生和当地合作举办平民学校，采用各种方式来办理平民教育，是容易的事情。他说"学生是推行平民教育的人才，也是实施平民教育的重要分子"。傅葆琛根据自己在国外的体会，从理论上论述了大学实施扩充教育是必要和可行的，他说：

> 扩充教育，也可以说是推广教育，英文叫做 Extension Education。欧美各国，这种教育很是发达。施行这种教育的机关，多半是大学。美国各大学，皆设有扩充教育部或推广教育部，所举办之教育事业种类甚多，有学校式的，也有社会式的。又有专为青年谋扩充教育者，名为青年扩充教育（Junior Extension Education）。②

所以他认为，"扩充教育，是指由某教育机关扩充或推广出来的教育"。大学应该有这样的使命。

著名教育家梁漱溟始终坚持"学校教育社会教育不可分"，他认为学校教育应该特别注重教育的推广工作，切勿关门办学。"学校应为地方社会之中心，教员应以社会之指导者自任"，③基于此，他认为大学应该处于开展社会教育的领先地位，应倡导社会进步风气之先河。

---

① 陈侠、傅启群编：《傅葆琛教育论著选》，人民教育出版社 1994 年版，第 68 页。
② 陈侠、傅启群编：《傅葆琛教育论著选》，人民教育出版社 1994 年版，第 104 页。
③ 马秋帆编：《梁漱溟教育论著选》，人民教育出版社 1994 年版，第 112 页。

积极倡导乡村教育的教育家陶行知，则更为从实际出发，直接从学校开展社会教育的试验活动，他所举办的晓庄师范学校和山海工学团，就是开展乡村平民教育的两个典范，为学校开展乡村教育积累了大量的经验。

总之，这些教育家由于有这样的认识，所以，平民教育和乡村教育试验区积极鼓励大学从事各种平民教育事业，吸收大学生参与试验活动。同时各大学也踊跃参加平民教育和乡村教育实践，设立社会教育的专业、学科，并培养专门的人才，为平民教育和乡村教育服务。这个时期许多地方举办社会教育学院和专业，如江苏省设立教育学院，内设民众教育及农事教育两科及专修科，上海大夏大学设有社会教育系，燕京大学设社会教育系，北平师范大学附设乡村师范班及职业教育组。这个时期大学参与平民教育和乡村教育的试验活动，使大学办理社会教育的理论与实践发展到了一个新的阶段。

四、颁布学校兼办社会教育的法规

我国近代，由于社会教育理论与事业发展非常迅速，所以，社会教育能否制度化问题，社会教育能否在学制系统中谋一地位问题，受到了人们的普遍关注，从而产生了许多主张，主要有如下几种观点：

第一，“合流说”。代表人物是雷沛鸿，他主张社会教育与学校教育应该合起来办，在学制系统中，加入社会教育系统，彼此联络。

第二，“并列说”。这一主张的人士认为，应该于现行学制系统外，另订社会教育系统，彼此并列。

第三，“创新说”。这种观点主要以梁漱溟为代表，他拟定《社会本位的教育系统草案》，主张“社会教育学校教育不可分”，以社会为本位建立教育体系，把学校教育放在此中。

第四，“兼办说”。主要以蔡元培为代表，主张社会教育事业由各级各类学校开展，利用学校的人力、物力和场所机构，从事各种社会教育的实践活动。

上述观点，在20世纪20—30年代，形成了一个争论的热潮，最后“兼办说”得到了人们的普遍接受，因为，在当时国情和民情的条件下，在缺乏大量人力和物力的背景下，其他观点很难做到，只有“兼办说”比较适合当时的实际，而且可行，并具有调和各种主张的作用。后来，教育部采用了这种观点，陆续颁布了许多学校兼办社会教育的法规，至此，大学兼办社会教育也有了相应的法律依据，走上了制度化和规范化的道路。

归纳起来，这个时期由国民政府颁布的学校兼办社会教育的法规主要有：

1.《各级学校兼办社会教育令》(1937 年 5 月 24 日颁布)

2.《各级学校兼办社会教育办法》(1938 年 5 月 24 日颁布)

3.《各级学校学生战时后方服务办理社会教育要点》(1939 年 5 月 3 日颁布)

4.《各级学校社会教育推行委员会组织纲要》(1939 年 5 月 11 日颁布)

5.《各级学校兼办社会教育暂行工作标准》(1939 年 5 月 2 日颁布)

6.《各级学校兼办社会教育经费支给办法》(1939 年 5 月 17 日颁布)

7.《师范学院教育学院师范学校及民众教育馆辅导中等以下学校兼办社会教育办法》(1939 年 5 月 17 日颁布)

8.《各省市县各级学校兼办社会教育考核办法》(1939 年 5 月 31 日颁布)

9.《社会教育机关协助各级学校兼办社会教育办法》(1939 年 6 月 1 日颁布)

10.《各省市县暑假期间办理中小学教员兼办社会教育讲习要点》(1939 年 6 月 14 日颁布)

11.《各县市社会教育推行委员会组织纲要》(1939 年 6 月 1 日)

12.《教育部暑期分区举办中等学校兼办社会教育干部人员讲习讨论办法》(1939 年 6 月 28 日)

从上述这些法规中不难看出，学校兼办社会教育已经成为一种专门的教育事业，大学兼办社会教育也就是在这样的情况下，逐渐发展起来的。

从当时情况来看，大学兼办社会教育主要有以下几方面的工作：(1)学术讲座；(2)暑期学校；(3)函授学校；(4)民众识字教育；(5)民众读物编辑；(6)职业补习教育；(7)农业推广；(8)合作指导；(9)民众法律顾问；

(10)地方自治指导;(11)电影及播音技术传习;(12)防空防毒知能传习;(13)救护训练;(14)公共卫生指导;(15)地方水利及土木工程指导;(16)各种展览会;(17)其他为学校所专长而切合社会需要之教育。

同时,还要求专科以上学校应就各院校附近,划定相当区域,作为兼办社会教育施教区,每学期兼办民众教育4—5班。从这里可以看出,现代社会教育的许多做法,在学校兼办社会教育的实践中孕育而生。但由于日本的全面侵华,使大学兼办社会教育的做法遭到了严重的破坏,学校兼办社会教育的成效很难测定。

我们仅从民国教育部1938年5月24日颁布的《各级学校兼办社会教育办法》来分析大学开展社会教育的一些法律规定。

第一条　全国各级学校应遵照本办法开展社会教育务期化除学校与社会之界限,而使学校成社会教化之中心。

第二条　大学各学院及专科学校应参酌下列各项各就专长,开展较专门之社会教育工作二种以上(例如农学院应开展农业推广及合作指导,医学院应开展救护训练,及公共卫生指导等,余类推)。

(一)学术讲座

(二)暑期学校

(三)函授学校

(四)民众识字教育

(五)民众读物编辑

(六)职业补习教育

(七)农业推广

(八)合作指导

(九)民众法律顾问

(十)地方自治指导

(十一)电影及播音科学技术传习

（十二）防空、防毒知能传习

（十三）救护训练

（十四）公共卫生指导

（十五）地方水利及土木工程指导

（十六）各种展览会

（十七）其他为各学校所专长，而切合社会需要之教育。

第六条 在抗战期间各级学校开展之社会教育尤应切合抗战时期之需要。

第七条 各级学校开展社会教育，教职员及学生均应参加。

第八条 中等以上学校得组织社会教育推行委员会，隶属于教务部，主持社会教育事宜，委员会之组织章程由各级学校自定之，但须呈报主管教育行政机关备案。

第九条 各级学校于每年度开始时，应拟具开展社会教育计划，呈报主管教育行政机关核准施行。

第十条 各级学校开展社会教育所需经费，应于各该学校经常费内动支，不足之数，得呈请主管教育行政机关酌予补助。

第十一条 教育部及省县督学于视察各级学校时应考核并指导各级学校开展之社会教育。

第十二条 各级学校于每年度终了时，应将本年度内开展社会教育之经过及成效，编成报告呈报主管教育行政机关备案。

第十三条 本办法由教育部公布施行。

第三节 国外大学开展社会教育经验

从社会教育发展史来看，欧美是现代意义社会教育产生的源头。通过了解欧美社会教育的发展情况，我们可知，欧美社会教育的发展，其大学的推动是一个重要的动力，在欧美社会教育的发展史中，处处可以看到大学的身影。我们从欧美大学开展社会教育的实践中，总结一下这一方面的经验。

一、美国大学的扩充教育

美国的社区学院是美国从事社会教育的主要基地，已经有很长的发展历史，在服务社会上，以其广谱、灵活、高效、利学等特点，成为美国社会教育的一大特色，在满足社会民众的教育需求，提高和普及教育等方面作出了重大的贡献。他的成功经验一直为世界各国所瞩目。纵观美国社区学院的历史，可以发现，美国社会教育的发展与大学推动有着重要的关系，或者说，美国社会教育之所以有今天的发展，其中一部分成绩是在大学的推动下取得的。纵观美国社区学院的发展史，其大学在开展社会教育上主要有如下几点基本经验。

（一）大学实行扩充教育

大学实施扩充教育或推广教育，在美国始于19世纪，最初是一些农业学校在农村中实施。1816年，拉特格大学设立大学推广部，为公民开设科学课程。1862年《莫里尔法》颁布后，美国各大学相继设立大学推广部，实施大学推广计划，推广计划逐渐从面向农村发展到面向社会各个方面。随着发展，大学推广计划逐渐走向制度化，并逐渐和社区学院相结合，在实施方式上逐渐通过社区学院来进行。

美国大学推广计划的实施，使大学的教育事业在社会的各个方面生根，对于大学服务社会起到了促进作用。从我国近代一些教育家的言论中，就可以看出美国大学实施推广教育对我国的影响。蔡元培十分欣赏国外大学实施推广教育的做法。他在《考察欧美教育回国大会演说词》中，介绍美国的大学时说："（美国）大学的目的，要把个个学生养成有服务社会的能力。……而且一切文化事业，都由大学包办，如巡回图书馆、巡回影戏片、函授教育等等。在工商业的都会，大学就指导工厂、商业；在农业的州府，大学就指导农人。"①可见他的这种介绍，已经指出了美国大学推广教育已经实

① 高平叔编：《蔡元培教育论著选》，人民教育出版社1991年版，第358页。

施到了社会。从美国回来的傅葆琛教授，由于有直接的体会，对美国实施大学推广教育有更为深刻的认识。他说：

> 扩充教育，也可以说是推广教育，英文叫做 Extension Education。欧美各国，这种教育很是发达。施行这种教育的机关，多半是大学。美国各大学，皆设有扩充教育部或推广教育部，所举办之教育事业种类甚多，有学校式的，也有社会式的。又有专为青年谋扩充教育者，名为青年扩充教育（Junior Extension Education）。①

著名社会教育学者陈礼江也认为，"扩充教育是以大学为出发点而设施的一种社会教育事业。他是从原有的正式学校教育的观点出发而特别着重于将学校内的教育扩充到校外去"。他说："欧美各国的大学，看到教育不应当只限于学校的围墙之内，而应当扩充到校外的民众，所以有所谓的扩充教育。"②近代这些教育家们的言论，表明了这样一个事实，即美国的大学推广教育已经有了一定的历史，并已经形成了一定的制度，形成了一定的影响，大学在校外已经把自己的教育事业推向社会的各个方面。

（二）大学创办社区学院

美国的社区学院产生于20世纪初。第一所具有现代意义的社区学院，就是由一位大学校长所办的，据资料记载，美国芝加哥大学第一任校长哈泼先生（William Rainey Harper，1856—1906）是创建现代意义上社区学院的开山鼻祖，他在伊利诺埃及周边地区建立的社区学院，在美国产生了巨大的影响。随后，各地社区学院陆续发展起来。在后来社区学院的发展中，由大学推动建设的社区学院，是美国社区学院类型中的一个重要形式，主要做法有：由大学直接创办或大学附设社区学院；由大学的教授或某机关创办社区

---

① 陈侠、傅启群编：《傅葆琛教育论著选》，人民教育出版社1994年版，第104页。

② 陈礼江：《社会教育的意义及事业》，正中书局1937年版，第4页。

学院等。大学创办社区学院,利用了大学的人力和物力,既使大学教育得以推广,又使社区学院得以发展,是一举两得之策。

(三)大学为社区学院服务

美国大学除了通过实行推广教育为社区学院服务以外,还通过各种途径为社区学院服务,主要有:(1)大学开办社区教育专业,为社区学院培养管理人员和教师;(2)大学设立成人教育专业,培养研究生,并授予成人教育博士学位;(3)大学教师到社区学院兼职,为社会教育服务;(4)大学开放教育设施为社区学院服务;(5)大学参与管理社区学院的教育机构,如图书馆、博物馆等;(6)大学为社区学院开展各种教育工作项目,如讲演、研讨、讲座、咨询、文化体育活动等;(7)大学为社区学院开发课程,这些课程种类众多,内容面广,涉及社会生活的方方面面,如科学、健康、艺术、生计、家政、休闲、娱乐等。

总之,美国大学与社区学院的关系是非常密切的,真正做到了"学校社会化,社会学校化"。学校打开围墙,将自己的教育事业推向社会,为社会服务。

二、英国大学的推广教育

早在18世纪末,英国就有大学教师为工人开设科学课程的尝试,由此引发了创办工艺学院的运动。后来,英国的大学与多科技术学院、继续教育学院普遍设有推广部或社会教育部,为社会成员提供多学科推广课程。这种课程往往是短期的、最新的或改进后的,以职业培训类课程为主。19世纪中叶,由剑桥大学发起,英国为推动大学开放而兴起了一场高等教育的革命化运动,即大学推广运动。1870年剑桥大学为普通市民开设校外扩展课程教育,几年后牛津大学等其他大学也相继仿效。到了1890年以后,牛津大学、剑桥大学在全国170个地方开设扩展课程。全英国有5万—6万人参加这类学习。许多大学直接为社会提供本科生和研究生学位课程或高级证书课程,这种大学推广教育,为英国形成函授学院到推广学院,再到空中大学、开放大学以及远程教育奠定了基础。

由此可见，英国大学在推动社会教育发展上也是主要力量之一，大学通过各种途径为社会服务，促进了社会教育的发展，形成了许多卓有成效的教育经验。

三、北欧民众高等学校

北欧主要指丹麦、挪威与瑞典三国，从历史发展来看，三国社会教育的发展来自一个源头，即丹麦著名的社会教育学家柯隆威所创立的“民众高等学校”。

1844 年，柯隆威在丹麦创办了北欧第一所民众高等学校。这所学校的特点主要表现在：首先，在入学对象和资格上，民众高等学校招收的对象是任何阶层的成年人，由于丹麦是农业国，所以其成员主要是农民。其次，在办学宗旨与原则上，柯隆威提出了“为民众教育，为民众启蒙”的教育目的，遵循办学自由主义原则，提倡公民自愿入学，自由参加学习，自由选择课程等。再次，在办学形式和组织管理上，采取寄宿制和民主管理，学生不缴学费，具有公益性。最后，在教学内容上，学习祖国语言，开设公民课程、生活课程和职业课程，使学习者能够获得基本知识和职业的能力。受柯隆威第一所民众高等学校的影响，19 世纪 60 年代，丹麦掀起了轰轰烈烈的民众高等学校运动，并影响到挪威和瑞典，形成了北欧别具特色的民众高等学校教育。

近代北欧各国的民众高等学校运动，都有自己的国家特色，都根据自己国家的国情和民情来发展，民众高等学校面向社会，通过公益性的教育活动满足和拉动民众对教育的需求，对于民众思想启蒙、提高民众素质、改善生活质量起到了重要的作用。

四、日本大学的公开讲座

日本的社会教育也有一个历史发展过程，经历了不同的历史时期，在各个历史时期都有不同的内容和表现形式。纵观日本的社会教育发展史，我们可以发现，日本的社会教育是一个包含着非常广泛内容的教育，现代欧美许多学校以外的教育事业，诸如成人教育、民众教育、补习教育、校外教育、继续教育、社区教育等,都包含在其中。

从日本社会教育发展史来看,大学对社会教育的推动,在日本也是一个重要的教育经验,值得总结和学习。

第二次世界大战前,日本由民间团体推动的社会教育事业具有一定的社会对策性,主要是为了解决各种社会问题与矛盾,体现一定的慈善和福利色彩。由政府所推动的社会教育事业,主要是为了文明开化、知识启蒙和思想导引。大学在推动社会教育事业上作用不大。第二次世界大战结束后,日本社会教育发展很快,大学在推动社会教育事业上的作用日益突出。1946 年 3 月美国教育使团提出报告书,勾画了日本战后社会教育发展的蓝图,报告书中强调,学校向社会教育开放,尤其大学应对社会教育作贡献。1946 年 5 月日本文部省结合自己的构想,制定了《新教育指针》指出,需要对一般的社会人施以公民教育,具体的方法是大学和专门学校要以社会人为对象开展授课和实习。并直接提出:学校向社会开放。其做法有:①各大学和专门学校增设以普通公民为对象的"旁听生制度";②文部省为推进各大学举办社会教育事业,向各地派遣讲师团,举办讲座;③大学、高等专门学校接受文部省委托开办"文化讲座"、"专门讲座"、"暑期讲座"等;④动员大学教师举办和参与各种讲座。

为了更为有效地推动社会教育事业,日本于 1946 年 6 月 10 日颁布了《社会教育法》,通过法律的形式来规范社会教育事业,使大学推动社会教育事业逐渐走向组织化和制度化。大学推动社会教育也就是在这种法制化中,走上了一个新的发展阶段。这个时期大学在推动社会教育上主要有这样几点做法:①国家对大学举办社会教育事业给予鼓励和奖励;②大学的教育设施在不影响学校教育的情况下,应尽力提供给社会教育利用;③大学举办社会教育讲座,根据学校的情况,利用学校的设施开设文化讲座、专门讲座、暑期讲座、社会学级讲座等;④规定讲师报酬和必要的经费由国家和公共团体承担等。

随着终身教育的影响以及建设学习型社会的需要,日本近年来有一种扩大社会教育设施、途径和方法的呼声，要求进一步挖掘大学的教育潜力，促进大学的开放，要求大学为社会服务，诸如扩大旁听生制度、进修生制度、增设专修科和特修科制度、倡导大学举办公开讲座等，同时制定措施促进个人的学习。

总之，日本社会教育的发展是在社会教育的名义下开展起来的，大学对社会教育的推动，同时促进了社会教育的发展，在内容、形式、方法、措施等方面，显得更为丰富和广泛。正如日本《教育基本法》中规定："教育目的，必须利用一切机会，在所有场合去实现它"，为此，《社会教育法》中倡导，"努力创造环境以便全体国民能够利用一切机会和场所，自主地根据实际生活需要，提高文化教养水平"，这里所言的"场合"、"场所"、"机会"等，反映了现代社会教育的理念。①

五、韩国大学与"新社区运动"

"亚洲四小龙"的韩国在经济发展的背后也有一个教育的奇迹，而"新社区运动"无疑是韩国教育发展中一个重要的亮点，它对于韩国社会的发展，经济的繁荣，起到了十分积极的促进作用，因而受到了世界各国的瞩目。而"新社区运动"的发起人，是韩国一所大学的赵永植博士。

赵永植博士是韩国一位著名的哲学家、教育家，庆熙大学的创始人，韩国"光明社会运动"的首倡者和推动者。20 世纪 50 年代初，当时的韩国贫困交加，文盲率达 60% 以上。赵永植博士出于爱国之心，通过国外考察和研究，认为韩国要想富国强民，就必须振兴经济，要振兴经济就必须发展教育、扫除文盲，全面提高国民的科学文化素质，而要快速提高全民的素质只依靠学校教育是不行的。所以，他身体力行，先从庆熙大学做起，动员全校师生积极投入到扫盲运动中去，主张大学应该通过各种途径，采用各种方式来推广城乡扫盲事业，大学在进步事业上应开风气之先。在他的号召下，大学的师生纷纷走向社会，走向城乡社会，开办夜校，成立各种服务组织，为城

① 参见梁忠义：《日本的社会教育》，山西教育出版社 1994 年版，第 16、381 页。

乡服务。

1965年赵永植博士出版了他的专著《我们也能过好日子》，提出应该在韩国掀起一个“过好日子”的运动。为此，在庆熙大学率先设立了“为过好日子运动”奖学金制度。学生们在校内还创立了“服务联合会”，他们根据自己所学的专业与特长，利用各种组织形式，分别到城市社区、农村及渔村，从事各种形式的社会教育服务。

赵永植博士倡导“为过好日子运动”的理论与实践，受到了当时朴正熙总统的关注。朴正熙总统接见了他，听取了他对于这项运动的建议，并提议定名为“新社区运动”在全国推广。

在这以后，赵永植博士不断丰富自己的理论与实践，逐渐完善了新社区运动的理论，形成了“光明社会运动”的理论。

总之，从韩国赵永植博士的理论与实践中，我们可以看出，韩国的新社区运动，其倡导和推广者也是大学进步的教育家。大学师生参加的新社区运动，无疑为社会的进步事业树立了一个榜样，起到了带头的作用。

综上所述，在世界各国社会教育的发展中，我们都看到了大学的身影，大学在推动社会教育事业上，虽然各国情况不一，但一个相同之处是大学对于社会教育不应袖手旁观，而是起带头作用，尤其对于财穷民弱的国家，大学利用自身的教育优势，把自己的教育事业推向社区、推向社会，无疑是世界各国在发展社会教育实践中的一个捷径，一个有效的做法，一个成功的经验。

第三章　大学社会教育的历史研究

大学社会教育的理念是在大学长期社会服务的过程中孕育而生的，这种思想是社会发展所需，也是大学教育发展所需。在近代中国教育转型过程中，在近代中国学习西方的历史进程中，中国的“社会”与中国的“大学教育”适应了社会发展进步的需要，也适应着大学进步与发展的需要，二者是在共同的争论与进步中走到了一起，通过大学与社会教育的互动，促进着中国社会的发展、文化的进步以及教育的革新。

第一节　近代中国“社会教育”与“社会的教育”的论争及启示

“社会教育化”与“教育社会化”人们经常使用，耳熟能详，但是，长期以来，在学校教育的视域下，二者的含义及其关系并未得到科学合理的解释，二者的来源以及争论也未得到满意的回答。随着社会管理的创新以及社会教育理论研究的深入，随着终身教育的影响以及建设学习型社会的需要，“社会教育化”与“教育社会化”的论争及其价值日益彰显，本书试就社会管理视域下二者的来源、内涵与论争过程作一分析，以明了各自教育的特质与价值。

一、论争的源头："社会教育"与"社会的教育"

考察中国近代社会教育思想史，我们就会发现，有两种思想形态自产生之日起就有争论，那就是"社会教育"与"社会的教育"。二者是什么关系？为什么会引起争论？我们从其产生的源头来看一看它们论争的过程及结果。

1912 年，民国教育部首设社会教育司，开启了中国近代运用社会力量管理与发展教育的先河。社会教育在教育行政地位上的确立拉开了社会教育事业发展的序幕，也为社会教育与各种教育关系之争埋下了伏笔。

1917 年，余寄编译《社会教育》一书，提出了"社会教育"与"社会的教育"的不同。文中首先认为"社会教育者以社会之全体为教育之客体而施教育于社会全体之谓也。其意义有广狭之不同。广义之社会教育，举凡社会上各种事业，其结果可使社会改良者均属之。狭义之社会教育，则仅以直接改良社会为目的"。紧接着指出"社会教育与'社会的教育'有别。'社会的教育'系指对于特殊的人之教育而言，学校即其例也。教育之方针虽于社会教育同，教育之客体则于社会教育异。社会教育之客体为社会，'社会的教育'之客体则为个人"。① 在这里他指出"社会教育"与"社会的教育"在各自的目的、对象上是有区别的。

1931 年，高卓著《现代教育思潮》，把"社会的教育学说"看成是一种教育思潮。文中认为："所谓社会的教育学说者，乃以社会的见地讨论教育之目的与实施之谓也。""教育学者乃以社会的眼光观察教育，此社会的教育学说之所由成立也。"根据这种观点他认为德国教育家纳托普(Natop)和美国教育家杜威(Dewey)是这种"社会的教育学说"的代表人物。关于这种学

① 余寄：《社会教育》，中华书局 1917 年版，第 1 页。

说的作用，他认为“社会的教育思潮亦即所以矫正个人主义的教育之错误也”。①

1934 年，近代社会教育学者马宗荣著《现代社会教育泛论》，文中认为：“社会教育与社会的教育不同，社会的教育是狭义中的一种教育理想，是从社会的见地而考察教育的一种教育学。”“社会的教育的对象为个人，是特殊人施于特殊人的作用，是学校教育的一种理想，一种教育主义，而社会教育的对象是社会，是民众，是全民，不是个人。……社会教育事业的精神，是集中在社会全民的教化，社会全体的改善。学校教育非整个生涯的教育，社会教育乃全生涯的教育。”②进一步阐明了“社会教育”与“社会的教育”的区别。

在这个时期，日本的一些教育学者也有此看法。日本近代社会教育学家吉田熊次在《社会教育的设施及理论》一书中特别强调：“在这个地方，要注意的是‘社会教育’与‘社会的教育’的区别”，“从概念上说二者非严密的区别不可”。他说：“社会的教育是对从来的所谓个人主义的见地而言，从社会的立场，以解决教育的诸问题的一种态度。即教育的主义并目的，要从社会的见地立论的意思。近时关于学校教育的主张，无论关于目的或方法方面从社会的见地立论的教育思潮颇为盛行，这是大众所周知的事实。这可以说是社会的教育主义之勃兴。”而社会教育是“为学校教育以外的事项，这是直接向着社会动作或社会向其成员动作的教育活动，是与学校教育相对而构成别个世界的。”③在这里日本教育学者也把“社会教育”与“社会的教育”看成是两种不同的教育主张和活动。

通过上面的考察与分析可知，在近代中国传播与兴起的社会教育思想，有“社会教育”与“社会的教育”两种思想形态，它们是有区别的两种教

---

① 高卓：《现代教育思潮》，商务印书馆 1931 年版，第 72 页。

② 马宗荣：《现代社会教育泛论》，世界书局 1934 年版，第 15 页。

③ 吉田熊次：《社会教育的设施与理论》，中华书局 1933 年版，第 3 页。

育观。

首先,从源头上看,我国近代兴起的“社会教育”并以学校以外教育事业而定位,其思想与事业主要是受日本影响的结果,日本社会教育是我国近代社会教育产生与发展的源头。① 而“社会的教育”则是从欧美兴起的一种教育学说。

其次,从含义上看,中国近代出现的社会教育,自出现起,就以学校外的教育而定位,是通过社会面向民众所施的一种教育,其目的是提高民众的智识,以改良社会;而“社会的教育”则是一种以社会为本和以个人为本的教育学相对立的一种教育学说,其主旨是考虑教育应该从社会出发。

这两种思想的差异说明了“社会教育”与“社会的教育”是两种不同的教育主张。在后来教育理论的发展变化中,“社会的教育”在思想层面上,对我国影响较大,形成了后来教育社会学的一种流派,这种思想是“教育社会化”的源头;而“社会教育”在实践层面上影响着我国社会教育事业的发展,形成了后来社会教育理论与事业的繁荣,这种思想是“社会教育化”的源头。

二、论争的特质:“教育的社会功能”与“社会的教育功能”

从词源来看,我国近代“社会”一词,是20世纪初由日文转译而来,在时间上和“教育”一词的广泛使用是同时段的。在同一个时期“社会”与“教育”二词开始连用。受日本以及西方社会学说的影响,我国近代许多思想家和教育家开始用社会学原理来分析各种教育问题或用教育的知识分析社会问题。

在探讨社会与教育之关系时,社会学家和教育学家普遍都承认,社会与教育有重要的关系。这种关系就功能层面可以表现于两个方面:其一,教育具有社会性,教育具有社会功能。其二,社会具有教育性,社会具有教育功能。第一方面的内涵,就是后来的“教育社会化”,逐渐发展成为后来教育

---

① 王雷:《中国近代社会教育史》,人民教育出版社2003年版,第5页。

社会学研究的内容，形成了众多教育社会学流派。第二方面的内涵，就是“社会教育化”，则逐渐发展演化为社会教育学研究的内容，成为后来许多教育家关注的对象。

由于近代救亡图存、社会改良和民众启蒙的需要，众多教育家给予社会教育学比教育社会学更多的关注。他们认为，社会制度本身就是一种教育制度，对人具有培养作用，它时时刻刻把知识、经验、思想等传递给国民，不同的社会制度对人的教育意义是不同的，一个人社会化的程度及性质，一个国家民智的高低，不仅仅取决于学校教育制度，同时也是社会制度所造成的。

我国近代著名教育家雷沛鸿，就曾提出“社会教育与学校教育合流”的主张，他认为：“一切社会制度均具有教育的功能，而学校只是社会制度的一种。文化的遗传要靠一切社会制度（如家庭制度、徒弟制度、行会制度等）来传递社会经验、知识技能等，学校既不是传递文化的唯一机关，所以学校制度应与其他各制度切实联系，使教育透过一切社会制度。”①他根据我国国情和民情的实际状况，强调认为，在我国特别要注意发挥社会的教育作用，使教育透过一切社会制度来实现。

因为长期的封建制度是以愚民为主要特征的，专制制度不需要智慧高的国民，只造就奴隶，所以，没有民主制度的建设，一切学校教育制度都是徒劳的，为此，李大钊更为尖锐地指出：“政治不好，提倡教育是空谈”，②因为政治本身就具有教育的功能。教育家陶行知则强调“生活就是教育”、“社会就是学校”。这些主张告诉我们，社会本身具有教育特性，社会的一切都具有广泛的教育内涵，所以，社会的建设、社会的改革、社会的活动都要考虑教育的功能；反过来说，教育的一切成果，包括教育目标、教育内容、教育方法等都要通过整个社会来完成，人才培养、民众素质的提高不仅仅是学校的

---

① 韦善美：《雷沛鸿文集》（下册），广西教育出版社 1990 年版，第 169 页。

② 孙培青：《中国教育史》，华东师范大学出版社 2000 年版，第 408 页。

责任,也是社会的责任,是学校与社会合力作用的结果。

现代社会学观点也告诉我们,社会具有教育的功能,也称为人的社会化过程或社会教化,即社会通过各种教育方式,使自然人逐渐学习社会知识、技能与规范,从而形成自觉遵守与维护社会秩序的价值观念与行为方式,取得社会人的资格的教化过程。有的社会学观点,甚至直接指出"社会教化是社会通过社会化的主体实施社会化的过程,它与广义的教育类同"。①

通过以上的分析,我们从二者的论争中可以得到这样两点认识,它们体现着各自的内涵与特质。

第一,从社会角度看,社会具有教育的功能,社会本身就是一种教育,一所学校。任何一个社会都会通过各种方法,使社会及其文化得以延续,并力图促使它的每一个成员发展成为符合该社会要求的人。社会对人的这种培养可以称为"社会教育化"。

第二,从教育角度看,教育具有社会的功能,一个社会的教育功能是由整个社会来完成的,一个社会的教育目的也是由整个社会来实现的,学校教育只是教育制度或教育形式的一种。社会文化、社会制度、社会活动等本身就具有各种教育意义,这就是"教育社会化"。

三、论争的形态:"社会即教育"与"教育即社会"

从内涵分析,"社会教育化"主要是指"社会"要具有"教育"形态,社会要有教育的意义。从动态来讲,社会是一个教育过程;从静态来讲,社会具有教育的因素;从目标来说社会应有教育的功能。按教育学意义分析,社会就是一所学校,社会的一切,包括制度、活动、设施等都应该有教育的意义,全社会应该广泛参与教育事业,考虑教育因素,关心教育的发展。

教育功能与目的不仅仅是学校的特权,教育功能与目的的实现应该透过社会来进行。在教育实践中,表现于全社会都来关心教育、办教育,社会应为人们提供各种形式的教育机会。如行业办学、行业培训、企业办学、职

① 吴忠民:《社会学理论和方法》,中共中央党校出版社2003年版,第10页。

工教育;发展广播、电视、网络等远程教育;增加与创新各种社会教育机构设施,为各个年龄阶段的人提供教育机会等。

“教育社会化”,从内涵分析主要是指“教育”要具有“社会”形态,教育要具有社会意义。从动态来讲,教育是一个社会化过程;从静态来讲,教育具有社会因素;从目标来说,教育具有社会的功能。从教育学意义来看,强调学校应该对社会开放,学校教育只有和社会各方面教育力量取得一致的情况下才能充分发挥作用。

因此,学校应该加强与社会各界的联系,争取社会各方面的配合,争取社会各界对教育的参与、关注与支持,协调社会各方面的教育影响,充分利用各种社会教育因素,同时学校要积极扩展社会服务的范围与对象,广泛参与各种社会活动,举办各种社会教育事业。在教育实践中则表现于学校举办家长学校、社区学校、市民学校、培训学校等;同时,参与社会各种文化教育事业,如图书馆、博物馆、文化馆、青少年宫等活动,大学应对社会开放,要举办各种咨询展览、研讨座谈和公开讲座等。

通过比较我们可以看到“社会教育化”与“教育社会化”二者各有各的侧重。“社会教育化”的主词是“社会”,强调的是社会应该办成一个教育型社会,学习型社会,做到“社会就是学校”、“生活就是教育”;“教育社会化”的主词是“教育”,它强调教育应该具有社会性,“教育就是生活”、“学校就是社会”。

“社会教育化”是社会教育学研究的问题,探讨的是社会的教育功能;“教育社会化”是教育社会学研究的问题,探讨的是教育的社会功能。

二者的联系表现在,它们是一个对立统一的关系,它们是互相联结、互相渗透、互相促进、互相演变和相互转化的。二者的对立统一与合作互动具有重要的教育学价值。

四、论争的启示:社会资源与教育资源的互相开放

“社会教育化”与“教育社会化”的论争具有极高的教育学价值。从源头上看,二者虽然有别,但亦有一定的联系。近代社会教育学者马宗荣说:

“社会教育与社会的教育之意义不同，但是社会教育是应用社会的教育之教育”①吉田熊次也认为，“社会的教育”是在所有学校教育中所实施的一种教育的主义，“是通行于学校教育、社会教育内的一种教育主义”。“社会教育不是与从来的教育学全然无关系的，因为社会教育同是教育活动”，②所以“社会教育”的目的与方法，依赖于“社会的教育”理论。可见，如果把社会教育看成是一种教育事业、教育活动，那么“社会的教育”就是其依据的教育理论；如果把“社会的教育”看成是一种教育理论，那么它实践的领域就是社会教育。二者在理论与实践上的合作互动的教育意义在于，社会资源应该对教育开放，教育资源应该对社会开放，以此促进终身教育的实现和学习型社会的形成。

首先，“教育社会化”可以促进教育资源对社会开放。克服学校教育的保守性和封闭性，促使教育资源逐渐对社会开放，各级各类学校资源对社会开放。这样可以丰富教育的目的，拓展教育的时空，扩大教育的对象，增加教育的内容，使学校成为当地文化教育中心，为学习型社会的形成增加教育力量。

其次，“社会教育化”可以促进社会资源对教育的开放。要使社会非教育组织具有教育的职能与教育的因素，落实教育是整个社会的责任，全社会都要关心教育。社会资源要对学校开放，社会要成为教育的资源。学校要开发与利用社会教育资源，拓展教育的范围，扩大教育队伍，形成学校教育与社会教育的合力，以此推动终身教育的实现。

再次，从发展动力来看，“教育社会化”隐含着社会对教育的激励，它要求社会要时刻激励人们的受教育需求，使人人都要有学习的意识、学习的动机、学习的需求；而“社会教育化”则隐含着社会对教育的满足，它要求社会要为人们受教育提供机会、场所和场地，使人人都要有学习的机会，学习的

---

① 马宗荣：《现代社会教育泛论》，世界书局1934年版，第14页。

② 吉田熊次：《社会教育的设施与理论》，中华书局1933年版，第3页。

时间与空间。

总之,通过“社会教育化”与“教育社会化”源头与历史发展过程的比较,我们可以看出,只有在社会管理的推动下,才能实现二者的统一,才能促使各种社会组织与教育活动的密切交织,才能推动社会向学习型社会迈进,推动学习成为社会化的活动。终身教育只有在教育与社会的共同作用下,才能实现,学习型社会的实践路径,只有在“社会教育化”与“教育社会化”互动中才能够真正破解。

第二节 近现代中国社会教育的历史考察

在我国,“社会教育”是一个人人知晓,经常使用的教育名词,但是,人们对其认识有很大的不同,缺乏深厚的理论支撑。社会教育的概念是什么?其含义是怎么发展变化的?适应我国历史文化传统、适应我国国情与民情、政治经济模式、教育发展状况的社会教育形态是什么?我国教育史上的社会教育是一种什么形式的社会教育?这种社会教育适应不适应中国的实际,社会教育在现代是如何发展变化的,这些问题在教育学学术研究领域并未得到很好的回答。

为了解决我国社会教育面临的诸多理论与实践的问题,弄清社会教育在我国的内涵以及思想理论体系,我们首先从社会教育概念在我国出现以后教育学者对它的认识谈起,分析不同时期人们对它的理解以及现代我们对它的新诠释。

一、我国近代教育学界对社会教育的理解

自社会教育的理论与事业在我国近代兴起以后,政府和教育家对社会教育给予了极高的关注,认为社会教育是适应中国国情与民情的教育,是符合中国社会特点的教育,它承继古代教化传统,吸取了国外优良的社会教育经验,是中国教育发展中的一种创新。为此,社会教育事业得到了政府的大

力推广，许多教育家纷纷给社会教育下定义，仅举几例。

蔡元培是我国近代社会教育的积极倡导者，1912 年，他首任教育总长，坚决主张设立社会教育司，是因为“眼见各国社会教育之发达，深信教育之责任不仅在教育青年，须兼顾多数年长失学之成人”。他说：“改教育部后，我为提倡成人教育、补习教育起见，主张增设社会教育司。”可见，在蔡元培的认识里，提倡社会教育可以推动成人教育和补习教育的发展，社会教育概念中有成人教育和补习教育的含义。

1917 年，余寄著《社会教育》一书，他认为“社会教育者以社会之全体为教育之客体，而施教育于社会全体之谓也”。①

平民教育家晏阳初则认为，“社会教育是平民教育的一部分事业”，他说：“所谓‘社会教育’，是一种辅助正式学校的教育”，社会教育是“一种间接的或附带性的教育事业”。② 在平民教育事业中，“社会式教育”一直是一种工作方式。

乡村教育家梁漱溟则强调应“以社会教育为本位而建树学制系统”，这个学制系统包含社会教育与学校教育。他认为“社会教育为片面的补充的设施，非正规教育，”“社会教育，即社会式教育。”③

著名教育家陶行知的生活教育理论，实际就是一种依据国情与民情的富有特色的社会教育理论。他主张的“生活就是教育”、“社会就是学校”等观点，是生活教育理论最具代表性的言论。

1931 年，国民政府教育部发表《关于社会教育设施概况报告》指出：“社会教育包含的范围很大，在学校系统以外的教育都可以包括在内。”并据调查所得，社会教育事业在当时已达六十多种。可以分为如下几类：学校式社会教育机构，如民众学校，民众识字处、职业补习学校、普通补习学校、各种补习班、妇女补习学校、盲哑学校、低能学校、感化学校等；公共式社会教育

---

① 余寄：《社会教育》，中华书局 1917 年版，第 1 页。

② 马秋帆、熊明安编：《晏阳初教育论著选》，人民教育出版社 1993 年版，第 25 页。

③ 马秋帆编：《梁漱溟教育论著选》，人民教育出版社 1994 年版，第 101 页。

机构，如民众教育馆、图书馆、博物馆、美术馆、科学馆、古物保存所、通俗讲演所、公共体育场、民众阅报处、公园、电影场等；各种社会教育活动，如识字运动、推行注音符号运动、改良民众娱乐、推行国历、改良风俗习惯等。

1931年，著名社会教育学家俞庆棠著《民众社会教育谈》，她认为社会教育有广义和狭义的分别，“广义的社会教育就是全民教育，以社会全体民众为教育对象”，“狭义的社会教育，就是失学青年的基本补充教育。”

1934年社会教育学家马宗荣著《现代社会教育泛论》，他认为社会教育是：“国家、公共团体或私人为谋社会全民的资质与生活向上发展，设备多式多样的机关与设施，供给社会全民，在其实际生活场中，而得自由的广为扩充其文化财产的享受，使影响及于社会全体之作用，谓之社会教育。”

1938年吴学信著《社会教育论丛》，他认为：“社会教育为学校教育及家庭教育以外，所施行的教育活动的泛称。”

1941年钟灵秀著《社会教育大纲》，他认为社会教育简要地说：“凡正式学制系统以外的一切教育事业和活动都可以叫做社会教育。”详细地说：“国家（指各级政府或各级教育行政机关）、公共团体或私人为欲实现教育权利大众化，及其内容生活化，使更能适合于民众需要起见，乃在正式学制系统以外，用各种不同的方式和手段主办各式各样的教育机关和设施，使全体民众不论男女老幼贤愚贫富，凡未受教育的人得补受国民应受的基础教育，已受教育的人，得有受继续教育的机会，以增进社会全体教育的程度，提高社会文化水准，俾社会改革上进步上受到较普遍的良好影响，因之，人民资质改善，生活改良，社会进步，文化提高，这种作用，就是社会教育。”

1944年傅葆琛著《我国社会教育的演变及其动向》一文，他总结了我国自提倡社会教育以来，从通俗教育、识字教育、平民教育到民众教育的演变，认为社会教育已经发展成为与学校教育相辅而行的一种教育。他说：“社会教育就是社会的教育，社会化的教育，以全体社会为对象的教育，它必须努力于社会各分子的健全，和整个社会的改造与进步。”

从近代不同时期政府和教育家们对社会教育的表述中，可以看出，社会教育含义在近代有一个不断丰富和发展的过程,是一个动态和多义的概念。在近代社会教育概念中,既包含着许多现代教育的思想因素,如成人教育、继续教育、社区教育、终身教育、电化教育等。同时,许多新式文化事业,也是作为社会教育事业发展的,如图书馆、博物馆、展览馆、科学馆、美术馆、体育场、动植物园等。这样一种复杂的情况,增加了人们对社会教育理解的难度,因而,发生争论,存在不同看法,也就在所难免。但是,无论人们怎样看待和表述社会教育,在社会教育的内涵中,有两方面内容,人们的看法是一致的。

第一,社会教育是由社会所实施的教育。实施社会教育的主体是整个社会,包括政府、机关、单位、团体、私人等各类社会组织与个人。社会的一切组织、机构与设施都有实施教育的职责,都应该通过各种各样的方式,采取各式各样的手段来发展社会教育。学校也应该通过各种形式兼办各种社会教育。

第二,社会教育是学制系统以外的有目的、有组织、有计划的教育。首先,明确了社会教育的领域和范围;其次,指明社会教育也是组织化和制度化的教育活动,这种组织与制度化的教育活动是由社会各界实施的。

二、新中国成立后我国教育学界对社会教育的认识

新中国成立以后,社会教育经历了曲折演变的历史过程。1949 年 10 月 1 日,中华人民共和国诞生,11 月成立教育部,设立社会教育司。著名社会教育学家俞庆棠任社会教育司司长。1952 年 11 月撤销社会教育司。至此,社会教育在教育行政上失去了地位。改革开放以来,各项教育事业都得到了快速的发展,与之相适应的各种教育理论也出现了百花齐放的局面。但唯独社会教育理论的研究,一直显得十分薄弱。由于各项事业建设的紧迫感,我们一直把“多出人才,快出人才,出好人才”看做是发展教育的根本,所以,学校教育的改革与发展,一直是教育发展的主旋律。但是,随着社会与教育改革的深入,人们日益发现,教育改革解决的不仅仅是人才问题,还有“民智”、“民心”、“民德”的问题;教育不仅仅具有生产性,还有社会公益性；教育对象不仅仅面向青少年，还要兼顾学校以外广大的民众和各类弱势群体。尤其终身教育思想的影响，以及建设学习型社会的需要，使人们越来越看到，一个国家的教育不仅仅指学校教育，还有社会教育等多种形式，拉动和满足全体国民对教育的需求，就应该重视社会教育、发展社会教育，重新规范、整理与创新社会教育。所以，被遗忘的社会教育理论与事业，在新的形势下，以各种方式重新焕发生机，如成人教育、继续教育、社区教育、补习教育、培训教育、开放教育、非正规教育等，原来隶属社会教育行政管理的各种文化事业，如图书馆、博物馆、展览馆、科学馆、美术馆、体育场、动植物园等，也纷纷举办各种社会教育活动。但是，由于社会教育理论研究的薄弱，使得这些被分化的社会教育事业，缺乏统一的理论指导，因而，各种事业几乎都在"孤军奋战"，彼此缺乏联络，更有甚者，本应具有公益性质的社会教育事业，有的被市场化了，如有些培训教育、补习教育、文化馆、图书馆、博物馆，动植物园等；有的被学历化了，如成人教育、继续教育等。这样各种问题纷纷暴露出来，为了解决这些问题，我们一方面要统筹兼顾各种教育事业的发展，另一方面就要深入探讨社会教育的理论。

综观新中国成立后人们对社会教育概念的认识，概括起来，我国教育学界对社会教育概念的理解主要有三种：

第一，校外教育说。认为社会教育是学校与家庭以外的社会文化教育机构对社会成员所进行的教育。这种观点在教育学和教育词典中占大多数。稍有不同的是，有的把社会教育看成是学校以外对青少年的教育；有的把社会教育看成是学校外全体成员的教育。如睢文龙等主编的《教育学》认为："社会教育也称校外教育，是指通过学校和家庭以外的社会文化教育机构，对学生实施的有目的、有计划、有组织的教育活动。"王换勋主编的《实用教育大词典》认为："社会教育：学校教育以外的一切教育设施，对青少年、儿童和成人进行的各种教育活动。"

第二，广狭两义说。认为社会教育有广义和狭义两种概念。广义的社会教育指"一切社会生活影响于个人身心发展的教育"，换句话说，一切增进人们的知识、技能、智力、身体健康以及影响和改变人们思想意识的活动，都是社会教育；狭义的社会教育指学校与家庭以外的社会文化教育机构对社会成员所进行的教育。如顾明远主编《教育大词典》认为社会教育：“广义指与学校教育、家庭教育并行的影响个人身心发展的社会教育活动；狭义指社会文化教育机构对青少年和人民群众开展的各种文化和生活知识的教育活动。”

第三，非正规教育说。认为社会教育在形式上是一种非正规教育，如梁忠义主编：《战后日本教育研究》一书中认为：“国民除受正规学校教育外，还能得到各种非正规教育的机会。所谓的非正规教育，即社会教育。”

通过上面的分析和比较，我们可以看出无论是对社会教育界定的哪种观点都隐含着诸多教育的基本要素，即教育者——社会及其机构与团体；受教育者——儿童、青少年、成人；教育场所——学校、家庭、社会；教育内容——思想、知识、智力与技能等。这些教育要素表明，社会教育是一种有意识的教育活动，是客观存在的教育现象、教育事实。有自己的施教形式、施教对象和施教场所，是教育的一个重要领域。但是，上述的种种定义，都存在着这样或那样的不足，限制了社会教育的实施，也限制了社会教育的发展。

如校外教育说，认为社会教育是学校与家庭以外的社会文化教育机构对社会成员所进行的教育，那么，人们势必反问学校与家庭以外的其他社会组织所开展的教育活动是什么教育呢？很显然，也是社会教育，所以，这种界定不全面。

广狭两义说，认为广义的社会教育指一切社会生活影响于个人身心发展的教育；狭义的社会教育指学校与家庭以外的社会文化教育机构对社会成员所进行的教育。这种界定如同教育有广义和狭义一样，使人们在实施教育的过程中，很难把握，往往注重狭义而忽视广义，往往重视各种文化教育机构的教育活动，而忽视其他社会组织、团体或个人所开展的教育。

非正规教育说，把社会教育在形式上看成是正规教育以外的教育活动。

这种说法容易割裂社会教育与学校教育之间的关系，事实上，社会教育事业中有许多是正规教育，如成人教育、培训教育等；学校教育中也有许多非正规教育形式，如学校兼办各种社会教育活动等。

为了使人们正确认识社会教育，科学地了解社会教育的内涵，充分发挥社会教育的作用，促进社会教育的发展。同时，也是为了建立我国的社会教育理论体系，我们有必要对社会教育进行新的阐释。

三、现代社会教育新论

通过上文对社会教育历史的、比较的、现实的分析，我们认为社会教育是人类教育形式之一种，它从属于广义教育领域，在广义教育领域中，存在着多种形态的教育，而社会教育是广义教育中有组织的教育。

（一）广义教育

人类自从形成社会以来，总是通过有意识或无意识的活动，对人的形成与发展产生影响，这种影响就是教育，也就是教育学上所说的广义的教育，这种教育和人类社会共同产生，所以，这种广义的教育，也可以称为是社会教育。人类就是通过这种社会教育，将青年一代培育成为社会成员，进而给予社会成员更加充实的生活和促进他们的发展。人类社会就是这样维持和发展的，教育可以说是社会的根本机能，没有教育人类社会不可能得以维持和发展。

人类教育的发展史表明，在学校教育出现以前社会就已经发挥着教育的机能。这种教育有两种情形：一种是在家庭和社会，青少年从父母及长辈那里有意识地接受教育；另一种情形是在日常生活中，通过对家族及周围人的模仿而掌握的无意识的教育。在学校教育出现以前，可以说后者的教育是主要的教育形式。由于那时的社会、文化比较单纯，这种教育就已经足够了。

随着生产力的发展以及人类文化的进步和社会结构的复杂，教育出现了阶级性和等级性，产生了培养领导层的必要。为进行有意识的特权教育、学校教育逐渐产生和发展起来。但是，开始时庶民的子女是不能入学的。

到近代学校教育制度建立以后，庶民的子女也可以上学了。这样，学校教育作为专门的教育机构得以存在和发展起来。它将原来存在于家庭和社会各个领域的教育因素纳入其中，涉及管理制度、教育设施、教育设备、教学内容、教育思想等，形成了高度组织化的专门教育机构。

这样的发展结果导致今天的教育由家庭教育、社会教育、学校教育三个领域构成。每一个人都是通过由这三个领域构成的教育而形成的。

因此，广义的教育指存在于家庭教育、学校教育之外的教育领域，是“一切社会生活影响于个人身心发展的教育”，亦即一切增进人们的知识、技能、智力、身体健康以及影响和改变人们思想意识的活动。这是一个很广泛的教育概念，包括家庭教育与学校教育之外一切有组织的、无组织的；有计划、无计划；有目的、无目的的教育。

(二)社会教育

广义的教育，对于人的形成与发展有着十分重要的意义。但是，如何发挥广义教育的效果，社会如何组织与规范广义教育，是现代社会发展过程中必须考虑的问题。正像学校教育有组织制度、学校设施，编成学年，由教师进行教育那样，对于广义教育，也可以设立教育设施，进行组织，编成学年，由指导者进行教育，以使教育的效果得到提高。或者在社会成员自发学习的时候，不是单人个别地而是组成小组进行学习，或者通过组织活动进行学习，相互观摩交流，获得广泛的见解，在丰富的人际关系中得到知识的掌握、智力的发展和道德水平的提升，给社会发展带来良好的结果。

通过这种组织化和有目的、有计划地实施，不仅可以提高广义教育的教育效果，实现对广义教育的控制与规范。而且在保障社会成员的学习权利方面也是行之有效的。比如，已经从学校毕业的就业者，如果他有想要获得新知识、新技术的学习要求，在重返学校学习很困难情况下，如果通过利用这种教育设施，在夜间或休息日举办各种讲座，提供学习场所，对满足该人的学习需求是非常合适的。当然，因人而异，有的人喜欢自学，但这种教育可以保障他的学习权利。而当他需要掌握高度知识和技术时，需要有指导者进行指导。在这种情况下,这种教育设施可以提供有组织的教育机会,无论在提高学习效果还是保障学习权利方面,其有效性不言自明。

由此,我们可以这样认为,在广义的教育中,被社会组织化的教育称为社会教育。换句话说,在家庭和学校之外的教育领域中,由社会实施的有目的、有组织、有计划的教育就是社会教育。

在我国教育法中虽然没有对社会教育直接的定义,但是,一些论述具有广义教育和社会教育的含义。如《中华人民共和国教育法》第四条规定:“全社会应当关心和支持教育事业的发展”,这里的含义具有广义教育的内涵,意思是全社会具有教育的功能;《中华人民共和国教育法》第二十五条规定:“国家制定教育发展规划,并举办学校及其他教育机构”。“国家鼓励企业事业组织、社会团体、其他社会组织及公民个人依法举办学校及其他教育机构”。这里的论述包含着社会教育的意义:指国家、企业事业组织、社会团体、其他社会组织及公民个人可以举办包括学校教育在内的其他教育机构,实施对国民的教育。在这里规定了国家和地方公共团体的任务,明确了社会教育可以有目的、有计划、有组织的实施。

但是这种有组织的社会教育,组织化达到何种程度可以算社会教育,组织化的程度达到多少为宜,则是一个有争议的问题。也是社会教育存在不同认识,见解具有差距的原因所在。所以,在广义教育和社会教育之间,存在着各种各样的关于社会教育的想法,这一点有必要充分给予理解。解决的原则应该是有弹性地适时采取某种观点。

这里有一个必须强调的问题,那就是关于社会教育的组织化,经常与学校教育的组织化进行比较,然后加以阐述。事实上社会教育难以达到像学校教育那样的高度组织化。举一个例子,学校教育课程的整个结构、时间分配、各科的目标、内容等,都由学校教育实施规则和学习指导要领明确规定了。可是在社会教育方面,即便有社会教育行政来推动,也很难使相关的教育事项制度化。因此,组织化的社会教育很大程度上是致力于为确保国民“自我”学习达到效果而“创造环境”。也可以说社会教育在很大程度上依赖于国民自发的学习欲望上。

通过上面的分析,我们可知组织化的社会教育有四个基本特性:

第一,社会教育是有意识地培养人的活动。这是由教育的社会属性所决定的,是教育社会属性和客观现实性的体现。

第二,有意识的社会教育能够使其组织化。这是由教育这一培养人的特殊性所决定的。

第三,有意识的社会教育能够在实践中实施。社会教育来源于社会,体现于丰富的社会实践之中,它能够在社会实践中得以规范、控制和实施。

第四,社会教育是一个历史发展过程。不同阶段有不同的特点和表现形式,既有历史继承性,也有与时俱进的创新性。

基于上述认识,本文认为,社会教育是人类教育活动的一种,是在历史中产生发展起来的,社会教育反映着教育活动的本质特征,遵循着教育活动的普遍规律,同时也具有自身的特征与规律。

对于社会教育这个概念,我们还应该从以下几方面来理解:

第一,社会教育是一种有目的、有计划、有组织的教育。这符合教育有意识培养人的本质特征,也是社会教育区别于其他社会活动的质的规定性。

第二,社会教育的实施主体是整个社会。人类自形成社会开始,任何一种社会形式和组织,都具有教育的功能,诸如家庭组织、政府组织、学校组织、行会组织等。传递知识经验是人类的社会属性。随着社会的发展,社会的教育功能日益明显。正如《学会生存》作者指出:“我们必须超越学校教育的范围,把教育的功能扩充到整个社会的各个方面”,教育的功能不是学校的特权,“所有的部门——政府机关、工业交通、运输——都必须参与教育工作”。

第三,社会教育的对象是全体社会成员。只要是社会成员,不分年龄、性别、职业、种族、贵贱、贫富等,都应该受教育,都必须受教育。社会应该拉动和满足人们的教育需求。社会教育就是为每一个人提供接受各种教育机会的教育。

第四,社会教育的目的,就是通过教育活动实现人与社会的和谐、全面发展。具体来说，就人的发展而言，是通过教育活动提高全民的整体素质；就社会发展而言，是通过教育活动促进社会的文明与进步；就生活而言，是通过教育活动改善生活条件与提高人们的生活质量；就弱势群体而言，是通过教育活动实施救助并为其提供学习机会。和学校教育注重人才培养和选拔相比，社会教育注重的是提高全民的整体素质和人的生活质量以及通过教育活动救助弱势群体。

第五，社会教育的范围是制度化学校教育以外的所有各式各样的教育工作。包括社会上一切组织，如政府、机关、企事业单位、民间团体、协会、个人等所实施的有组织的教育活动；也包括学校教育、家庭教育以外的社会上文化教育机构所实施的有组织的教育活动，如各种补习学校、培训学校、市民学校、社区学校等，各种文化机构如图书馆、博物馆、科学馆、文化馆、美术馆、体育场馆、青少年宫、俱乐部等开展的教育活动；同时，还包括各级各类学校于校外所开展的各种社会教育活动，如咨询展览、研讨座谈、专题讲座等。

第六，社会教育的性质是具有公益性。社会教育是具有公益性质的教育事业，它继承早期社会教育“生活帮助”的观点，通过各种教育活动体现着福利和慈善的公益性质，实现着对社会各类弱势群体的教育指导与救助。

这样诠释社会教育的概念，我们就会发现，社会教育是一种有意识的教育活动，是可以规范和组织的，在实践中也能够得以实施并发挥作用的。现代终身教育、全民教育和建设学习型社会为社会教育的发展提供了广阔的时空。所以，重新解释社会教育，发展社会教育的理论与事业在今天有着十分重要的现实意义。

第三节 近代中国知识群体推动社会教育发展的几点突破

中国近代社会教育的兴起是在封建教化失控和西学持续冲击的背景下

发生的，面对着内忧外患的形势、天灾人祸的社会和贫、愚、弱、私的“国民程度”，近代的教育家和有识之士认识到，中国社会积贫积弱的一个重要原因是“民智”不开、“民力”不足、“民德”不新、“民权”不昌，因而，“鼓民力”、“开民智”、“新民德”就成了近代中国教育发展的“第一急务”。

当我们回顾社会教育在近代的历史进程时，我们处处可以看到：近代中国社会的每一次进步，每一步革新都与社会教育息息相关。当早期改良派思想家认识到中国“君民相隔”的危害时，他们主张要运用社会教育的手段以实现“君民一体，上下同心”；当维新派人士在惨痛的中外交涉教训中，认识到“民智”、“民德”、“民力”、“民气”的作用时，他们大声疾呼要重视社会教育，并用社会教育的手段来“开民智”、“鼓民力”、“新民德”；当革命派在革命斗争中发现自己势单力薄时，他们看到了通过社会教育可以组织人力，宣传革命思想，所以，他们喊出了“教育就是宣传”，①“革命教育者，惟有社会教育之可言也”②的口号。

辛亥革命成功以后，以蔡元培为代表的教育家，看到了中国积贫积弱的现象，看到了学校以外广大的失学大军，认识到在中国只依靠发展学校教育是不能富国强兵的，他们主张采取社会教育的手段、设施与管理活动来拉动和满足民众受教育的需求，主张设立社会教育行政，建立社会教育制度，管理社会教育事业；新文化运动的思想家们，在深刻地认识到“国民性”和“国民程度”问题是制约中国社会进步的滞后因素以后，在如何改造“国民性”，如何提高“国民程度”的问题上，他们注意到了社会教育的作用，一些进步的思想家、教育家开始摆脱维新人士只顾摇旗呐喊的状态，开始走出校园，走出都市，走向平民，走向乡村，开展起丰富多彩的平民教育、乡村教育和民众教育活动，掀起了中国近代教育史上一幅幅灿烂的篇章；当五四时期的青年学生，认识到“天下兴亡，匹夫有责”时，他们唯一可以采用的方式就是利

① 《孙中山选集》，人民出版社 1981 年版，第 556 页。

② 佚名：《民族主义之教育》，《游学译编》1903 年第 10 册。

用社会教育手段来组织团体，进行宣传讲演。马克思曾说："理论在一个国家实现的程度，总是取决于理论满足这个国家的需要程度。"①近代社会教育在中国的"实现程度"有如下几点突破需要我们认真总结和思考。

一、"开民智"、"作新民"：突破了传统的"储才"观

近代最早主张"开民智"的是梁启超、严复等维新人士。内忧外患的形势，维新变法的需要，使维新人士看到了"民"的重要。他们在批判洋务派把人才看做是"当务之急"、"自强之本"的观点中，最先提出了"人才"应该与"民"并重的主张，认为中国社会的自强应该是"风气同时并开，民智同时并启，人才同时并成"；"去千年愚民之弊，为维新第一大事也。"②基于这样的观点，他们主张应该"鼓民力"、"开民智"、"新民德"，大声疾呼"新民为今日中国第一急务"。③ 在这种思想的指导下，维新人士设报馆、建学堂、组织学会、著书、翻译，一场轰轰烈烈的"开启民智"的活动，在这个时期展开。

首先，"开民智"活动，是中国近代思想史和教育史上的一场重要的思想启蒙运动。"民智观"和"新民观"的出现，突破了传统的"愚民观"和"治民观"，是对封建"政教合一"统治思想的一次极大的冲击，是对长期生活在专制统治下的广大民众的一次真正的"智力开发"。"开民智"思想的提出，启发了思想界和教育界，在这种思想的影响下，我国近代的教育也开始从狭窄的学校教育观和人才教育观，向社会教育观和国民教育观方向转变。可以说"开民智"和"新民德"思想的提出，是我国重视社会教育作用的先声。

其次，维新人士所倡导的思想和举办的事业，虽然在这个时期还没有被称作"社会教育"，但是很显然他们倡导的"开民智"思想以及所举办的事业具有社会教育的性质和意义。这为后来人们在举办社会教育的事业中继承和发展"开民智"思想奠定了基础，同时也扩大了教育的社会作用，丰富了教育的内容。

---

① 《马克思恩格斯文集》第1卷，人民出版社2009年版，第12页。

② 黄珅评注：《新民说》，中州古籍出版社1998年版，第2、3页。

③ 梁启超：《新民说》，中州古籍出版社1998年版，第48页。

再次，维新人士“开民智”的呐喊，虽然声势浩大，但毕竟不是“政府行为”，而且受到清政府的制约与限制，所以其影响社会的效力就十分有限，大多局限在士大夫之间，“无法赢得普通民众”。“梁启超的笔，能够鼓动的主要还是有理想、有抱负的士人之心，他没能去进一步考虑如何满足普通民众的心愿。”所以其“致命的弱点，即思想和行动不能同步”。① 因而维新人士“开民智”的活动，很难在全国建立一个有效的教育系统，而这个教育系统恰恰就是后人十分热衷的社会教育的事业。

维新人士所倡导的“开民智”，虽然思想大于行动，但是“民智”观和“新民”观的出现，却改变了国人认识教育的视角，此后“开民智”、“作新民”的思想随着社会教育事业的出现，成了各个时期各种人士发展社会教育的共同声音。

中华民国建立以后，确立了社会教育的行政地位，社会教育行政的确立，使“开民智”、“作新民”有了制度的保证。从民国初期有关社会教育的章程及人士的言论中，可以看出，“开民智”、“作新民”是社会教育的重要任务。1915年7月16日，教育总长汤化龙在呈大总统拟设《通俗教育研究会》文中说：

> 窃以为国家之演近，胥恃人民智德之健全，而人民智德之健全，端赖一国教育之普及。考教育普及之方法，学校以外，尤籍有社会教育，以补其不逮。②

从官方的立场，强调了社会教育对于开启“人民智德”的重要性。坚持设立社会教育司的著名教育家蔡元培在《通俗教育研究会演说词》中介绍了国外大学生和教授在校外“以实用智识”教一般工人的做法，认为“美术馆、博物馆、展览会、科学器械陈列所等，均足以增进普通人之智德”。他所

① 黄珅评注：《新民说》，中州古籍出版社1998年版，第37、40页。

② 朱有瓛等：《中国近代教育史资料汇编·教育行政机构与教育团体》，上海教育出版社1993年版，第363页。

提出的民国初年的教育方针“注重道德教育,以实利教育、军国民教育辅之,更以美感教育完成其道德”,是一个贯穿所有教育的指导思想。① 这个方针的提出,使“开民智”的思想,在教育方面有了更加明确的内容和方向,在以后陆续开展起来的“平民教育”、“乡村教育”及“民众教育”活动中,许多教育家都展开对“开民智”,“作新民”的论述。

在平民教育时期,几个重要的平民教育团体,都把开启平民的智德放在重要的地位。北京大学平民教育讲演团设立的目的就是“以增进平民智识,唤起平民之自觉心为宗旨”②。围绕着如何提高“平民智识”,讲演团演讲了大量的有关“公德”、“国民”、“生计”等内容的题目。中华平民教育促进总会设立的宗旨是“除文盲、作新民”,其主要代表人物晏阳初更是从“作新民”的目的出发,来论述平民教育及社会教育的作用的。他在《平民教育概论》中说:“平民教育,从文字方面,以提高民智,从生产方面,以裕民生。”“平民教育运动的使命,在于‘作新民’”。③ 从城市转向乡村以后,晏阳初认识道:“中国真正最大之富源不是煤,也不是铁,而是三万万以上不知不觉的农民。”而农民中最具潜力的是其智慧。他说:“要是把农民智慧发展起来,培养起来,使他们有力量自动地起来改造,改造才能成功……,建设才会生根……,民族才有真正复兴之日。”④

不仅平民教育思想和活动如此,在随后发展起来的乡村教育事业中,一些教育家也都十分看重社会教育的这种作用。在美国获得乡村教育博士,回国从事乡村教育的傅葆琛教授在谈到“为什么要办乡村教育”时说:

> 我们中国现在社会上的种种扰乱,政治上的种种腐败,外交上的种

---

① 参见高平叔编:《蔡元培教育论著选》,人民教育出版社1991年版,第71、1页。

② 朱有瓛等:《中国近代教育史资料汇编·教育行政机构与教育团体》,上海教育出版社1993年版,第492页。

③ 马秋帆编:《晏阳初教育论著选》,人民教育出版社1993年版,第33、42页。

④ 马秋帆编:《晏阳初教育论著选》,人民教育出版社1993年版,第71页。

> 种损失，都是因为民智低下，教育堕落。所以我们要想改造中国，第一步应该做的事，就是要提高民智，普及教育。①

他把当今的世界看成是“智力竞争”的世界，认为：“现在中国的情形，从各方面来看，内忧外患，都是因为有‘愚论’而无‘舆论’，有‘民国’而无‘国民’。”“如果中国32000万文盲不赶紧医治，恐怕在现今智力竞争的世界，没有中国立足之地了。”②另一位从事乡村教育的著名教育家陶行知则从“作十万新民”的理想出发，强调应该教育“新民”具有“国民的精神”和“国民的能力”。他说：“现在这种平民教育运动，就是要使平民能够读书，而且要有做人做国民的精神。”“这是把公民和读书的精神化合在一处，以培植其做国民的能力。”③

著名民众教育家俞庆棠也从“开民智”的思想出发来论述民众教育的意义与作用。他基于“教育不等于学校”的观点，认为：

> 教育等于 to enlighten 加 to enliven。to enliven 的意思是：开民智；to enlighten 的意思是：做人的人生观。所以教育的意义，不但开通民智，更须培养正确的人生观，乃做人之道也。④

从这个广义的教育出发，它强调：“民众教育的最高理想，是全民众在整个社会生活中，智能道德的前进和向上。”“全民众智能道德的前进和向上，整个社会的进步和愉快为民众教育的理想，亦即民众教育的最大愿望。”⑤可见从事民众教育的教育家也十分看重“开民智”。

① 陈侠、傅启群编：《傅葆琛教育论著选》，人民教育出版社1994年版，第3页。
② 陈侠、傅启群编：《傅葆琛教育论著选》，人民教育出版社1994年版，第3页。
③ 张达扬、李红梅编：《陶行知论普及教育》，安徽教育出版社1986年版，第31页。
④ 茅仲英主编：《俞庆棠教育论著选》，人民教育出版社1992年版，第39页。
⑤ 茅仲英主编：《俞庆棠教育论著选》，人民教育出版社1992年版，第123、124页。

社会教育具有“开民智”,“作新民”的认识,已经成为各个时期从事社会教育教育家们的共识。无论是“通俗教育”、“平民教育”,还是“乡村教育”、“民众教育”,虽然主张不同,但在对社会教育具有“开民智”,“作新民”的认识上,却是一致的。社会教育具有“开民智”、“作新民”思想的提出是和整个近代中国不断出现的“提高国民程度”,“改造国民性”等思想相适应的,这是当时社会现实的需要,是当时民众普遍素质低下的反映。这种社会教育作用观的形成,扩大了传统教育的功能观,促使人们从更加广阔的意义上来理解社会教育的作用。是近代以来发展社会教育的一条重要经验。

二、“改良社会”:突破了传统的“朝廷”观

民国以前,无论是清政府官员、洋务派,还是维新人士,大多从“国家”、“朝廷”的角度来论述教育的作用,其言论大都围绕着“治国”、“安邦”、“求强”、”求富”等思想来展开的。维新变法失败以后,随着国外“社会”观念的传播,一些有识之士开始用“社会”的观念来分析中国传统的政治、经济和文化。随着国外各种“社会学”理论的深入传播,逐渐形成了一种从“社会”出发来论述各种问题的思潮。在这样的背景下,从“社会”来看教育,从教育来看“社会”,主张“社会教育化”,“教育社会化”,以谋取“社会”的改良、改造及发展的言论逐渐增多起来。

民国以后探讨社会教育作用的许多教育家,在主张“开民智”的同时,也提出了社会教育对于“改良社会”及“改造社会”的作用。

在通俗教育时期,汤化龙在《呈大总统拟设通俗教育研究会文》中说:

> 盖社会教育范围至广,效用至宏。举凡一国普通士庶之性情、道德、智能,皆受熏育陶于此,而国家所以谋社会程度之增进,民庶智力之扩张,本固邦宁之上理者,亦即以此为机括。①

① 朱有瓛等:《中国近代教育史资料汇编 · 教育行政机构与教育团体》,上海教育出版社 1993 年版,第 363 页。

通俗教育研究会宗旨就是“以研究通俗教育事项，改良社会、普及教育为宗旨”。①

蔡元培认为“从教育着手，去改造社会，改造之点，繁不胜举”。他“在北京高等师范学校《教育与社会》社演说词”中说：

> 从“改造教育去改造社会”这句话而论，有两种解说。第一改造教育，以改造将来社会。就是学校里养成一种人才，将来进社会做事。……第二改造教育同时改造社会，就是学生或教员一方面讲学问，一方面效力社会。②

这种主张和他后来坚持大学向社会开放，以及学生和教师应该为社会服务的思想是相一致的。

在这个时期出现的一些介绍国外社会教育及研究社会教育的著作，也从“改良社会”，“谋社会之进步”等方面，来论社会教育的作用。由通俗教育研究会编著的《调查日本社会教育纪要》（1916 年）一书，在绪言中写道：

> 人生于世，不能离群而独立，即无日不在社会之中。社会者集个人而成，而个人者乃社会之分子也。个人良否其现象恒著于社会。而社会良否，其影响亦及个人。于是国家谋社会之良善，必自社会教育始。③

并认为社会教育的作用可以“为国家养成有用之人才，为社会增进文

---

① 朱有瓛等：《中国近代教育史资料汇编·教育行政机构与教育团体》，上海教育出版社 1993 年版，第 364 页。

② 高平叔编：《蔡元培教育论著选》，人民教育出版社 1991 年版，第 264、265 页。

③ 唐碧：《调查日本社会教育纪要》，通俗教育研究会 1916 年版，第 1 页。

化之程度。日训国人。力谋公益。"①

在平民教育时期,从事平民教育的团体以及主张平民教育的教育家,在从事社会教育的实践中,体现其"改良社会"与"服务社会"的功能。平民教育社的目的"总的是主张通过教育的革新来改造社会,认为教育的'根本改造'是社会改造的根本。""我们在教育上应当使人人明白人类互助的真义,明白个人在社会应做的事,那时军阀自然不能存立,社会阶级自然可以化除。这就是'平民教育'之最后目的。"②平民教育家晏阳初在突出平民教育具有"除文盲,作新民"的作用时,也强调平民教育的社会功能。他说:"教育界可以支配中国,支配前途,改造社会,有史可证。""平民教育运动的使命在于'作新民'",其一项重要内容为"养成社会健全的分子,发展社会的事业"③。他通过调查中国社会:

> 发现社会病为,"贫"、"愚"、"弱"、"私",随以四种教育来救治,即生计教育救"贫",文艺教育救"愚",保健教育救"弱"。公民教育救"私",而以学校、社会、家庭三方式教育为推行之方法,以期达到政治、教育、经济、自卫、卫生、礼俗六大建设。④

梁漱溟始终坚持"学校教育社会教育不可分",⑤他强调学制应该"以社会教育为本而建树一系统"。在他提出的"社会本位的教育系统草案"中,强调"教育应尽推进文化改造社会之功"。他认为现时的中国正处于"改造时期","完成社会改造的工程即教育,……而今日中国所需完成的工

---

① 唐碧:《调查日本社会教育纪要》,通俗教育研究会1916年版,第1页。

② 田正平:《中国教育思想通史》第6卷,湖南教育出版社1994年版,第309页。

③ 马秋帆、熊明安编:《晏阳初教育论著选》,人民教育出版社1993年版,第7、42页。

④ 中国第二历史档案馆编:《中华民国史档案资料汇编》第5辑第1编,江苏古籍出版社1994年版,第766页。

⑤ 马秋帆编:《梁漱溟教育论著选》,人民教育出版社1994年版,第100页。

程——教育——乃特大;非特有设施,将必无从完成其改造。”①这个设施就是他所提出的“社会本位的教育系统”他说:

本案以社会运动纳于教育系统中,直以教育解决社会问题。自一面言之,为教育本身的改造;自另一面言之,即正所以改造社会。以教育促社会于生产,还以社会促教育于生产;自来言生产教育者,未或能见及此也。②

主张通过社会教育来改造社会,是梁漱溟教育思想中的一个基本点。他说:“社会改造时期之教育宜着重于成人”,“中国此时不应视成人教育或社会教育为临时补充枝节应付之事,而应认为教育上主要工作。”③

从事乡村教育的著名教育家傅葆琛由于有国外的经历,所以他更加注重从“国家”,“社会”及“民族”的角度,来论说社会教育。对于平民识字,他说:“一国的文字,一国的人无论男女老幼,都应该知道。知道本国文字的人越多,国家越强;知道本国文字的人越少,国家越弱。”只有全国人人都识字“中国才有不瞎、不聋、不哑、有知识、能自立的国民。有了这样的国民,才能办地方自治,监督政府,防御外侮,改良社会,发展农、工,商、矿各种实业。然后政治才得清明,民生才得充裕。”④

陶行知从“创造一个四通八达的社会”这个理念出发,认为平民教育要下乡,要有“一种勇往直前改造社会的精神”,他说:

学校是为社会设立的。学校而没有改造社会的能力,简直可以关

① 马秋帆编:《梁漱溟教育论著选》,人民教育出版社 1994 年版,第 103 页。
② 马秋帆编:《梁漱溟教育论著选》,人民教育出版社 1994 年版,第 114 页。
③ 马秋帆编:《梁漱溟教育论著选》,人民教育出版社 1994 年版,第 113 页。
④ 陈侠、傅启群编:《傅葆琛教育论著选》,人民教育出版社 1994 年版,第 10、6 页。

门。现在社会要改造的地方很多，我们改良社会的法子无穷。①

他为晓庄试验乡村师范学校确立的教育目的之一，就是“养成改造社会的精神”。

可见主张乡村教育的教育家们，也强调社会教育在改良、改造社会中的作用。

著名民众教育家俞庆棠在论及社会教育作用时指出：“社会教育既建筑于民众生活之上，就应具有推进社会的力量”。② 他认为：“以民众教育来发展成人隐而未发的能力，为社会之用；更以民众教育来指导成人个人生活与社会生活之方法，这是推进社会一种最有效的动力。”

社会教育具有“改良社会”和“改造社会”的作用也是从事社会教育事业教育家们的共识。正是在这种思想的指导下，众多的教育家、教授、学者纷纷走出学校，走出都市，深入乡村，来到平民中间和农民交朋友。他们所从事的“平民教育”、“乡村教育”、“民众教育”等，从思想层面上看，是一种通过教育来救国，通过教育来拯救社会的教育理念；从实践层面上看，则是一种伟大的社会教育实践活动。社会教育具有“改良社会”和“改造社会”功能观的提出，标志着教育家们对社会教育作用认识的深化。

三、扩充教育效能：突破了传统的学校观

近代教育家们在认识到社会教育有补充学校教育和家庭教育不足的同时，更有扩充学校教育效能的见识。这种主张认为扩充学校教育是立足于学校，扩大学校教育的功能，发挥学校教育服务于社会的作用，使“教育社会化”。在近代社会教育的发展过程中，主张社会教育具有扩大教育功能的言论，处处可见。蔡元培是主张通过社会教育来扩充学校教育作用的代表人物，他认为：

---

① 张达扬、李红梅编：《陶行知论普及教育》，安徽教育出版社1986年版，第5页。

② 茅仲英主编：《俞庆棠教育论著选》，人民教育出版社1992年版，第102页。

首先,扩大教育的内涵。“教育”这个概念在近代被广泛使用,使很多人都把“教育”仅和“学校”联系起来。蔡元培针对这种对教育涵义误解的现象,说:“教育并不专在学校,学校以外,还有许多机关”。

> 教育决不是专为儿童而设,凡年长的人,无论其从前是否进过学校,也不可不给他有受教育的机会。例如补习学校,平民大学等。教育亦并非全靠学校,如演讲会、阅书报室,都是教育,如动物园、植物园、博物院、图书馆、戏院、影戏馆,都有教育的作用。①

其次,扩充大学教育功能。他十分欣赏国外大学在校内外兼办社会教育的做法。在《考察欧美教育回国大会上演说词》中,介绍美国的大学时说:“(美国)大学的目的,要把个个学生养成有一种服务社会的能力。……而且一切文化事业,都由大学包办,如巡回图书馆、巡回影戏片、函授教育等等。在工商业的都会,大学就指导工厂、商业;在农业的州府,大学就指导农人。”“欧洲大学教授也有暑期讲习会、或平民大学等”。在这种思想的指导下,他所主持的北京大学对校役开设夜校,他也鼓励学生在校外参加平民教育活动。他说:“现在各学校创立平民学校、讲演所等等,都是学生在校即效力社会的表现。”②由于有这样的认识,后来在他主持“大学院”及“大学区”时期,在行政系统中,增添了“扩充教育部”,“管理区内劳农学院、劳工学院及关于社会教育之一切事项。”③“扩充教育”取得了在教育行政上的地位,

再次,“学校要社会化”。针对有人提出学生毕业以后,对于环境不能适应,不能满意的情况,蔡元培说:

---

① 高平叔编:《蔡元培教育论著选》,人民教育出版社 1991 年版,第 451 页。

② 高平叔编:《蔡元培教育论著选》,人民教育出版社 1991 年版,第 358 页。

③ 中国第二历史档案馆编:《中华民国史档案资料汇编》第 5 辑第 1 编,江苏古籍出版社 1994 年版,第 25 页。

> 这是学校与社会不能联络的结果。因为现在的学校教育,书本上的空话太多,实际上作事、作人的训练太少了,所以,学生到社会上,多不能适应环境。现在解决的办法,要使学校能社会化。①

扩大教育的范围,是蔡元培一贯的主张。他在《教育事业的综合》一文中,提出了两个观点:一是"不要忘了中小学教育与大学教育打成一片";二是"以学校为中心点,而把一切特殊教育事业都归纳进去"。他说:

> 就教育而言,如党义教育、社会教育、以及检查私塾、改良风俗等事,虽非学校教育所包含,而未尝不可利用学校出发点。学校的建筑、设备、人才,都可以利用。②

从蔡元培的这些观点来看,他所倡导的"扩充教育",实际上是主张学校要承担社会教育的功能,而社会教育亦应承担扩充学校教育的作用。后来其他的一些教育家也有类似的论述。

从美国回来的傅葆琛对"扩充教育"有直接的体会,他说:

> 扩充教育,也可以说是推广教育,英文叫做 Extension Education。欧美各国,这种教育很是发达。施行这种教育的机关,多半是大学。美国各大学,皆设有扩充教育部或推广教育部,所举办之教育事业种类甚多,有学校式的,也有社会式的。又有专为青年谋扩充教育者,名为青年扩充教育(Junior Extension Education)。③

所以他认为,"扩充教育,是指由某教育机关扩充或推广出来的教育"。

---

① 高平叔编:《蔡元培教育论著选》,人民教育出版社 1991 年版,第 635 页。
② 高平叔编:《蔡元培教育论著选》,人民教育出版社 1991 年版,第 553 页。
③ 陈侠、傅启群编:《傅葆琛教育论著选》,人民教育出版社 1994 年版,第 104 页。

虽然在这个时期,“扩充教育”和“社会教育”二词,在教育行政上互相混用,但从“扩充教育”的作用上看,采用这个概念,无疑反映了一些教育人士主张扩大教育的功能,发挥社会教育的作用的思想。可见“扩充教育”的出现,在一定意义上,扩大了社会教育的范围,深化了人们对教育的理解,为后来国民政府使社会教育及学校兼办社会教育的法制化、行政化,奠定了思想基础。后来国民政府颁布了大量的学校兼办社会教育的法规,与这种思想的影响不能说没有一定的关系。

综上所述,从近代人们对社会教育作用的认识中我们可以看出,社会教育在中国近代的产生与发展,有其重要的社会根源和思想根源。它适应了近代中国民族救亡及社会革命的需要,实现着人们“开启民智”、“改良社会”、补充学校教育不足以及扩充学校教育功能的愿望。可以说社会教育在中国近代的“实现程度”正是与这深刻的社会需要和教育需要分不开的。社会教育在近代中国的发展,是中国教育现代化进程中一个重要的组成部分,是近代教育发展一个具有丰富内涵的领域,是中国社会由“传统教化”走向“现代教育”一个重要的发展阶段。它承载了近代社会转型过程中许多重要的社会功能、文化功能和教育功能。同时对教育的整体发展作了许多突破性的尝试。发展了以“储才”为本的人才观,突破了以“朝廷”为重的社会观,扩大了以“学校”为主的教育观,丰富了教育的内容,健全了国民教育制度,拓宽了教育实践的范围与途径,深化了人们对国外教育的全面理解以及对自己国情和民情教育的深刻认识。由于受近代社会环境的制约,社会教育在近代的“实现程度”是有限的,许多教育效能尚未展开,许多教育课题尚未深化,这些问题留给后人许多思考。但是,社会教育的勃兴是近代中国教育整体发展的一个重要贡献,给我们留下了许多积极的启示,需要我们认真研究和总结。

第四节 近代大学开展社会教育的经验

近代我国大学开展社会教育是高等教育研究中一个值得总结的课题。从中国高等教育发展史来看，大学是"关门办学"还是"开门办学"，是近代以来如何理解大学开展社会教育的两种走向，既有过辉煌的经历，也有过深刻的教训。从现实来看，大学是否还应当开展社会教育，开展社会教育的含义是什么？现代社会教育应该怎样开展？开展社会教育和大学社会服务是什么关系？这些问题都应该认真思考并使其规范。

一、近代大学开展社会教育

我国近代，在法令上接受和使用社会教育这个名词，最早是在民国初年，于教育行政系统中设"社会教育司"，这是我国在政策及法令上首次采用"社会教育"这个名词。从当时"社会教育司"的职责来看，是推广通俗教育。1927 年国民政府成立，蔡元培主张进行大学区实验，在大学区设立"扩充教育处"取代"社会教育司"，设立"扩充教育处"主要是负责掌管"区内劳农学院、劳工学院及关于社会教育之一切事项"。① 虽然大学区制不久就取消，但由于设立"扩充教育处"，取代了民初以来教育行政上的"社会教育司"，因而使"扩充教育"的思想观念开始传播。什么是"扩充教育"？"扩充教育"和社会教育是什么关系？"社会教育"为什么要通过大学来开展等问题开始受到人们的关注，尤其后来，教育部颁布了许多关于大学开展社会教育的法令，使"大学开展社会教育"一时成为当时教育发展中的一个热点。

对此，许多教育家都有论说。蔡元培是主张"大学开展社会教育"的代表人物，他从扩大"教育"内涵这一认识出发，认为"教育"的形式是很丰富

---

① 《中华民国史档案资料汇编》第五辑第一编，江苏古籍出版社 1994 年版，第 775 页。

的，不要仅仅和“学校”联系起来。他说：“教育并不专在学校，学校以外还有很多机关”，同时他还认为教育的对象也不仅仅是指青少年，“教育决不是专为儿童而设，凡年长的人，无论其从前是否进过学校，也不可不给他有受教育的机会。例如补习学校、平民大学等。教育亦并非全靠学校，如演讲会、阅书报室都是教育。如动物园、植物园、博物院、图书馆、戏院、影戏馆都有教育的作用”。那么，学校以外的这些教育形式由谁来办理呢？他根据自己在国外的经历，十分推崇国外大学在校内外开展社会教育的做法。早在 1916 年，他《在北京通俗教育研究会演说词》中，就曾介绍说：“鄙人在德国时，尝见彼邦之大学生徒，每于校外出其所长，教授一般工人以实用知识或外国语言。至法国则有所谓平民大学，为大学教员所组织，专在夜间讲演，无论何人均得入校听讲，不因贫富年龄之故稍有歧异”。①

后来他通过考察美国教育，又十分赞赏美国的“大学推广教育”，他说：“美国人服务社会的精神，不可多得”，“中国社会教育很少，应学美国尽量发展”。他进一步说：“美国大学的目的，要把个个学生养成有一种服务社会的能力，……而且一切文化事业，都由大学包办，如巡回图书馆、巡回影戏片、函授教育，等等。在工商业的都会，大学就指导工厂、商业；在农业的州府，大学就指导农人”。蔡元培不仅有“大学要举办社会教育”的主张，而且在实际工作中也积极推崇这种做法。如他在任北京大学校长期间，就主张对校役开设夜校，同时他也鼓励学生在校外参加平民教育活动，他后来回忆时认为，五四运动最重要的纪念事项之一就是“扩充平民教育”，并评价说：“五四以来，学生多组织平民学校，教失学的人以普及知识及职业，是一件极好的事”。②

由于有这样的思想和活动，蔡元培主张全国设立大学区制，在大学区教育行政系统中设立“扩充教育处”，并提出了自己“大学开展社会教育”的看

---

① 高平叔编：《蔡元培教育论著选》，人民教育出版社 1991 年版，第 451、65 页。

② 高平叔编：《蔡元培教育论著选》，人民教育出版社 1991 年版，第 347、358、287 页。

法,他说:“分全国为若干大学区,每区立一大学,……一区以内的中小学校教育,与学校以外的社会教育,如通信教授、演讲会、体育会、图书馆、博物馆、音乐、演剧、影戏……与其他成年教育、盲哑教育等等都由大学办理”,“就教育而言,如党义教育、社会教育以及检查私塾、改良风俗等事宜,虽非学校教育所包含,而未尝不可利用学校为出发点。学校的建筑、设备、人才都可利用”。① 蔡元培这种设立大学区制的思想、实践以及在制度方面的努力,虽然实行时间很短,但“大学与社会教育”的思想,“大学开展社会教育的做法”却受到了人们的普遍关注。

后来许多人都从自己的认识出发,来理解和论述“扩充教育”。从美国回来的教育学博士傅葆琛教授对此有更深的体会,他说:“扩充教育,也可说是推广教育,英文叫做 Extension Education。欧美各国这种教育很是发达。施行这种教育的机关,多半是大学。美国各大学,皆设有扩充教育部或推广教育部,所举办之教育事业种类甚多,有学校式的,也有社会式的,又有专为青年谋扩充教育者,名为青年扩充教育(Junior Extension Education)”。② 曾担任过中央大学区扩充教育处处长的著名教育家俞庆棠也有同样的看法,她说:“扩充教育(Univerity Extension)原为大学教育的推广”,但现在扩充教育的意义,还应包括社会教育和民众教育等。对此,她作了详细的阐述,她说:“扩充教育的范围,从现在的事实看来,有社会教育——狭义的社会教育,如图书馆、体育场、通俗教育等;劳动教育分劳工和劳农;民众教育——即平民教育;职业教育;各种补习教育;特殊教育如慈善机关、监狱、低能、盲哑之教育开展;公民教育;艺术教育;都可以包括在社会教育的范围之内。再从社会的眼光看,扩充教育就是社会教育,广义的社会教育,……社会教育以全社会为对象,适应社会各种需要,不择人,不择地,随处可以有教育的设施。……又从社会的分子讲,社会教育也就是民众教育”。③

---

① 高平叔编:《蔡元培教育论著选》,人民教育出版社 1991 年版,第 451、553 页。
② 陈侠、傅启群编:《傅葆琛教育论著选》,人民教育出版社 1994 年版,第 104 页。
③ 茅仲英编:《俞庆棠教育论著选》,人民教育出版社 1992 年版,第 6 页。

从上述这些教育家们的论述中，我们可以看出，大学开展社会教育的思想是在欧美社会教育的影响下，国人结合自己社会教育发展的实际状况而形成的一种教育观点，大学开展社会教育的内涵实际上是指：通过大学来组织和开展各种社会教育事业或利用大学的人力、物力、场所、设施、机构等，把大学的教育事业推广到社会的各个方面去。从近代大学开展社会教育产生与发展的历史来看，它有这样几个特点：

第一，大学开展社会教育的目的是为社会各界民众提供接受各种教育的机会、场所和场地，以谋取教育机会的平等。

第二，大学开展社会教育的推动者是利用大学的学生与师资，鼓励学生和教员参加广泛的社会教育实践活动，以带动和满足群众的受教育需要。

第三，大学开展的社会教育是学制系统以外的教育，是学校教学计划以外的教育实践，它不和学制相冲突或矛盾，而是对学制系统的补充和扩充，如利用业余时间。

第四，大学开展社会教育的对象从广义上是面向全体国民，从狭义来看，主要以学制以外的各阶层民众为主，对于没有受过大学教育的人，给他们提供各种受教育的机会；对于受过大学教育的人，为他们提供继续教育的机会。

第五，大学开展社会教育的范围主要表现在三个方面，一是建立各种社会教育的机构与设施，如民众学校、图书馆、阅报处、展览馆等；二是推广各种社会教育事业，如成人教育、补习教育、职业教育等；三是组织各种社会教育实践活动，如扫盲运动、改良风俗、改良民众娱乐等。

总之，近代大学开展社会教育是中国近代高等教育史上一个重要的教育概念，它在中国近代的产生与发展，为中国高等教育提供了一个重要的教育理念，是值得我们认真总结和关注的。

二、近代大学开展社会教育的经验

近代大学开展社会教育，自这种教育理念产生以来，政府和社会有识之士都十分重视，许多人为此花费了大量的精力与心血，那么，他们为什么如此关注大学开展社会教育呢？从近代中国历史发展中，我们可以看出，大学开展社会教育对于中国社会从传统走向现代，对于中国教育从传统教化向现代教育转型，对于中国高等教育从封闭走向开放起着许多重要的作用。

（一）重视大学开展社会教育的特殊作用

自民国设社会教育司以来，在开展通俗教育、平民教育以及乡村教育和民众教育的过程中，一些教育家逐渐认识到，社会教育在当时的中国有重要作用，而由大学开展社会教育对于中国社会和教育有着特殊作用。

文化学者梁漱溟认为，在政权稳定、社会安宁的时候，可以重在儿童教育、青年教育，但"在中国的此刻，已非平常时期，应着重成人教育，应以全力办民众教育，办理社会教育"，因为现在民族危机、社会动荡、文化转变，需要运用社会教育的力量来除旧布新，而"旧"是在成人的身上，"除旧"必须对成人下功夫，"布新"也尤须对成人而言。他强调"此刻的中国，天然的要注重民众教育，或说社会教育"。① 这种教育的推动，必须借助大学的力量，借助知识分子的力量。著名社会教育家俞庆棠也认为："过去的学校教育，并没有走上它应走的途径"，所以社会教育是中国教育发展的一种新途径，"这种方向的转变，……实在是整个教育界的一个共同趋势"。② 这种趋势，就是大学要明了自身的社会责任，大学有推动社会教育发展之责。

重视社会教育并肯定大学开展社会教育具有特殊作用，已然成为当时学人的共识，甚至有人疾呼："……我们中国，已经到了绝地。倘若只希望教养小孩子起来挽救，无疑待挹西江水，再苏涸澈之鱼……。救国的责任，全在我们的肩上，我们的社会教育事业，如果办不出成绩来，中国恐将不救了……"。③ "……社会教育事业是鉴于学校教育之收效迟缓而起的新事业，社会教育事业是救中国危亡的唯一生路"。④ 著名教育史学家舒新城看到中国自举办新式大学教育以来，举办者"急功近利"，求学者不忘功名利

---

① 马秋帆编：《梁漱溟教育论著选》，人民教育出版社 1994 年版，第 191 页。

② 仲英编：《俞庆棠教育论著选》，人民教育出版社 1992 年版，第 108 页。

③ 彭百川：《教育与民众》第 4 卷，1932 年第 2 期。

④ 彭百川：《教育与民众》第 4 卷，1932 年第 2 期。

禄、升官发财的现象，甚至用极端的语言来呼吁人们重视社会教育，他说："我对学校教育，素抱悲观，直到现在我还是主张学校可以全体关门，我们中国有今日的不幸，都是学校教育的罪恶"。① 这些话现在听起来很偏激，但这些慷慨激昂的言辞，却留给后人深深的思考，它告诉我们，中国的国情、民情和教育传统，需要我们重视大学开展社会教育的力量来改良社会、开启民智、重整民心。

（二）大学开展社会教育，不仅仅在于培养人才、选拔人才，还包括"开民智"、"作新民"，提高国民程度及国民素质

近代自洋务运动举办新式教育以来，人们一直把人才的培养看成是大学教育的"立国之本"和"当务之急"，因而学习西方大学教育制度，建立自己的学制体系，一直是大学教育发展的主旋律。但是甲午战争以后，人们看到了"民智"的低下是一个国家落后的重要原因，于是开始主张"鼓民力"、"开民智"、"新民德"，疾呼"新民为今日中国第一急务"。② 在这种思想的影响下，随着国外社会教育观念的传播，人们认识教育的视角开始变化，教育观从人才教育向人才与国民教育并重的方向转化；从学校教育向学校教育与社会教育并重的方向转移；教育的对象也由"生徒"、"学童"、"学生"等向"年长失学者"及"全体国民"方向变化。

可以说，这种变化是中国近代教育观的重要更新，这种更新给大学教育的发展带来了一系列的变化。在大学教育思想上，它扩大了大学教育概念的内涵，丰富了大学教育理论的内容，使人们认识到，大学教育不仅仅指学校教育，还有开展社会教育等多种教育形式；大学教育也不仅仅指培养人才，还有"开启民智"、"作新民"、提高国民程度的作用；大学教育更不仅仅是面向儿童或学生而施教，还应该教育学校外广大的"失学者"和"全体国民"。在大学教育制度上，它突破了教育制度就是学校制度的狭窄认识，促

---

① 舒新城：《教育与民众》第4卷，1932年第2期。

② 黄坤评注：《新民说》，中州古籍出版社1998年版，第48页。

使人们从更为广阔的视野来认识教育制度，为后来国民教育制度的建立奠定了思想基础。

（三）大学开展社会教育，促使封建教化体系的解体，并对瓦解后的社会教化进行新的整合

鸦片战争以后，传统的封建教化体系，在国外政治、经济、文化及教育的持续冲击和影响下，在国内各种新兴文化、教育事业的冲击下，日益走向瓦解崩溃。在这个过程中，新兴的社会教育事业，从思想理论到制度设施，一直是瓦解封建教化体系的有生力量。

近代大学开展社会教育，在思想上，动摇着封建教化的愚民观和治民观，并向"开民智"、"裕民德"方向发展；在制度上，各种大学兼办社会教育事业，使传统的教化手段如"宣讲"、"乡规民约"等封建教化形式失去了往日的风采。新兴的大学社会教育事业，以其蓬勃的生命力，逐渐在社会的各个角落生根、发芽。虽然大学社会教育事业在近代的发展显得"包罗万象"，复杂多样，但正是这种无所不包的广泛性，使社会教育事业逐渐占领了封建社会教化解体以后所形成的社会教化的"真空"。在一个没有形成宗教信仰的社会里，面临着传统社会教化的瓦解，面对着社会道德的沦丧、人心的背离，如何拯救社会，如何"开启民智"，大学开展的社会教育事业无疑成了整合这种社会状态的新的手段与力量。所以自大学开展社会教育事业以来，无论是政府还是民间有识之士，都始终看重这种教育方式所发挥的作用，一些人认为大学社会教育应该重点发展，它是中国特有的一种教育事业，是适应国家实际状况和现实需要的。

（四）大学开展社会教育是对国民素质的全面培植。

传统的政教观和治民观，是我国社会教化的一个重要传统，但随着国外各种社会文化及教育思想的传播，人们逐渐认识到，"国民程度"的提高以及"国民性"的改造并非仅仅依靠道德教化所能够完成，倘若不进行"民智"、"民德"、"民力"、"民气"等多方面的培植，对民众不进行科学、民主、民权等多方面的教育，那么道德教化就会成为愚民的工具和"吃人的宴

席”,并受少数“野心家”的利用,而对国家和民族的发展不利。

在这种思想的指导下,主张发展社会教育事业的有识人士认为,大学开展社会教育应该对民众进行多方面的教育和全方位的培植。自社会教育事业产生以来,大学开展社会教育的内容逐渐扩大和增加,从政治方面来看,有民主教育、民权教育、自治教育等;从经济方面来看,有科学教育、生计教育、家事教育等;从文化方面来看,有识字教育、语文教育等;从道德方面来看,有公民教育、品格教育等。此外,诸如健康教育、卫生教育、职业教育、休乐教育、艺术教育、社交教育、团体训练等内容,都成为众多社会教育家所提倡的社会教育的内容。

(五)大学开展社会教育,可以促进建立各种社会教育的机构与设施,广泛发展社会教育事业

在近代,社会教育不仅仅有自己独到的教育理念,而且它还是一种实践性极强的事业,表现在出现了众多的社会教育机构与设施。自这些机构与设施产生以来,其发展像滚雪球一样,从清末萌芽时期的“简易识字学塾”、“宣讲”等,发展到后来已达六十多项。可以说,近代中国出现的众多新式文化教育事业,许多都是在大学的推动下,作为社会教育的一部分而建立和发展的,如图书馆、博物馆、展览馆、动植物园、科学馆、美术馆、体育场、阅报处等等。这种情况的出现,一方面表明了是当时社会改良与发展的需要,另一方面也说明了当时人们对社会教育的理解。只要能开“民智”,只要能够改良社会,补充学校教育的不足,学校以外所有具有教育意义的文化教育机构与设施,都是社会教育事业的内容。

社会教育机构与设施的这种无所不包和复杂多样,对于近代以来中国社会的改良与发展,无疑具有重要的意义。首先,有利于各种新思想、新观念的传播,如众多“演讲所”、“阅报处”的出现,使许多新的思想观念深入到民间,使许多的“失学者”有了一定的接受教育的场地。其次,它利于各种文化知识的普及,如图书馆、展览馆等多种形式的教育机构,为普通民众接受各种文化知识的熏陶提供了场所。再次,有利于教育的普及。各种社会

教育机构与设施的出现，扩大了普通民众接受各种教育的机会，为不同层次和不同地域的人们提供了接受各种形式教育的场所和场地。总之，近代各种社会教育机构与设施的出现，对于“开启民智”，改良社会，补充和扩充学校教育起到了重要的作用。在大学推动下，建立广泛的社会教育机构与设施，对学校以外的广大失学者和民众实施教育，无疑是近代以来大学促进社会教育发展的一个重要经验。

从近代大学开展社会教育的经验，我们可以看出，大学开展社会教育的理论与实践，对中国近代社会与教育的发展产生了全方位的影响，对中国社会的改良与进步，对近代中国教育的发展与更新，对于“国民程度”、“民智”的提高以及教育的普及，都发挥了积极的促进作用，也为我们今天发展各种教育提供了许多启示。

第四章　大学社会教育的依据

大学为什么要开展社会教育？其基本思想是什么？怎么实施？由大学来开展社会教育有何理论依据？大学开展社会教育是否可行？其条件是什么？其效果是什么？有没有负面影响？这是人们看到这个问题以后所产生的一些疑问。纵观世界各国大学与社会教育发展的历史与经验，我们可以理直气壮地说，由大学来开展社会教育不仅必要，而且可行。这是大学办学的必须，也是社会教育发展的必须，更是推进全民教育、终身教育、建设学习型社会以及发展社会文化的必须。

第一节　大学社会教育的理论依据

理论由实践而来，一定的实践又离不开理论的指导。考察世界各国大学开展社会教育、民众教育和成人教育的历史，可以发现，由大学来开展社会教育是有充分的理论支持的。

一、补充教育理论：社会教育化

补充教育理论来源于早期社会教育与家庭教育、学校教育关系的论述，认为发展社会教育可以弥补家庭教育与学校教育的不足。这种理论在我国近代教育史上处处可见，成为一种重要的教育思潮。

1913年社会教育学者谢荫昌著《社会教育》一书，介绍了社会教育的概念，他认为“当代教育家之公认”的概念是“为已卒业于家庭、学校之教育者，认为国家之一员，而以补习的施以种种之教化，维持其家庭、学校教育之结果，且益发展之，是之教育，亦名社会教育。”①这个概念是“最稳健之学说”。1917年社会教育学者余寄在《社会教育》一书中也认为“由教育方面着想，教育之机关，固以学校为主，然欲举完全之美果，则非有待于社会之协力不能，所以使学校教育之目的，完全奏功也。”②通俗教育研究会在翻译介绍日本《通俗教育事业设施法》时认为：“其编纂意趣谓国民教育决非学校教育所能完成，必赖通俗教育补足之。”③后来通俗教育研究会在《调查日本社会教育纪要》一书中进一步强调：“社会教育者，以狭义言之，则补助家庭教育、扩充学校教育者也。”④

晏阳初则从平民教育的角度来看社会教育对于家庭与学校的作用，他说：

> 所谓“社会教育”，是一种辅助正式学校的教育，譬如图书馆本身就不在正式的学校系统内；但他对于教育事业却有间接的影响。学生到图书馆里阅读书籍，一方面帮助校内的正课，一方能引起他们研究的兴趣。⑤

梁漱溟认为“学校教育、社会教育不可分”：

> 正唯传统学校教育有所不足，或且日益形见其缺短，乃有今日所谓

---

① 谢荫昌：《社会教育》，中华书局1913年版，第3页。
② 余寄：《社会教育》，中华书局1917年版，第2页。
③ 伍达：《通俗教育事业设施法》，通俗教育研究会1912年版，附页。
④ 唐碧：《调查日本社会教育纪要》，通俗教育研究会1916年版，第1页。
⑤ 马秋帆、熊明安编：《晏阳初教育论著选》，人民教育出版社1993年版，第25页。

社会教育（或民众教育或成人教育）起为补救。此固近今史实之所昭示矣。①

从事乡村教育的陶行知，在教育实践中也看到了传统教育的不足，他说："中国乡村教育走错了路！""中国现在的乡村学校，老实说来，确实不能适应乡村的需要。"所以，中国需要一种大众教育运动。从事大众教育的目的"在于弥补正规学校教育之不足。"②傅葆琛也有此认识，针对当时有人认为社会教育和学校教育相重复的观点，他说：

社会教育不但不扰乱或妨害正式学校教育的工作，而且能补救它的缺漏，补助它的不逮，使国家整个的教育，不致有顾此失彼之遗憾，而收圆满的效果。③

他对民众教育的评价很高，认为民众教育适合中国的实际情况，尤其在对旧教育的改革和建立新教育的过程中，作用更大。他说：

民众教育是现代革新的教育，是补救以往教育缺点的教育，是补助现今各种教育不足不逮的教育，是合乎时势潮流的教育，是最活动、最经济、最能适应民众生活需要的教育，是寻求民众、迁就民众、深入民间的教育，不是坐待民众、希望民众来就我受教育的教育。④

现代，补充教育理论有了新的发展，就大学补充教育来看，认为大学开

① 马秋帆编：《梁漱溟教育论著选》，人民教育出版社1994年版，第102页。

② 张达扬、李红梅编：《陶行知论普及教育》，安徽教育出版社1986年版，第57、235页。

③ 陈侠、傅启群编：《傅葆琛教育论著选》，人民教育出版社1994年版，第379页。

④ 陈侠、傅启群编：《傅葆琛教育论著选》，人民教育出版社1994年版，第379页。

展社会教育在于弥补大学教育的不足,补充大学教育的缺陷,可以扩大大学的教育对象,拓宽大学的施教领域,可以满足社会各阶层民众对教育的需求。这种理论的基本观点是:

第一,在教育理论上,教育不仅仅是学校教育的一种形式,大学教育只是学校教育形式中的一种,它所施教的对象、领域、内容、方法等是有限的时间与空间,所以,大学要丰富自己的教育形式,寻求新的施教领域,就必须与社会合作补充自身的不足。

第二,大学开展社会教育的主要对象,广义上是指社会内全体民众,狭义上是指社会内未受过大学教育者或受教育不足者或需要接受继续教育者。大学开展社会教育就是为了补充这些对象的教育需要。如近代我国由大学所实施的补习教育,主要面向的是“失学者”和文盲。补习教育成为近代大学开展社会教育的重要事业之一。

第三,大学开展社会教育可以补充学制体系的不足。规范、指导和服务非正规教育形式,为社会民众接受各种受教育提供机会、场所和场地,弥补学制体系的教条约束,使社会成为一个学习型社会。如我国近代有大学开展社会教育的尝试,就是为了“兼顾多数年长失学者”,以补充学制体系的不足。

第四,大学开展社会教育可以弥补中小学教育和家庭教育的不足。大学所具有的教育优势是中小学无法比拟的,大学通过和社会内中小学的合作与联系,可以为中小学的教育增加新的力量,增加校外教育的机会。同时大学通过对社会教育的服务,可以指导和改进家庭教育的不足。近代以来日本等国在社会教育事业中增加大学指导家庭教育的项目是有一定的积极意义的。我国近年来,大学家教十分火热,通过大学开展社会教育,可以规范、指导大学生的家教,使其发挥更为有效的作用。

二、扩充教育理论:教育社会化

补充家庭教育和学校教育,其含义是指社会教育可以弥补家庭及学校教育的不足与缺陷,是针对家庭教育和学校教育的弊病而言,要求“社会要教育化”。而扩充学校教育则是立足于学校，主张扩大学校教育的功能，发挥学校教育服务于社会的作用，使“教育社会化”。

主张大学教育应该扩充的现代理论认为，大学应该打破围墙，实行“开门办学”，增加大学与社会各个层面的互动，扩大大学的教育效能。这种观点强调，大学教育不应该仅仅停留于“补充教育”这一个方面，不应该仅仅满足于社会民众对教育的需求，还应该主动地为社会教育服务，拉动民众的受教育需求。

这种理论的主要观点是：

第一，教育这个含义应包括所有学校内和学校外的“有目的、有计划、有组织”的学习活动，人类的教育活动诸如家庭教育、学校教育和社会教育不是互相孤立的，彼此毫无联系的，而是互相依存、互相作用、互相制约的。在各种教育形式中，学校教育应该发挥主导的作用。据此，大学教育不应该关起门来办学，只开展学校以内的教育，而不顾学校以外的教育，大学应该发挥和利用自身的教育优势，把自己的教育事业推向社会。

第二，如果说补充教育的观点是为了促使“社会教育化”，那么，扩充教育的观点就是为了促使“教育社会化”。换句话说，通过大学开展社会教育事业，补充教育可以使“社会学习化”，而扩充教育可以使“学习社会化”。如近代以来，各国大学所实施的推广教育或扩充教育就是一些很好的例证。我国近代以来在教育行政上，曾经有设立“扩充教育处”的尝试，也是试图通过大学教育的扩充以实现“教育社会化”。

第三，大学扩充教育主要表现于：扩大教育的对象；拓宽施教的领域；扩大和社会各个方面的合作与联系，多途径、多形式的办学。对大学而言，应该为社会建设各种社会教育机构与设施提供帮助，指导和参与社会各种教育活动，发展社会各项教育事业等。如近代以来日本要求大学在社会举办各种讲座，开办各种教育活动等。我国近代以来大学师生在校外举办平民学校，进行各种形式的讲演活动等，为大学实施扩充教育积累了大量的经验。

三、终身教育理论:高等教育的多样化

终身教育或称为终生教育,其主要观点认为,教育应该贯穿于人的一生中的各个年龄阶段,而不仅仅只在儿童或青少年时代。实现这种主张,应该包含两种做法:一是国家应该为受教育者提供终身教育的机会、制度、设施等;二是学习者有受教育的需要和学习的要求。从这两点可以看出,大学开展社会教育,对国家而言,是为受教育者提供接受教育的机会和场所,以实现终身教育的制度化建设。对社会民众来说,大学开展社会教育使自己的学习愿望得以满足。

联合国教科文组织国际教育发展委员会在其编著的《学会生存——教育世界的今天和明天》中指出:“高等教育的扩充应导致广泛地设置许多能够满足个人与集体日益增长的需要的高等院校”,“高等教育的多样化”应该以多种多样的方式,向社会开放。

这种认识还有如下几个要点:

第一,教育一词不要仅仅和学校相连,学校教育也要超越教育必须学校化的传统观念。对国家而言,实现教育目的不仅仅是学校教育的事,教育目的应该利用一切机会、一切场合得以实现。对个人而言,不仅仅上学才是接受教育,有学习的愿望,在任何一个场合内都可以接受教育。所以,大学开展社会教育是大学分内的事情,是终身教育所需,是终身学习所需。

第二,终身教育的实现一方面有赖于正规教育的作用,另一方面也需要发挥非正规教育的作用。而各种非正规教育形式的建设和实施离不开正规教育的帮助。所以,大学开展社会教育,帮助指导、规范社会各种非正规教育事业,是大学的一种责任和使命。国外一些国家发挥大学在开展社会教育事业中的作用,为我们提供了许多值得借鉴的经验,如日本大学参与公民馆、图书馆、博物馆等工作,韩国大学参加社会“新社区运动”等。我国近代以来大学开展民众学校、参与开展民众教育馆和图书馆等社会教育设施,也是这一方面的成功经验。

第三,现代社会的学历化使人们接受教育成为一个人立身与处事的需

要，因而，人人求学的愿望十分强烈。然而，现代教育资源和学习方式是有限的，尤其大学教育，只靠扩招来满足受教育者的需求，也是不足的，而且会带来许多问题。高等教育的大众化，并非只有通过扩招来实现。

所以，为了实现大学教育的大众化，实现教育机会的均等，使人人得以接受大学教育，大学必须通过开展各种社会教育事业的做法来实现这一要求。世界各国倡导的大学开放运动以及各种形式的大学开展社会教育的实践，如英国的开放大学、远程教育等，在这一方面已经走在了前面。

四、“反学校化”理论：人的素质是社会教育的总和

“反学校化”理论或称“去学校化”理论，又称“非学校化理论”，是近现代欧美教育思潮，这种教育理论的代表人物是美国教育批评家伊里奇。1917 年他在《非学校化社会》中猛烈批评了现代学校教育制度的种种弊病，认为过分的制度化学校教育使学习成了一种可以操作控制的活动。学校的高度制度化，使学校学习活动成为一种商业活动，学习成了晋升的阶梯，文凭成了货币，学校对教育的垄断，断送了人类通过各种教育形式自学的本能，从而使学校成了唯一正规的教育渠道，使没有机会入学或没有太多时间进入学校的学习者，失去学习的机会与能力。

这种观点有如下一些教育理念：

第一，良好的教育制度应具备三个基本条件：1. 使所有想学习的人，在任何时间、任何地点都可以找到可以利用的教育及学习资源；2. 使所有有能力的人，有知识的人，都可以有机会把自己的知识或能力传授给其他人；3. 使所有对社会问题或矛盾有见解的人，都有机会表达自己的观点。在这样的社会，教育者也是受教育者，两者是平等的。

第二，传统上对学校教育看得过重，太强调它的价值和权威，过高地估计了学校教育在社会发展中的作用，把学校看成是人才培养和选拔的唯一来源，因而使学校造成了社会机会不均等，进一步加大人与人之间距离如传统上人们认为接受学校教育程度越高，则代表越成功；学校教育是正规教育，那么它应该占主导地位，而其他教育形式是非正规教育，自然属于低人一等。

第三,人的本质是社会关系的综合,人的素质也同此理,是整体社会作用的结果,从教育学意义来看,人的素质是社会教育的总和。学校教育在人素质的提高中只起某一方面的作用,只在知识、能力、思想的某些方面起主导作用,它不能起决定作用。所以不能盲目夸大学校教育的作用,而置社会教育影响于不顾。应当使学校教育和社会教育找到一个结合的场所,而这个场所就是社区,因而社区教育的重要性不言自明。

五、全民教育理论:人人都有接受教育的机会

全民教育思想是产生于20世纪90年代的一种教育思潮。以1990年3月在泰国召开的"世界全民教育大会"为标志,其宗旨和最终目的是要满足所有人的学习需要,以提高所有人的基本文化水平和谋生的基本技能,让他们有尊严地生活,并有一定的意识和能力参与解决困扰世界的一些重大问题。通过开展全民教育,让全人类和平相处、共同进步,从而使世界走上可持续发展的道路。

全民教育理论的基本观点包括:

第一,目标:"每个人——无论他是儿童、青年还是成人——都应能获益于旨在满足其基本学习需要的受教育机会"。① 基本学习需要包括人们为生存下去,为发展自己的智力,为有尊严地生活和工作,为改善自己的生活质量,为作出有见识的决策,为继续学习所需的基本学习手段和基本学习内容。

第二,原则:广泛提供受教育机会和促进教育平等。为所有儿童、青年和成人提供基础教育;消除教育差距,尤其关注穷人、难民、游民、移民等弱势群体的受教育问题;关注妇女、儿童、残疾人的受教育问题;扩大受教育的手段与范围,提供各种形式的教育。

第三,措施:青年和成人的学习方式,应该通过各种形式来满足,如技术

① 吴德刚:《中国全民教育问题研究》,教育科学出版社1998年版,第371页。

培训、学徒、专题教育媒体宣传和讲座等；利用所有现有的信息手段、交流渠道和社会活动机制来传播基础知识；发挥社会、社团以及社会各部门的伙伴关系，互相协作。

全民教育的最后目的是为了使人人都享有受教育的机会，为了实现这个目的，国家、社会和现有教育机构，必须为人们受教育提供这种机会。而社会教育就是这些教育机会中的一种，那么社会教育由谁来推动呢？由谁推动更为有效呢？不言而喻，大学责无旁贷。

第二节 大学社会教育的实践依据

辩证唯物主义认为，实践是理论的来源，实践是推动理论发展的动力，实践是检验理论真理性的标准。大学能否开展社会教育，是否应该开展社会教育，怎样开展社会教育？我们不仅要从理论方面进行探讨，还要看一看实践中有何依据，看一看对实践有何指导意义。

一、大学应开“风气之先”

从大学的历史来看，大学的出现无疑是社会进步的标志，同时大学的发展又进一步地促进了社会的进步。大学与社会的互动关系，表明大学在社会进步事业上应开风气之先，在社会进步事业上大学应该做“领头羊”、“发动机”和“加速器”，成为社会进步事业的动力之源，这一点，是历史和现实都已经证明的规律。

从国外的科技史和教育史中可以看出，科学事业的每一次进步，教育事业的每一次革新，几乎都有大学的作用。许多思想家、科学家、教育家都出自大学的讲台；许多科学发明创造，也是从大学的实验室，走向生产第一线；许多诺贝尔奖获得者，都是大学的教授。此外，从社会进步事业上来看，社会进步事业的每一项成果，也都有大学的身影，图书馆、博物馆、展览馆、演讲、讲座等事业的发展与传播，几乎都和大学的工作有关，所以，国外发达国家社会进步事业的发展，大学起到了积极的作用。

从国内的历史来看，近代以来我国社会的许多进步事业，也是在大学的倡导下逐渐发展起来的。以学生为先导的五四运动，拉开了中国现代史的序幕。北京大学校风、学风的改革，创造了现代大学的典范。北京大学第一次招收女生，第一次举办平民学校，大学生第一次举办平民教育讲演团等，在当时封建习气浓厚的氛围下，这些壮举无疑开创了社会进步事业的先河。此外，近代以来社会上破除迷信、剪发、不裹脚、穿西装等新的社会时尚，也都有大学开风气之先的作用。

从现实来看，随着社会的发展，大学与社会的关系日益密切，大学的一举一动牵扯着社会的每一根神经。大学的改革与发展一方面受到社会各个方面的制约，社会对大学的事情越来越予以关注；另一方面，大学对社会的作用也日益突出，人才需求，成果转化，校企合作等各种方式的联系，使大学处于社会发展与进步的中枢地位，正因为如此，各国都加大了大学教育的改革与发展，加大了对大学的投人。我国科教兴国的战略，也突出了大学的作用，可以说，未来社会的发展程度，大学能否“开风气之先”，是举足轻重的。

大学的开风气之先河，不仅仅表现于社会实践、科技转让、“产学研”合作、“三下乡”等社会教育事业上，还表现于通过大学的社会教育工作来提高社会生活质量，大学在提高社会生活质量方面，应开“风气之先河”。

从国内外发展教育的经验来看，学习型社会的教育目的，不仅仅在培养人才，还在于提高人们的生活质量，而社会生活质量的提高，则需要知识群体的提升。大学是知识群体积聚的场所，大学生活质量如何，是社会生活质量的一个缩影，一个生活质量低下的知识群体，不可能对社会的发展有重大提升作用；相反一个生活质量较高的知识群体，会对社会生活的方方面面产生积极影响。

大学提升社会生活教育质量有如下几方面的意义：

(一)普及现代科学文化知识

知识经济时代，生活的方方面面都离不开科学知识。可以说。现代生活就是以科学知识为基础的生活。因而生活质量的提高,与科学知识的普及和掌握有着密切的联系。从这个角度来说,科学知识的普及是现代科学教育中的一个十分重要的问题。各个国家在科学普及上,都不遗余力。从我国近代历史来看,最初人们把"技术"看做是一个国家强盛的标志,因而把学习西方的技术看做是"当务之急"。可后来人们发现"技术"并不是万能的,如果民众素质差,民众没有科学知识,那么再好的技术也发挥不了作用。所以,才主张"开民智","作新民"。但科学知识怎么普及?由谁来普及?普及到什么层次?发挥大学的作用是世界各国一个普遍推行的做法。如美国大学的推广教育、扩充教育,日本的社会教育,韩国的"新社区运动"等,在这方面都积累了大量的经验。所以,从历史与现实的经验来看,大学提升社会生活教育,可以把科学文化知识普及到社会的基层。深入到民间,深入到社会的千家万户。

(二)提高社会民众的生活技能

职业教育是培养从业人员的职业技能,而生活教育同样也要培养人的生活技能。尤其现代社会的发展,各种先进的科技手段,进入社会,走入家庭。从知识经济的角度来看,现代社会和现代家庭是依靠技术支撑起来的。从生活来说,物业管理,社会服务,技术含量越来越高。从家庭来看,各种电、声、光、水、气等应用与维护都需要相应的知识技能。近些年以来,社会与家庭各种事故的频频发生,与知识和技能的缺乏有重要的关系。这些知识与技能怎样来获得,大学的社会教育很有必要。所以,大学从事社会教育,普及社会生活技术,可以使各种技术深入到社会,深入到家庭,促使人们认识现代生活技术的重要,用科学的知识技术来指导生活。

(三)形成社会民众良好的生活方式

现代医学和心理科学的发展表明,许多疾病的产生与传播,与不良的生活方式有关,而不良的生活方式是由长期的生活习惯所造成。不良的生活习惯则与社会内的生活设施、条件以及家庭生活的状况有联系。如何改掉不良的生活习惯,形成良好的生活习惯,是学习、接受教育和指导、从事积极的社会活动的一个重要条件。大学来提升社会生活教育就会为这些人的学习、受教育、参加社会活动提供条件。大学的宣传、鼓动和举办活动可以为社会居民树立正确的观念,形成科学的生活观,为追求良好的生活方式来参加社会工作与活动。

(四)推进民风、民俗的改革

通过发展社会教育来实现新的"化民成俗",一直是近代以来许多仁人志士为之奋斗的目标,但是,由于战争与革命的影响,使"化民成俗"始终没有完成。新中国成立以后的"文化大革命"把这种"化民成俗"的想法推向了极端,走向了反面。如何实现新的"化民成俗"?如何使民众养成新的民风民俗?由谁来推动这种新民风、新民俗的养成。近代以来许多思想家、教育家为此花费了大量的心血。从通俗教育、平民教育,到民众教育、工农教育,许多试验活动搞得轰轰烈烈。这种试图通过社会教育来提升"化民成俗"的实践,虽然成效不大,但为我们今天发展教育事业提供了许多重要的启示。那就是,民风、民俗的改良,要通过社会教育的方式来进行。而大学在提升社会教育,提升"化民成俗"方面,有着其他任何力量所不能替代的作用。所以,历史的经验表明,大学参与提升社会生活教育,关系到民风和民俗的养成,关系到"国民性"的改造和国民素质的提高。

综上所述,由大学来开展社会教育,可以把社会的进步事业推向基层,推向民间,推向广大的民众;通过大学的"开风气之先",可以推动社会进步事业的发展;通过一个个社会教育事业的发展,可以促进社会的稳定,有助于民风和民俗的改良,有利于民智的开启、民德的提高和民心的养成。

二、大学发展需要社会的支持

大学不是存在于社会的一个个空中楼阁,任何一所大学它都在一定的社会内办学,从地理区域上来看,大学的办学是一定的地缘政治、地缘经济和地缘教育的产物。一所大学不可能超越当地的政治、经济及文化教育发展水平而办学,当地的诸多条件是制约该地区大学发展的一个重要因素。所以,无论是大学参与市场竞争,还是办学所需,大学首先占领当地社会的教育资源，是大学得以存在和发展的基础。

（一）社会为大学提供生源

生源是大学办学的基础，生源充足与否是影响大学存在与发展的重要因素，没有一个稳定的学生来源渠道及领域，大学的办学会受到限制。在计划经济年代，大学可以靠国家计划来调配，随着市场经济的发展，大学自主办学逐渐成为大学生存与发展的依靠，而生源得靠自己去争取，然而随着计划生育，人口数量的下降，学生数量也逐渐呈下降趋势，而大学则越办越大，越办越高，而且竞争越来越激烈，那么，这样一种趋势，大学的学生来自何处呢？在传统生源渠道不变的基础上，大学面向社会挖掘社会教育生源，无疑是大学开辟教育生源市场的一个重要领域，为此，通过社会可以为大学组织生源，进行宣传，大学在社会可以通过如下渠道来获取生源：

1. 扩大教育对象。大学办学不仅仅面向青少年，应当取消年龄的限制，通过各种方式为各个年龄的人提供各种受教育的机会。

2. 和社区合作，通过社区组织宣传大学，为大学作招生广告。使大学的招生信息深入到千家万户，也使社区的家庭充分地了解大学，减少报考和填报志愿的盲目性。

3. 和社区的各类学校合作，增加双方的联系与交流，建立普遍的信任感，以争取本社区生源。如果一所大学连本社区学生都吸引不住，那么，其办学后果正如一个厂家在本地失去市场一样危险。

（二）社会为大学提供经费支持

从国内外大学办学的经验来看，一所成功的大学首先要取得当地各种教育资源的支持，这一点尤其体现在办学经费上，许多国家在对大学增大投入的过程中，同时也给大学许多政策，一方面鼓励社会各界对大学的投入，另一方面也要求大学在办学的过程中，要注意和社会各界合作，争取各个方面的经费支持，而一个成熟的社会无疑是大学能够取得经费支持的重要来源。

从国内外社会给大学提供的办学经费上，我们可以看出主要有如下几点：

1. 社区和大学合作办学。社区提供经费，大学为社会提供服务，如培养专门人员、训练各种专业人才、培训师资、设置有关专业、开发课程等。

2. 社区为大学和企业合作搭桥铺路。企业为大学提供科研、教学所需的经费，大学为企业开发产品、转化成果、设计服务等。

3. 通过社区联系各种办学经费。如社区可以利用自身的优势，通过社区内的企业家，社会各界名人等，举办各种慈善性、福利性的教育设施与事业，为大学联系各种奖学金、助学金等。

（三）大学的办学、管理、后勤服务等需要社会的支持、监督和评价

随着大学改革的深入，大学与社会的联系更为密切。大学办学的各个方面都需要社会及社区的支持与帮助，这是大学发展所必须。无论从历史还是现实，无论是国内还是国外，大学如果没有社会的各个方面的参与，其办学是很困难的。其途径和方式主要有：

1. 大学后勤社会化改革需要社会的支持。大学办学需要众多的物质设施建设，诸如水、电、气、校舍、餐厅、浴池、学生宿舍、宾馆、操场等等，没有哪一项设施的建设能离开所在社会的支持。此外，诸如服务人员、管理人员、后勤人员、保卫人员等等，也都离不开当地社会的帮助。所以大学和社会在物质资源的利用与开发上，有着互利互惠的关系。

2. 大学与社会在物质设施的建设上互利互惠的同时，社会对大学的办学也客观存在着监督和评价的作用。因为资源共享，共处于同一个社会环境之中，避免不了存在着相应的竞争和制约的问题，这就为双方能否合理使用与开发资源，提供了一个优化配置问题，所以，大学在管理及后勤建设等方面能否做到最优化，能否对社会的建设与发展有利，社会的监督与制约机制有着重要的作用。

（四）社会是大学社会实践、科学实验、教学实习、社会服务的天然舞台

大学是知识的集散地，是人才的聚集所，各类大学，各种专业，各类人员，通过教学和科研使其紧紧地结合在一起，但是，大学的教学与科研一刻

也离不开实习、见习、实验和服务，这就需要一定的场所和场地。而社会恰恰是这一场所和场地的所在者。所以，大学必须利用社会、开发社会为自身的教学和科研寻找实习和实验的场地。纵观国内外的经验，主要有如下几点做法：

1. 大学在社会建立实习与实验的基地。根据学校、专业和学科的特点，大学与社会内不同行业合作，建设长期实习与服务的教学科研基地。

2. 大学与社会建立长期的社会实践联系。大学师生经常到社会参观服务，如组织交流、座谈、讲座、展览等。此外，社会组织各式各样的社会文化教育活动，要求大学参与，增加大学与社会的联系。

（五）社会可以为大学提供新的专业、学科增长点，开发校本课程

通过社会的实验和实践，大学可以在社会内寻找新的专业生长点和学科建设。一方面改进不适应社会要求的专业设置，另一方面建设新的专业和学科。设置一些社会急需和适应经济建设需求的新的专业。现代社会孕育着许多新的消费点和需求点，它通过各种方式表现出来，大学应该敏锐地捕捉这些信息和需求，开发专业，设置学科，为社会服务，为学校服务，为学生服务。

尤其现代大学自主办学，使开发校本课程成为可能，大学在开发校本课程的过程中，一定要注意社会的需要，不同的社会有着自身独特的社会需求，因此，大学的课程开发，要依托社会，服务社会，呈现一定的社会特色。

（六）社会可以为大学的教师提供更多的兼职服务，可以为学生提供更多、更规范的家教、家政服务。社会可以为大学生提供新的就业渠道

现代成熟的社会孕育着大量的教育资源，需要开发和利用。国内外历史与现实的实践表明，许多社会教育事业是由大学开发和利用的，因为大学具有人力和物力的优势，而这个优势就是大学的师生和机构设施。所以，美国的社会学院，有大量的大学教师在兼职；北欧的民众学校，也有大学教师在服务。此外，日本的社会教育事业，诸如社会讲座、社会展览等，也有大学师生的身影，韩国的“新社区运动”，大学师生更是主要的发动力量。

我国近代,大学师生举办平民学校、举办讲演和讲座,更是数不胜数。通过大学师生在社会的服务,社会内的许多教育事业需要大学的帮助。对教师来说,可以为其提供更多的兼职服务;对学生来说,可以有计划地、有组织地为其提供家教和家政服务,并使大学生的家教与家政服务规范化,更便于学校的指导和管理。同时,社会的服务与实践,可以拓宽大学生的就业渠道,为其择业提供更多机会。

三、社会发展需要大学的参与

现代大学的一个重要使命就是为社会服务,那么大学如何为社会服务呢?渠道和途径很多。但如果从教育意义上分析,笔者认为大学为社会服务的一个重要领域就是社会教育,通过开展社会教育来促进社会的稳定、建设和发展,提高社会民众的素质和生活质量,所以,从这点意义上来看,社会的发展需要大学的参与。

(一)社区稳定需要大学的支持

社会是由一个个社区所组成,社区的稳定是一个社会稳定的基础。随着市场经济的发展,人们生活节奏和竞争速度的加快,社会的诸多问题往往在社区表现出来,社区成了社会各种问题与矛盾的集结地。如社会迷信、各种犯罪、各种事故、假冒伪劣的生产、传销、贩黄、赌博、黑社会等各种社会丑恶现象,都隐藏在社区的某一角落。而这些现象之所以选择社区,尤其选择管理松散、法制不严、社会文化教育落后的社区,就是因为社区隐藏方便,人口众多且流动性大。所以,改革开放以来社区的稳定问题一直受到社会与政府的关注,也是社会综合治理的一个难点。那么,面临这些问题大学能否为社会的稳定出力呢?从大学的办学精神来看,笔者认为大学应该有一种救助社会、辅助生存、解决社会问题的功能,大学在各种社会进步事业上不仅要开风气之先河,而且对于各种社会问题与矛盾应该有对策和救助。因为社会的各种问题与社区缺乏大量有效的社会教育设施机构和活动有关,民众缺乏必要的知识,诸如安全、卫生、环保、娱乐、科学、教育等等。此外,社区内如果缺乏各种吸引社会民众的社会教育活动,诸如风俗习惯的改良与创新,民众娱乐的引导,节假日的庆典活动,婚丧习俗的改良等等,那么,随着人们生活水平的提高,人们休闲机会的增多,这些空闲的领域和人群就很容易被反动势力或社会丑陋现象所占据,如传销等现象的出现与影响就是一些典型的实例。

所以,为了体现大学服务社区、救助社会的功能,大学的教育研究与试验也必须具有一定的社会对策性,为社区的稳定做一些工作,通过发展各种社会教育事业,服务社会,指导社区,把各种科学知识送到千家万户。通过组织各种社会教育活动来丰富社区民众的业余文化生活,用健康的活动来吸引人,从而带动民风、民俗的改良,实现社区与社会的稳定。

(二)社区建设需要大学的帮助

社区稳定是社会存在与发展的基础,而目前在我国,稳定的社会需要一个社区建设过程,这是目前社会发展中的一个首要任务。因为,我国目前大多社区相对建设不足,社区建设可以说刚刚起步,社区的建设还有许多不完善的地方,所以,在社会制度、行政、管理、服务、指导、监督等方面都需要大学提供知识、智力和人员的指导与帮助。具体说来,大学对社区的帮助主要体现在建设和发展社会教育事业上。

1. 协助社区建立社会教育委员会。针对不同的社区,大学给予相应的指导和培训,在社区建立一个广泛参与的社会教育组织,使社区的各种教育事业,有一个统筹的组织管理机构。

2. 面向社区举办各种推广教育。以社区教育为建设的枢纽,促进社会各项事业的发展,是世界各国一个成功的经验。所以各国大学的推广教育都很发达,而面向社区是当代一个共同的发展趋势。这就需要大学通过社区举办各种教育事业,如成人教育、继续教育、补习教育等,通过学历和非学历,正规和非正规的方式来满足和拉动社会民众对教育的需求。

3. 帮助社区建设各种社会教育事业,组织各种社会教育活动,如建设图书馆、博物馆、展览馆、阅报室、娱乐场所等;指导各种社会教育活动,如社会广场文化教育活动、社会民众休闲活动、社会民众娱乐活动、健身活动等。

大学可根据自身的实际，面向社会举办各种讲座、座谈、学术交流等活动。

（三）社会发展需要大学提供动力

大学是社会进步的“发动机”和“加速器”，应该为社会的进步事业提供知识、智力与人才的支持，成为社会进步的动力之源。科学技术、知识经济的发展使人们的交往呈现出一种国际化和社会化相结合的趋势，即人口流动的增大和相对居住的稳定相结合，这样现代社会也处于不断变化和发展之中。社会的许多教育事业也需要不断的充实、改进和增新。而所有这些都需要大学的推动。

因此，大学在社会的进步事业上，应当为社会的进步提供动力。

1. 拉动社会民众对教育的需求。现代社会的发展表明满足需求是一种较低层次的行为，而拉动需求则是一种较为高级的社会行为。如何拉动人们的教育需求，是当今教育改革与发展中一个重要的问题，传统上依靠竞争、淘汰、破产、下岗等方式来刺激人们的惰性，无疑还是有效的，但这对于有相应职业和单位的职工来说是积极的行为，而对于社会民众来说，则成效不大。所以，大学的作用在于宣传、讲解，通过讲座、演说等方式，来普及现代社会的基本生存观念、竞争观念等，以补偿学校教育和单位教育的不足，促使社会民众接受教育，使他们感到受教育是他们生活与生存的必须，是一个人终身的需要。

2. 为社会的进步提供知识、智力与人才的支持。现代社会的发展实践表明，任何一种进步事业都需要相应的知识与专业，未来社会是一个专业社会、知识社会，没有任何知识与专业的人是很难生存的。而这些进步事业都需要有社会教育的支持，所以大学应该通过举办社会教育事业来为社会的发展提供知识来源、智力支持与人才保证。知识来源主要是面向社会举办各种科学讲座；智力支持主要是为社会的建设提供设计、规划等；人才保证主要是为社会提供各类管理人员、建设人员、社会教育工作者、服务人员等；大学通过设置专业等方式培训、指导社会工作者。

第三节 大学社会教育的法规依据

现代社会要求决策要科学民主,行政与公务要依循法制。如果说大学开展社会教育是一种大学办学理念的话,它在有相应的理论与实践的支持中,还应该有一定的法律和法规的依据,在法律范围内行得通,并取得法律和法规的保护。我们仅从我国已经颁布的教育法规和各种教育纲要来分析一下大学开展社会教育的法律和政策依据。

一、国家发展各种教育设施①

1982 年 12 月 4 日第五届全国人民代表大会第五次会议通过的《中华人民共和国宪法》是国家的根本大法,是制定各种法律、法规和纲要的依据。

《中华人民共和国宪法》第十九条规定“国家发展社会主义的教育事业,提高全国人民的科学文化水平”,同时规定“国家发展各种教育设施,扫除文盲,对工人、农民、国家工作人员和其他劳动者进行政治、文化、科学、技术、业务的教育,鼓励自学成才”。“国家鼓励集体经济组织、国家企业事业组织和其他社会力量依照法律规定举办各种教育事业”。②

第四十六条中规定:“中华人民共和国公民有享受教育的权利和义务”。

从宪法的这些规定可以看出这样三个方面的含义:

(一)国家应当举办各种教育事业,以扫除文盲,对工人、农民、国家工作人员和其他劳动者进行教育。这一点明确了教育事业的发展,国家处于主导地位,是实施教育的主体。

---

① 《中华人民共和国宪法》,法律出版社 1999 年版,第 16 页。

② 《中华人民共和国宪法》,法律出版社 1999 年版,第 10、11、16 页。

（二）国家鼓励企业事业组织和各种社会力量依法举办各种教育事业。这就说明社会如果依法参与教育事业的组织与活动、举办各种社会教育事业是合法的。

（三）中华人民共和国公民有受教育的权利和义务。只要是中国公民，不分民族、种族、性别、职业、财产状况、宗教信仰、年龄大小、地区等，都有受教育的权利，只要想接受教育，那么就应该有受教育的机会和条件。

宪法的这些规定，对社会教育的实施与推广具有重要的指导意义，因为社会教育是一种重要的教育事业，是国家举办教育设施中的一种重要形式，它对于扫除文盲，实施对工人、农民、国家工作人员及其他劳动者的教育，具有辅助作用。是国家应当鼓励和支持的教育事业。

从教育对象来说，每一个人只要有学习的愿望，那么国家就应该有相应的教育形式来满足。这种教育形式只依靠学校教育显然是不够的，况且许多人没有机会进入学校学习，所以发展多种形式的社会教育模式，可以满足广大民众学习与活动的愿望。

二、国家鼓励学校为公民接受终身教育创造条件①

《中华人民共和国教育法》（以下简称《教育法》）于 1995 年 3 月 18 日第八届全国人民代表大会第三次会议通过。制定教育法的目的是根据宪法“为了发展教育事业，提高全民族的素质，促进社会主义物质文明和精神文明建设”，并在第二条指出：“在中华人民共和国境内的各级各类教育，适用本法。”

可以说发展社会教育以及由大学来开展社会教育，其原因、目的、方式与途径主要依据于教育法，我们从中分析一下：

《教育法》第四条规定：“全社会应当关心和支持教育事业的发展”。这就明确了社会关心、支持大学教育的发展是有法律依据的。第九条规定：“中华人民共和国公民有享受教育的权利和义务。公民不分民族、种族、性

① 《中华人民共和国教育法》，中国法制出版社 1998 年版。

别、职业、财产状况、宗教信仰等,依法享有平等的受教育机会。”这一条明确了公民有平等接受教育的机会,那么,公民接受教育都有哪些机会呢?

《教育法》第十一条规定:“国家适应社会主义市场经济发展和社会进步的需要,推进教育改革,促进各级各类教育协调发展,建立和完善终身教育体系。”

这一条说明了国家在协调发展各种学校教育体系的过程中,要建立和完善终身教育体系,而社会教育恰恰是完善终身教育的基石,是实现终身教育的重要阵地,所以,社会教育应该在国家发展终身教育体系之内。

《教育法》第十九条规定:“国家鼓励发展多种形式的成人教育,使公民接受适当形式的政治、经济、文化、科学、技术、业务教育和终身教育。”进一步明确了国家发展成人教育是不拘形式的,只要适应人们的学习需要,就应该得到发展。

《教育法》第二十三条规定:“各级人民政府、基层群众性自治组织和企业事业组织应当采取各种措施,开展扫除文盲的教育工作。”“按照国家规定具有接受扫盲教育能力的公民,应当接受扫除文盲的教育。”

《教育法》第二十五条规定:“国家制定教育发展规划,并举办学校及其他教育机构。”“国家鼓励企业事业组织、社会团体、其他社会组织及公民个人依法举办学校及其他教育机构”。

从上述的规定来看,这些条目中的“多种形式”、“适当形式”、“各种措施”以及“其他教育机构”等,包含着较为丰富的内容,在教育制度体系上,明确了在正规学校教育制度系统以外,也应当大力发展各种非正规的教育形式。从教育制度方面,为公民受教育提供各种教育形式,这种规定为发展社会教育和由大学来开展社会教育提供了政策保证。

对于受教育者,国家规定所有公民都有受教育的权利,都有接受学校教育的权利与机会。但受义务教育以上的学校教育毕竟受一些条件的限制,因此,一些特殊群体,国家应该提供较为丰富的教育形式来满足其受教育的需要。

为此,《教育法》第三十七条规定:“国家、社会对符合入学条件、家庭经济困难的儿童、少年、青年提供各种形式的帮助。”

《教育法》第三十八条规定:“国家、社会、学校及其他教育机构应当根据残疾人身心特性和需要实施教育,并为其提供帮助和便利。”

《教育法》第三十九条规定:“国家、社会、家庭、学校及其他教育机构应当为有违法犯罪行为的未成年人接受教育创造条件”。

《教育法》第四十条规定:“从业人员有依法接受职业培训和继续教育的权利和义务。”“国家机关、企业事业组织和其他社会组织,应当为本单位职工的学习和培训提供条件和便利。”

《教育法》第四十一条规定:“国家鼓励学校及其他教育机构、社会组织采取措施,为公民接受终身教育创造条件。”

在上述的规定中,诸如“提供各种形式”、“提供帮助和便利”、“创造条件”等词语为发展社会教育提供了有力的法规依据。因为教育形式不仅仅指学校,学校以外还有各种教育形式,而这些教育形式又是不断发展和变化的。社会教育就是应社会发展和经济建设而出现的一种新教育形式,它可以为社会各种特殊群体提供学习与教育的帮助,所以,发展社会教育势在必行。那么,社会教育由谁来推动呢?由谁开展更为有效呢?

《教育法》第四十四条规定:“教育、体育、卫生行政部门和学校及其他教育机构应当完善体育、卫生保健设施,保护学生的身心健康。”

《教育法》第四十五条规定:“国家机关、军队、企业事业组织、社会团体及其他社会组织和个人,应当依法为儿童、少年、青年学生的身心健康成长创造良好的社会环境。”

《教育法》第四十六条规定:“国家鼓励企业事业组织、社会团体及其他社会组织同高等学校、中等职业学校在教学、科研、技术开发和推广等方面进行多种形式的合作。”“企业事业组织、社会团体及其他社会组织和个人,可以通过适当形式,支持学校的建设,参与学校管理。”

《教育法》第四十七条规定:“国家机关、军队、企业事业组织及其他社会组织应当为学校组织的学生实习、社会实践活动提供帮助和便利。”

《教育法》第四十八条规定：“学校及其他教育机构在不影响正常教育教学活动的前提下，应当积极参加当地的社会公益活动。”

《教育法》第五十条规定：“图书馆、博物馆、科技馆、文化馆、美术馆、体育馆（场）等社会公共文化体育设施，以及历史文化古迹和革命纪念馆（地），应当对教师、学生实行优待，为受教育者接受教育提供便利。”

《教育法》第五十一条规定：“国家、社会建立和发展对未成年人进行校外教育的设施。”“学校及其他教育机构应当同基层群众性自治组织、企业事业组织、社会团体相互配合，加强对未成年人的校外教育工作。”

《教育法》第五十二条规定：“国家鼓励社会团体、社会文化机构及其他社会组织和个人开展有益于受教育者身心健康的社会文化教育活动。”

上面提到的“国家机关”、“军队”、“企业事业组织”、“社会团体”、“教育”、“学校”、“体育”、“卫生行政部门”、“社会公共文化体育设施”、“群众性组织”、“校外教育机构”等等，可以说包括了社会的方方面面。这种表述一方面要求社会各界要关心教育、关心学校，为学校教育的发展创造良好的社会环境；另一方面也要求各类学校要加强和社会的联系，面向社会实施推广教育，面向社会举办各种教育事业。由此，我们可以推论社会教育是社会与学校相结合的一个形式，社会要为学校的发展创造环境，学校要开展社会教育来为社会服务。而在各类学校开展社会教育的实践中，由大学来推动社会教育的发展，随着社会的发展，则更为有效，这在《中国教育改革和发展纲要》以及《中华人民共和国高等教育法》中有明显的体现。

三、采取多种形式促进教师和社会的密切联系①

1993年2月13日，中共中央、国务院颁发《中国教育改革和发展纲要》。在“教育面临的形势和任务”中提出：“进一步提高劳动者素质，培养大批人才”。在当前教育面临的问题中指出：“教育体制和运行机制不适应

① 《中国教育改革和发展纲要》，中国法制出版社1998年版，第35页。

日益深化的经济、政治、科技体制改革的需要。”

《中国教育改革和发展纲要》在总结了四十多年教育发展的经验与原则时，认为：“必须坚持教育为社会主义现代化建设服务，与生产劳动相结合，自觉地服从和服务于经济建设这个中心，促进社会的全面进步”。“必须坚持教育的改革开放，努力改革教育体制、教育结构、教学内容和方法，大胆吸收和借鉴人类社会的一切文明成果，勇于创新，敢于试验，不断发展和完善社会主义教育制度”。“必须充分发挥各级政府、社会各方面和人民群众的办学积极性”。“必须从我国国情出发，根据统一性和多样性相结合的原则，实行多种形式办学，培养多种规格人才，走出符合我国和各地区实际的发展教育的路子”。并指出“这些主要原则，需要在今后的实践中进一步丰富和发展”。

从《中国教育改革和发展纲要》论述的内容来看，我们应当更新这样一些教育观念。首先，国家办教育的目的，不仅仅在于培养人才，还应当“提高劳动者的素质”，提高民众社会生活质量；其次，国家的教育制度不仅仅是学校教育制度，还包括整个国民教育在内的各种非正规教育制度，教育形式也不仅仅是学校一种，还有多种学校以外的教育形式；再次，办学也不仅仅是政府办学，社会各界都可以依法办学或参与教育活动。

这些观念，孕育了丰富的教育思想内容，是我们发展社会教育的政策依据和理论基础。那么，发展社会教育事业有何意义呢？

《中国教育改革和发展纲要》指出我国企业经济效益低、农业科技得不到推广、资源得不到利用、生态环境得不到改善和保护、人口增长不能有效控制、不良社会风气屡禁不止，其中一个重要原因就是“劳动者素质低”，因此提高全民族的素质是我国教育发展中的一项重要任务。而提高“劳动者的素质”仅仅依靠学校教育显然是不够的，学校教育其教育的对象，主要是青少年、学生，而如何对学校以外的广大民众或“失学民众”进行教育呢？其教育有何具体目标呢？

《中国教育改革和发展纲要》强调“教育改革和发展的根本目的是提高

民族素质，多出人才，出好人才”。为了实现这个目的，《中国教育改革和发展纲要》进一步指出，我国教育发展的总目标是：“全民受教育水平有明显的提高；城乡劳动者的职前、职后教育有较大发展等。”在具体目标上，要求“全国基本扫除青壮年文盲，使青壮年中的文盲率降到5%以下。通过岗位培训、继续教育和在职学历教育，提高广大从业人员的思想文化素质和职业技能”。实现上述目标，要求各地根据本地区的实际，制定发展目标和任务，“实行分区规划，加强社会参与的战略”。同时《中国教育改革和发展纲要》对各类教育的发展与任务也有明确的论述。

在论述发展职业教育时，《中国教育改革和发展纲要》认为，“充分调动各部门、企业事业单位和社会各界的积极性，形成全社会兴办多形式、多层次职业技术教育的局面”。“实行先培训，后就业的制度，优先录用经过职业技术教育和培训的学生就业”。

在论述成人教育时，《中国教育改革和发展纲要》指出：“成人教育是传统学校教育向终生教育发展的一种新型教育制度，对不断提高全民族素质，促进经济和社会发展具有重要的作用。”强调成人教育要适应经济建设、社会发展和从业人员的实际需要，积极发展。“要本着学用结合、按需施教和注重实效的原则，把大力开展岗位培训和继续教育作为重点，重视从业人员的知识更新。国家建立和完善岗位培训制度、证书制度、资格考试和考核、继续教育制度”。“大力发展农村成人教育，积极办好乡镇成人文化技术学校，全面提高农村从业人员的素质”，“把文化教育和职业技术教育结合起来”。“成人学历教育要加强和普通学校的联系与合作，努力体现成人教育的特色”。

可见，为了实现教育的目的与目标，各类各级教育都体现了“社会参与”、“多种形式”、“联合办学”等教育策略。这就为发展和从事社会教育事业，奠定了政策保证和实践基础。

为了突出在制度上的保证，《中国教育改革和发展纲要》强调，社会参与办学。“职业技术教育和成人教育主要依靠行业、企业、事业单位办学和社会各方面联合办学”。

“国家对社会团体和公民个人依法办学，采取积极鼓励、大力支持、正确引导、加强管理的方针”。

“支持和鼓励中小学同附近的企业事业单位、街道或村民委员会建立社会教育组织，吸引社会各界支持学校建设，参与学校管理，优化育人环境，探索出符合中小学特点的教育与社会结合的形式”。

这里又进一步地倡导社会与学校的联系，强调社会应该参与办学，并为学校的发展提供优良的环境，而学校应该为社会的进步作出自己的贡献。在学校与社会结合的途径上，有许多结合点，社会教育就是我国急需发展和提倡的一种教育事业。虽然《中国教育改革和发展纲要》对社会教育没有作专门的论述，但通过“社会参与”、“多种形式”、“联合办学”等提法，我们隐约可以看到，社会教育存在着可以发展的空间和潜力。但是有一个问题，在制约着社会教育的发展，那就是社会教育由谁来推动？我们从《中国教育改革和发展纲要》对高等教育的论述上来分析一下，由大学来推动社会教育是否可行，是否有依据。

在高等教育的改革与发展上，《中国教育改革和发展纲要》突出强调“学校面向社会自主办学”和“进一步扩大高等学校的办学自主权”这两点政策。要求高校在决策上“建立有教育和社会各界专家参加的咨询、审议、评估等机构，对高等教育方针政策、发展战略和规划等提出咨询建议，形成民主的、科学的决策程序”。在办学上要求高等教育“坚持面向经济建设，坚持同教学相结合。要根据不同条件，大力开展技术开放、推广应用和咨询服务，兴办科技产业，使科技成果尽快转化为现实生产力”。在专业设置上认为“高等教育要进一步改变专业设置偏窄的状况，拓宽专业业务范围，加强实践环节的教学和训练，发展同社会实际工作部门的合作培养，促进教学、科研、生产三结合”。并提出，“学校的后勤工作，应通过改革逐步实现社会化”。

对于高校的学生教育，《中国教育改革和发展纲要》指出，应当引导学生“走与工农结合，与实践结合的成长道路”。

对于教师的要求是“教师从事德育工作和参加社会实践的成绩，应与其他工作成绩同等对待”。“采取多种形式促进教师和社会的密切联系”。这一点在《中华人民共和国教师法》中作了更加详细的规定。

《教师法》规定：“国家机关、企业事业单位和其他社会组织应当为教师的社会调查和社会实践提供方便，给予协助。”

“教师在教育教学……、社会服务、勤工俭学等方面成绩优异的，由所在学校予以表彰、奖励”。

由此可见，从“自主办学”、“扩大办学权”、“社会参与”、“社会实践”、“推广服务”、“合作办学”、“多种途径”等用词来看，高等学校不应该“关门办学”，应当和社会建立广泛的联系，一方面取得社会对学校办学的支持，另一方面学校应当实行推广教育把自己的教育事业推向社会，引向社会。所以，由大学来推动社会教育是可行的，是有教育法律和政策依据的。也是大学办学的一个重要走向。同时对于社会来说，大学参与开展社会教育也是可行的。

《中国教育改革和发展纲要》指出：“社会各方面要积极为学校进行劳动教育提供场所和条件。”

“全社会都要关心和保护青少年的健康成长，形成社会教育，家庭教育同学校教育密切结合的局面”。“在城镇建设中，要注意兴建科学馆、博物馆、图书馆、体育馆和青少年之家等设施”。这些论述，为大学开展社会教育提供了条件和依据。

四、高等学校根据自身条件，开展社会服务①

1998 年 8 月 29 日第九届全国人民代表大会常务委员会第四次会议通过《中华人民共和国高等教育法》（以下简称为《高等教育法》）是我国大学发展与改革的主要法律保障。从《高等教育法》的诸多规定中，我们分析一

① 《中华人民共和国高等教育法》，法律出版社 1998 年版。

下大学开展社会教育的一些法律依据。

《高等教育法》第四条规定:“高等教育必须贯彻国家的教育方针,为社会主义现代化建设服务,与生产劳动相结合。”第五条规定:“高等教育的任务是培养具有创新精神和实践能力的高级专门人才,发展科学技术文化,促进社会主义现代化。”第六条规定:“国家鼓励支持企业事业组织、社会团体及其他社会组织和公民等社会力量,……参与和支持高等教育事业的改革和发展。”

《高等教育法》第九条规定:“公民依法享有接受高等教育的权利。”

《高等教育法》第十二条规定:“国家鼓励高等学校之间、高等学校与科学研究机构以及企业事业组织之间开展协作,实行优势互补,提高教育资源的使用效益。”

《高等教育法》第十五条规定:“高等教育包括学历教育和非学历教育”。“高等教育采用全日制和非全日制教育形式。”

《高等教育法》第三十一条规定:“高等学校应当以培养人才为中心,开展教学、科学研究和社会服务,保证教育教学质量达到国家规定的标准。”

《高等教育法》第三十五条规定:“高等学校根据自身条件,自主开展科学研究、技术开发和社会服务。”“国家鼓励高等学校同企业事业组织社会团体及其他社会组织在科学研究、技术开发和推广等方面进行多种形式的合作。”

《高等教育法》第五十六条规定:“高等学校的学生在课余时间可以参加社会服务和勤工俭学活动,但不得影响学业任务的完成。”“高等学校应当对学生的社会服务和勤工俭学活动给予鼓励和支持,并进行引导和管理。”

2010 年 6 月,中共中央国务院颁布了《国家中长期教育改革和发展规划纲要(2010—2020 年)》,在第七章高等教育的发展任务中强调,高等教育要“增强社会服务能力”,纲要中指出:“高校要牢固树立主动为社会服务的意识,全方位开展服务。推进产学研用结合,加快科技成果转化,规范校办产业发展。为社会成员提供继续教育服务。开展科学普及工作，提高公众科学素质和人文素质。积极推进文化传播，弘扬优秀传统文化，发展先进文化。积极参与决策咨询，主动开展前瞻性、对策性研究，充分发挥智囊团、思想库作用。鼓励师生开展志愿服务。”

从上述高等教育发展的主要法规中，我们可以为大学开展社会教育事业找到如下几点依据：

第一，大学的一个使命是为社会主义现代化建设服务，如何为现代化服务？发展各种社会教育事业是一个重要的领域。所以，《高等教育法》要求大学办学要和社会各个方面展开合作，开展技术开发和社会服务，实行推广教育，因此，大学开展社会教育对社会和大学来说是必要的，也是可行的。

第二，公民依法享有接受高等教育的权利。任何一个公民只要有愿望和条件都应该有受高等教育的机会，但受大学教育有各种条件的限制，诸如时间、年龄、经济等，所以，大学应该发展各种形式的教育，为公民接受高等教育创造机会、场所和场地，而社会教育就是扩大教育对象，拓宽教育空间的一种教育形式，所以，由大学来开展社会教育事业是必要的。

第三，社会各界，企业事业组织，各种社会力量和公民都可以参与高等教育活动，举办学校，开展合作，为大学的办学提供各个方面的帮助与支持。社会对大学教育的参与与支持，为发展社会教育，由大学来开展社会教育提供了条件。

五、必须把家庭教育、学校教育、单位教育和社会教育结合起来①

2001 年 10 月 24 日，中共中央颁布《公民道德建设实施纲要》指出：建设小康社会，加快改革开放和现代化建设步伐，必须把“依法治国”和“以德治国”相结合。这是提高全民族素质的一项基础性工程，对于弘扬民族精神和时代精神，形成良好的社会风尚，促进物质文明与精神文明协调发展，全面推进建设有中国特色社会主义伟大事业，具有十分重要的意义。

① 《公民道德建设实施纲要》，人民日报出版社 2001 年版。

《公民道德建设实施纲要》中指出，改革开放以来，我国公民道德建设取得了可喜的进步，但是，在一些方面，公民道德建设仍然存在着不少问题。“社会的一些领域和地方道德失范，是非、善恶、美丑界限混淆，拜金主义、享乐主义、极端个人主义有所滋长，见利忘义、损公肥私行为时有发生，不讲信誉、欺骗欺诈成为公害，以权谋私、腐化堕落现象严重存在”。如何在新的形势下，加强公民道德建设，《公民道德建设实施纲要》提出了许多具体的要求，我们从这些要求中，来分析一下社会教育与公民道德建设的关系，以及由大学开展社会教育在这个基础性工程中的作用。

第一，《公民道德建设实施纲要》强调，随着形势的变化，道德建设必须“积极探索新形势下道德建设的特点和规律，在内容、形式、方法、手段、机制等方面努力改进和创新，把公民道德建设提高到一个新的水平”。

第二，《公民道德建设实施纲要》强调，“坚持道德教育与社会管理相结合。要广泛进行道德教育，普及道德知识和道德规范，帮助人们加强道德修养。建立健全有关法律法规和制度，把公民道德建设融于科学有效的社会管理之中。逐步完善道德教育与社会管理、自律与他律相互补充和促进的运行机制，综合运用教育、法律、行政、舆论等手段，更有效地引导人们的思想，规范人们的行为”。

第三，《公民道德建设实施纲要》强调，要“大力加强基层公民道德教育”。指出“提高公民道德素质，教育是基础。要紧紧抓住影响人们道德观念形成和发展的重要环节，通过家庭、学校、机关、企事业单位和社会各方面，坚持不懈地在全体公民中进行道德教育”。

第四，《公民道德建设实施纲要》强调，“社会是进行公民道德教育的大课堂。党政各部门、社会各方面以及城市社会、农村基层组织在公民道德教育中，有着义不容辞的责任。要结合各自的工作职能，运用多种形式和手段，大力宣传基本道德知识、道德规范和必要礼仪，使之家喻户晓、人人皆知”。“要不断充实富有时代特色道德教育内容，推广群众易于接受的各种教育方式。各类市民学校、职工学校、民工学校、农民夜校、家政学校等，要通过编写和运用通俗易懂的简明教材，对公民进行道德教育”。

第五，《公民道德建设实施纲要》特别指出，“家庭、学校、机关、企事业单位和社会在公民道德教育方面各有侧重、各有特点，是互相衔接、密不可分的统一整体。必须把家庭教育、学校教育、单位教育和社会教育紧密结合起来，相互配合，相互促进。要突出加强社会教育，巩固家庭教育、学校教育、单位教育的成果，促进公民道德教育的深化”。

第六，《公民道德建设实施纲要》强调，“深入开展群众性的公民道德实践活动”。认为活动是载体，是重要途径。广泛开展创建主题社会、文明社会等活动。举办社会各界的公益活动，利用社会教育资源，利用社会内重要的教育场所和场地开展各种教育活动。

第七，《公民道德建设实施纲要》认为，道德实践活动源于社会基层，扎根群众。应“使道德实践活动与各项业务紧密结合，贴近基层，贴近群众、贴近生活”。

第八，《公民道德建设实施纲要》强调，“积极营造有利于公民道德建设的社会氛围”。“要大力提倡各种形式的社会公益广告，净化人们心灵，优化人文环境”。“公民道德建设是一个复杂的社会系统工程”。所以，“推进公民道德建设，需要社会各方面的共同努力”。各部门应当各尽其责，相互配合等。

《公民道德建设实施纲要》的颁布与实施，为新时期大力发展社会教育，提供了有力的支持，提供了重要的政策和理论依据，为大学开展社会教育，提出了更高的要求，同时也创造了条件。

首先，社会是公民道德建设的重要阵地。社区是社会的基本组织单元，社区的道德风尚和习俗，是一个社会的镜子，反射出一个社会的精神状态。所以，《公民道德建设实施纲要》特别强调要“大力加强基层公民道德教育”，指出“社会是进行公民道德教育的大课堂”，要抓紧，抓好。

公民道德教育离不开社会。以往的道德教育，在学校强调得多，在社会强调得少；对青少年强调得多，对民众强调得少。所以，造成了道德教育存在着偏差。道德教育的实践表明,公民道德教育应该是一个整体工程,而其基础在社会,因为社会是家庭的所在地,是民众的生存场所,是青少年赖以活动的区域,如果社会道德建设失衡,民众道德建设不足,家庭道德指导不力,那么,对青少年的道德教育就会打折扣,还会产生负面影响。所以,道德建设不要忽视社会。

其次,社会有众多的教育资源,需要大学去指导和建设。社会有广泛的教育对象,但这些教育对象通过什么方式来组织,需要大学的指导和帮助。如开展各种社会教育工作,成人教育、继续教育、补习教育等;建设各种社会教育事业,如图书馆、展览馆、阅览室等;参加各种社会教育活动,如广场文化教育活动、民众娱乐、休闲等活动。大学在社会教育的应用与推广上是有作为的。

再次,大学应开社会风气之先河,在公民道德建设上,大学应该把自己的教育活动推向社会。在公民道德建设上,大学应该发挥带头作用,利用自身知识、智力与人员的优势,为社会教育服务。如指导市民学校、职工学校、民工学校、农民夜校、家政学校等,编写通俗易懂的教材,举办各种讲座,讲演,座谈等活动。使大学师生经常深入社会,为公民道德建设服务。

最后,大学应该成为联系家庭教育、中小学校教育、单位教育、社区教育和社会教育的枢纽。在各个方面的配合与合作上,大学应当发挥作用,因为其他方面在教育的合作上都有弱势,家庭教育分散,中小学教育影响与效果较小,单位教育较为孤立,社区教育缺乏组织,社会教育则较为笼统。所以,只有依靠大学,利用大学的人力、物力、设施、机构与活动,使大学在联合社会各方面起主导作用,才能使公民道德建设有一个带动的龙头。这在国内外是不乏成功之例的,如韩国的"新社区运动",我国近代的五四运动等。

总之,公民道德建设是一个面向公民、面向全民的教育事业,其思想理念是与社区教育、社会教育相一致的。因此,它就需要有推动的力量,而这种推动要有成效,有效果,深入到千家万户,深入到广大的社会,进入每个人的心灵,所以大学参与开展社会教育是必要的,也是可行的。

第五章　大学社会教育现状

从历史经验来看，大学开展社会教育是中国近代以来大学开展社会教育的继承和发展。从国外经验来看，大学开展社会教育是大学实施推广教育的一部分。从现实来看，大学开展社会教育是大学从事社会服务事业之一种。但由于对大学社会服务的性质、范围、对象、内容等缺乏理论、制度以及法规等方面的研究与限定，所以，使得大学对社会的服务工作显得服务的边界不清，服务的含义模糊，服务的方式较乱。教育行政部门很难制定和规范大学社会服务的政策，大学也很难出台一个持久和稳定的服务社会的实施方案和计划。这样，使得大学参与开展社会教育缺乏理论的指导、政策的支持和实践的依据。我们试就目前大学开展社会教育的模式与问题进行简要分析。

第一节　大学社会教育的模式

20世纪50年代，美国学者奥森提出，学校不应是游离于社会的文化孤岛，它应当主动与社会架设各种联系的桥梁，致力于社会建设与服务。在这以后众多的学者在研究社会发展时，都认为大学应该更多地参与社会教育，通过发展社会教育来促进社会的发展与社会的进步。为此，各国都有适合自己国情的大学与社会结合的模式，如美国的社区学院、北欧的民众大学、日本的公民馆、韩国的“新社区运动”等。我国社会教育在近代曾取得过辉煌的成绩，新中国成立以来业余教育、补习教育、工农教育、扫盲教育等也有过突飞猛进的发展，但由于没有社会教育行政的统筹，社会教育事业在发展中逐渐被其他各种事业所分化或取代，社会教育功能也被分化在各项事业之中，如社区教育的发展基本上是在党群部门或社会各方面推动下发展起来的；图书馆、博物馆、文化馆等是文化部门的事业；青少年宫、儿童活动中心的教育也是管理多门等。大学开展社会教育并未形成有效的、值得推广而且具有制度化的经验，很多活动都是零星的或分散的。归纳起来，社会与大学相结合的社会教育模式主要有如下几种。

一、目标教育模式

目标教育模式是指大学参与开展社会教育是为了一定的目标、目的或任务，带着一定的工作进入社会，目标或任务完成后，就离开社会。这种模式以大学生“三下乡”服务活动和大学生挂职锻炼等为典型。

这种目标教育模式的主要特点是：

（一）完成教育行政机关交给的工作或任务

大学开展社会教育是根据学校或教育行政机关的指示、任务来进行的。如大学教师在社区的科研、调查；大学师生到社区服务；大学生、研究生等到社会举办讲座、展览，带着任务到社会进行调查、调研等。这类的社会教育活动是短暂的，短效的。

（二）完成学校交给的任务

大学开展的文化惠民、艺术惠民活动。大学教授到社区的座谈，大学师生到社会开办讲座、展览、调查等，此外大学到社会的临时性实习、见习等，都是为了完成学校的社会教育工作。

（三）大学的教育设施、机构、场所或场地对社会的开放

学校的教育场馆、体育场所、文化场馆等对社会各部门开放，社会利用大学的教育场所进行一些文化教育活动，有的是有偿服务，有的是无偿提

供等。

总之,目标模式使大学与社会的结合有一定的功利性,即在利用和使用上是互利互惠的,完成了任务或目的二者的结合或联系即宣告结束。

二、项目教育模式

项目教育模式是指大学参与和开展社会教育是为了完成一定的项目,带着项目进入社会,其工作有一定的计划性、组织性和目的性。这种模式以大学与社会产学研合作为典型,它的主要内容有:

(一)教育实习、教学实习、见习等教育活动

不同的大学根据专业与学科的特点,在社会工作的项目是不同的,有的专业其教育领域和社会联系较为密切,如社会学、公共管理、物业管理、社区教育等,因而,其工作的时间就长,计划和组织就严密。有的专业和社会关系不大,因而其工作的时间就短,活动就少。

(二)社会调查、社会实践等工作和活动

大学进行社会实践或社会调查,完成相应的工作,深入社会和社区合作,这实际上也是开展社会教育的一种方式,但它突出项目的效果,很少注意社会方面的教育成效。

(三)科学试验活动

社会是进行科学研究与试验的天然场所,大学根据自身的专业实际面向社会,利用社会的资源为科研服务。

(四)产、学、研合作

主要是通过大学与企业的合作,实施技术转让、联合开发以及共建实体,其目的是为了提高人才培养素质,加速科技成果的转让,促进社会经济的发展。

三、对象教育模式

对象教育模式主要指大学开展社会教育常根据对象的不同而实施不同的教育,这种教育模式的主要特点是:公益性、自主性和志愿性。主要典型有青年志愿者服务和各种针对性教育服务。主要内容有:

（一）以中小学生为教育的对象

这是进行校外教育的一种形式，大学根据自身专业特点和实际情况，面向中小学生进行交通、安全、环境、卫生、法制等教育。

（二）以学生家长为教育的对象

指导家庭教育，参与家长学校的教育管理，参与家政学校的教育活动，为了弥补学校教育的不足采取的各种教育活动等。

（三）以社会民众为教育的对象

一方面，深入社区施教，参与市民学校、职工学校、民工学校等教育活动；另一方面，学校的教育设施对社会民众开放，把民众请进来，联合举办教育活动。

此外，还有诸如社区文化服务、特殊对象服务、教育培训服务、社区中介服务、社区共建服务等。

四、家庭教育模式

家庭教育模式主要指大学学生或教师利用业余时间面向社会进行家教服务。这种家教服务虽然是教师或学生自发的，是有偿的，是学校规范和控制不了的，但却是大学师生利用自己的知识、能力为社会服务，教师和学生是大学成员，因而，也可看成为大学参与社会教育的一种特殊形式。主要有两种表现：

（一）大学生家教

大学生利用自己的知识与能力为社会民众的学龄儿童、少年或青年提供家庭教育。家教在现代社会中已经成为很普遍的一种校区联系方式，但是，这种方式不是大学教育计划之内的，也不是大学所提倡的，虽然，有一些义务家教的尝试，但大多数家教还是有偿服务。学生把知识或大学的各种信息带入家庭，把来自社会家庭的信息带入学校，增加了校区之间的联系。如何使大学生家教发挥更好的作用，使其成为大学开展社会教育的一种有效的领域与方式，应该是值得探讨的问题。

（二）教师家教

大学教师在社会由社会各界人士所组织的家庭学校或各种培训班中兼

职。这类学校基本上以针对中小学生的校外辅导为主，有外语班、数学班、语文班、特长班等。这些服务也是有偿的，也是学校教育计划之外的，是教师的个人行为，所以，学校是规范和控制不了的。如何使这类家教更好地发挥大学带动社会教育发展的作用，也是一个值得关注的问题。

总之，从大学开展社会教育的现状来看，我国在这一方面并未形成一个值得借鉴和推广的模式。大学开展社会教育还停留在原始、零散和无计划、无组织的状态。缺乏理论上的探讨和实践上的试验活动，也没有典型的试验区或经验。可以说，在大学参与开展社会教育上，我们已经远远落后于发达国家。这对于我国国情和民情来说，无疑是极不相称的。

第二节　大学社会实践过程中的社会教育因素

从教育理论意义上看，现代大学社会实践活动就是大学开展社会教育，大学利用自己的人力、物力，教育资源等把自己的教育事业推向社会，从事丰富多彩的社会实践活动，满足和拉动社会各界对教育的需求，因而，其实践活动的本质就是社会教育。我们以现代大学几种社会实践活动为个案，从中分析其社会教育的内涵、意义、因素和问题。

一、大学社会实践的社会教育内涵

现代大学社会实践主要方式有大学生"三下乡"、大学生青年志愿者、研究生挂职锻炼、大学与社会产学研合作、社会调查、从事家教等，虽然方式各异，形式多样，但每一项社会实践都有其社会教育的内涵和开展社会教育的功能，我们试分析之。

大学生"三下乡"是大学组织学生进行社会实践活动的重要形式和主要方式，其内涵主要指，"科技、文化、卫生"三下乡，其宗旨是使大学生走出校园，在科技、文化、卫生下乡服务的过程中，接受教育，增长才干，受到锻炼。但是，这仅是从学校教育的角度来看的。从"三下乡"社会实践的教育内容来分析，大学生“三下乡”社会实践具有学校教育和社会教育的双重功能。从学校教育角度看，“三下乡”是教育学生、锻炼学生；从社会教育角度看，“三下乡”是服务社会，教育大众。因而，“三下乡”社会实践具有重要的社会教育功能，是大学通过开展社会教育的方式，实现和完成着社会教育，所以，大学生“三下乡”社会实践的本质是社会教育。

大学生青年志愿者，是大学青年投身社会，学以致用的良好途径，他们弘扬着“奉献、友爱、互助、进步”的志愿服务精神，通过积极行动、恪尽职守、任劳任怨、奉献真情的行动，谱写着一曲曲真挚奉献之歌。大学青年通过广泛的社会公益活动，利用自己的知识、技能和爱心服务社会，接触群众，起到了学校教育和社会教育的双重教育效果，即一方面锻炼了自己，增长了才干，利于成长；另一方面，服务社会，教育大众，把新的知识、技能和爱心带给社会，起到了积极作用，所以，大学生青年志愿者实践活动具有丰富的社会教育内涵，体现着社会教育的进步理念，可以看成是大学开展社会教育的重要方式。从实践来看，应该增加服务的深度和广度，增加社会教育的内涵，使大学生青年志愿者真正成为推动社会进步事业的重要力量。

研究生挂职锻炼是大学研究生社会实践的一种重要模式，主要指研究生在攻读硕士学位或博士学位期间，结合自己的专业到地方相关单位挂职，担任一定的职务，在规定的期限内完成挂职单位和学校安排的工作任务。研究生挂职锻炼和其他社会实践方式相比有自己的一些特点。首先，服务与锻炼结合，对学校教育来说，是教育学生，锻炼学生，增加他们对社会的了解，提高服务社会的能力；对挂职单位来说，具有专业知识青年人的到来，可以提高单位工作的专业水平，从社会教育来看，研究生挂职锻炼具有社会教育的内涵，通过开展社会教育工作，扩大着教育的对象，普及着科学知识。其次，平时与假期互补，在不影响学业的前提下，采取集中和分散相结合的方式，使挂职有充分的时间保证。可以看出，研究生挂职锻炼具有社会教育的内涵，是大学开展社会教育的一种重要方式，应从社会教育的角度，来认识和提升研究生的挂职锻炼，进行规范化建设和管理，以便充分发挥其社会教育的职能。

大学与社会产学研合作是建立大学、企业与科研院所有效合作，实现科研、教学与生产相结合的重要措施，也是大学社会实践的一种重要方式，通过实践，大学与社会产学研合作的类型与模式越来越多，主要有：技术转让、技术咨询、技术服务、联合开发、委托开发和共建实体等。从大学与社会产学研合作的内容、方式来看，大学与社会产学研合作具有社会教育的内涵，大学利用自己的资源优势实现着社会教育。

总之，大学社会实践具有学校教育和社会教育的双重内涵，完成着学校教育和社会教育的双重功能，我们应该从大学开展社会教育的视角来提升大学社会实践的教育价值，把大学社会实践的教育意义发挥全面。

二、大学社会实践的社会教育意义

大学社会实践具有社会教育意义，其基本内涵是通过开展社会教育，面向社会举办各种教育事业。从历史与现实来看，大学社会实践具有重要的社会教育意义。

（一）大学社会实践有助于传播先进科学文化知识

近代人们在开展识字教育、通俗教育、平民教育和民众教育的过程中，就已经看到大学的推动作用，大学开展社会教育已经留下了许多成功的经验。

北京大学平民教育讲演团和北京师范大学平民教育社，就是大学开展社会教育最初的两个典型，他们利用学校的人力与物力，来从事社会教育的实践活动。五四运动以后，大学开展社会教育就成为大学社会实践的一项重要教育事业，一种影响深远的教育热潮。大学的师生纷纷走出学校，走出教室，走向农村，走向平民，用自己的知识来启发民众，教育民众，呈现出我国近代高等教育史上“知识分子上山下乡”的色彩斑斓的一幕。大学参与社会教育各种机构与设施的建设，大学师生参加社会教育的实践活动，使近代以来“开民智”的主张，有了实施者，使社会教育的事业，有了基本的人力与师资，这对于“民智”的开启，教育的普及，以及民众文化知识水平的提高，无疑具有积极的作用。

从现实来看，大学社会实践仍具有重要的社会教育内涵，而且日益突出和有效。随着科学技术的发展，各种先进的技术纷纷被用于社会实践之中，交通顺畅，媒体发达，在这种情况下，大学的社会实践不像近代那样艰难，可以更为顺利地为社会教育服务，为民众提供教育服务，并通过这些服务，传播先进科学文化知识，提高民众的素质。

（二）大学社会实践有助于发展社会进步事业

现代社会教育观念的产生，是在工业化社会问题与矛盾比较突出的情况下出现的，从产生起，社会教育的理论与事业，就具有强烈的社会对策性，它通过福利、公益、帮助等机构与设施，实施对社会各种人群的救助与教育，对于解决社会问题，缓解社会矛盾，补充法制和行政的不足起到了重要的作用。

我国近代自设社会教育司以来，一些教育家逐渐认识到社会教育是中国必须重视和优先发展的一种教育事业，因为，中国自近代以来，民族危机，文化转变，社会动荡，急需用社会教育的力量来除旧布新，而发挥大学的作用，是教育家们一致的主张。如蔡元培一直主张大学应该面向社会办学，通过改造大学教育来实现改良社会，为此，他提出了通过改造大学而实现改造社会的两种主张，他说："第一改造教育，以改造将来的社会，就是学校里养成一种人才，将来进社会做事。……第二改造教育同时改造社会，就是学生或教员一方面讲学问，一方面效力社会。"①因为有这样的认识，所以蔡元培鼓励学生利用业余时间从事学校以外的社会教育实践活动，并主张实行大学区制，由大学来开展社会教育事业。

正是因为具有这样的教育理念，近代许多大学知识分子才对通俗教育、平民教育、乡村教育、民众教育等社会教育事业乐此不疲并以巨大的热情与精力投身于这些事业之中，他们走出都市，深入城市与乡村社会，和平民交

① 高平叔编：《蔡元培教育论著选》，人民教育出版社1991年版，第264页。

朋友，和农民交朋友，用自己的知识来启发民众、教育民众，直面各种社会问题。

从现实来看，腐败、迷信、犯罪、各种事故、假冒伪劣产品、侵权等社会问题严重地干扰着社会的进步与发展，为了解决这些问题，减轻和避免各类社会矛盾的发生，我们在加强法制和德治的过程中，不要忽略社会教育的辅助作用，因为社会教育有着法律、思想政治工作所不具备的特点，在思想观念上，它有教育、慈善、福利、助人及服务等多种成分，在机构与设施上，它以广泛的事业扎根于社会的各个角落。而由大学来推动社会教育事业，是促进社会教育发展从而实现社会改良的有效途径。

（三）大学社会实践有助于高等教育的大众化

中国的国情与民情需要我们大力发展全民教育和终生教育。高等教育的大众化不能只通过学校教育形式来完成，发展社会教育以及谋取大学对社会教育的开展，是实现大学教育大众化的一个重要渠道，也是国内外教育的一个成功经验。从国内来看，谋取教育机会的均等一直是近代以来教育家们为之奋斗的目标，尤其谋取普通大众的受教育机会，许多教育家为此做了不少的努力，从通俗教育到平民教育，从乡村教育到民众教育，但是，在这些教育的实践中，教育家们感到，推广这些教育需要一定的人力与师资，而对于中国的社会现实来说，这些人力与师资到何处去寻呢？由此，他们把注意力集中于大学，试图通过发展大学、实施扩充教育来促进各种社会教育事业的发展，试图通过各种社会教育事业的发展来谋取社会大众受教育的机会，因此，这些教育家都形成了这方面的认识，主张大学开展各种社会教育事业，包括社会教育事业等。

蔡元培是这一主张的积极支持者，他通过对国外大学扩充教育的介绍，认为我国也应学习国外这种做法，由大学来举办各种社会教育事业，为社会各个阶层的人群提供受教育的机会、场所和场地。因此，大学开展社会教育有利于教育机会的扩充与均等，尤其对社会底层的民众来说，各种助人性的、福利性的社会教育机构与设施，是他们能够接受教育、获得知识的重要途径。

三、大学社会实践的社会教育内容

大学社会实践内容丰富，不同的实践形式具有不同的教育内容，除了学校专业教育所带来的教育内容之外，大学与社会教育实践也有社会教育内容。主要表现在社会德育、社会智育、社会体育、社会美育、社会生活教育等多方面。

(一)社会德育

主要是指大学作为社会德育的教育者，在实施公民道德教育的过程中，有目的、有计划、有组织地利用大学的教育优势，对社会受教育者进行德育的过程；同时，通过对社会德育的开展，促进大学德育的发展。

历史的经验表明，公民道德教育形式不要仅仅采取学校道德教育的形式来进行。公民道德教育要和公民的生产、生活实践相结合，尤其要以活动为载体，创建各种丰富多彩的教育形式来满足和拉动公民受教育的需求，而在这样的活动实践中，要充分发挥大学的开展与推动作用。近些年来，各个大学所参与开展的活动，诸如“希望工程”、“三下乡”、“文化扶贫”、“教育扶贫”、“科技大篷车”、“送温暖”、“志愿者”、“手拉手”、“幸福工程”、“扶残助残”等活动，就有着丰富的社会德育内涵，创造了多种在社会进行公民道德教育的新形式。

(二)社会智育

主要指大学作为社会智育的教育者，运用自身的教育资源与优势，组织各种各样的教育事业与活动，有计划、有目的地面向社会民众进行知识传授、技能培养和智力开发的社会教育过程。

大学各项社会实践活动具有传授知识和智力开发任务，应该贯穿于社会教育事业的方方面面，体现在社会各种教育活动之中，通过各种形式的教育事业与活动，来启发民众的思考力，培养其观察力、想象力和创造力，提高民众知识与智力素质。

(三)社会体育

主要是利用大学体育教育的优势，有计划、有目的地组织、指导社会体育教育的开展,以普及体育知识,增强民众体育素质,养成民众自觉锻炼身体的习惯,提高其体质的教育活动。

(四)社会美育

大学社会实践活动具有社会美育的内涵,主要指大学作为教育者,通过有目的、有计划、有组织的教育活动,参与、指导社会美育实践,以便向社会民众普及美学知识,发展其感受美、鉴赏美和创造美的能力的教育活动。

(五)社会生活教育

大学的社会实践本身就是参与社会生活实践活动,因而,大学具有提升社会生活教育质量的职责。大学是知识群体积聚的场所,大学生活质量如何,是社会生活质量的一个缩影。一个生活质量低下的知识群体,不可能对社会的发展有重大提升作用。相反一个生活质量较高的知识群体,会对社会生活的方方面面产生积极影响,所以,大学提升社会生活质量教育的发展,在建设小康社会和学习型社会的过程中具有十分重要的意义。

大学社会实践过程中的社会教育内容应该包括:生活知识技能教育、亲职教育、环境教育和休闲教育等。

第三节 大学社会教育存在的问题

大学参与开展社会教育,是为了推进建设学习型社会,实现终身教育的理想,拉动和满足社会民众对教育的需求,为社会民众提供各种受教育的机会以促进教育的均等,无论在理论上,还是在实践上,大学开展社会教育都有充分的根据,从国内外历史与现状来看,也有许多成功的经验。国外许多国家,把大学参与开展社会教育看成是当代大学教育发展的一个趋势,是实现“教育社会化,社会教育化”的一个重要措施。它在提高民族素质,扩大教育对象和领域,普及科学文化知识等方面起着越来越重要的作用。

我国现代大学起步较晚,但现代大学自产生起就十分关注社会教育事业。北京大学是我国最具现代意义的一所大学，五四运动就是首先从大学师生中发起的，在这前后由进步师生组织的平民学校、平民教育讲演团等，更是以各种方式来参与社会教育事业，他们走出学校，走出都市，走向平民，面向社会，用自己的知识启发民众，教育民众，把先进的文化科学知识传播给劳苦大众，在中国近代教育史上，留下了许多可歌可泣的事迹，写下了灿烂的一章，为中国社会的改良与进步作出了重要的贡献。从历史上看，我国大学参与开展社会教育事业也有成功的先例。

但是，新中国成立后我们受“左”的错误影响，把大学参与开展社会教育事业推向了极端。“开门办学”、“工宣队”进入学校、贫下中农管理学校、学生“上山下乡”、大学停止招生等教育上的失误，给我国高等教育的发展带来了前所未有的损失。因此，改革开放以后，我们感到最紧要的问题就是人才缺乏，因而高等教育的发展一直把培养人才、选拔人才看成是高等教育发展的主要目的；“多出人才、快出人才、出好人才”一直是大学发展的主导观念，因而“关门办学”也就成了一些大学的办学理念。其结果是大学开始与社会分离，大学逐渐对社会上的事情漠不关心，大学也不再参与开展社会教育事业，导致了大学专业与社会需求的脱节，大学生与社会要求的反差，学用分离，专业不对口，学生对社会不满等现象时有发生，大学与社会的隔离与矛盾日益增加，这种现象越来越受到社会以及高等教育界的关注。

随着教育的深化改革，人们重新认识大学的办学理念是多方面的，在培养人才、选拔人才的同时，还要为社会服务，为文化传承服务，促进社会的全面进步，尤其是现代终身教育思想的发展和建设学习型社会的需要，使大学为社会服务不再是一种口号，变成了各种各样的方式，校企联合、合作办学等新的途径纷纷出现，大学开展社会教育也就是在这样的形势下引起人们关注的。但纵观目前大学参与开展社会教育的实践，我们发现有许多问题在制约着这一事业的发展，应该引起人们的重视和研究。

一、大学的“关门办学”

这是大学参与开展社会教育最严重的观念障碍，即在人们的认识中没有大学开展社会教育的概念。大学参与社会实践,大学参加社会服务,人们都容易接受。但如果说大学应该参与举办社会教育事业,大学的教育对象应该扩大到民众,大学应该面向社会推广教育事业,人们不一定能理解和接受。因为在一般人的认识中,大学的教育对象是学生,以青少年为主,大学的目的是培养人才和选拔人才,如果大学面向社会开展教育事业,好像是不务正业,即使人们接受了这个观点,也存在着各种各样的认识,如有人认为大学开展社会教育不是大学的任务,没有这个计划;有人认为大学参与社会教育会影响大学的教育质量,影响大学生的学业;有人认为大学开展社会教育没有什么好处,不能创收,而且要花钱;更有人认为大学开展社会教育是自找麻烦,费力不讨好,出了问题,负不起责任等等。这些认识阻碍着大学对社会教育事业的参与,使大学"关门办学",围墙越来越高,规模越来越大,大学追求的是规模和层次,专科想升本科,学院欲办大学,一个学校办的好坏看其有多少硕士点和博士点,有多少科研基地等等。总之,高等学校的观念是在办"高"、办"大"、办"全",把为社会服务看成是低层次,为社会服务看成是小事情,为民众办学当做是补充等。

大学开展社会教育的这样一种观念状况,阻碍着社会教育事业的发展,也限制了大学的发展,因此,从目前来看,大学参与开展社会教育是零星的,并未有一定的计划和组织,也没有制度化,所以,为了使大学尽快地参与开展社会教育事业,首先必须要解放思想、更新观念,认识到大学开展社会教育事业是自己的责任,是利国、利民、利校的事情。

二、没有教育理论支持

大学服务社会的理论以及大学开展社会教育的思想理论,在目前高等教育理论研究中显得十分薄弱,主要表现在:

第一,人们研究大学教育理论主要从国家、人才、科技、创新等方面来论述,很少从服务、福利、慈善等方面来论说。研究大学精神、大学理念的理论很多,研究大学与社会的关系以及和政府的关系的理论也很多,而研究大学社会服务的理论却很少。大学能否开展社会教育,怎么开展社会教育并没有教育理论的支持。

第二,人们对国外大学教育的研究与介绍,对大学参与开展社会教育的介绍也很少,对国外大学扩充教育、推广教育、社会服务等方面的研究也很薄弱。许多研究并未和中国历史、国情与民情结合起来。许多研究并未形成有效借鉴的经验。

第三,对国内大学开展社会教育的历史与现状的研究也很少。尤其是近代以来,大学开展社会教育事业,蔡元培的扩充教育思想、社会教育思想以及新中国成立后大学"上山下乡"的作用研究都很薄弱。

第四,对大学开展社会教育的作用、目的、原则、途径、方法、管理、实践等方面,都没有进行深入的研究,没有理论支撑。

因为研究的成果很少,所以,大学参与开展社会教育缺乏理论的支持,人们对大学能否开展社会教育认识不清,导致人们在实践上就失去动力。所以,加强大学参与开展社会教育的理论研究,是高等教育研究中一个不容忽视的课题。

三、没有政策保障和教育管理机构的推动

我国目前的社会教育工作已经分化到各种文化教育事业之中。诸如文化部门推动的社会教育工作;社区部门参与的社会教育活动;宣传思想教育部门开展的社会教育工作;青年团开展的社会教育活动等。当今的社会教育工作及其管理政出多门,因此,社会教育的发展显得无计划、无组织,社会教育的效能无法评价和测量。有时,随着形势的需要,树立一些典型,推出一些榜样,而无长久的推广应用的成型经验。这种状况与缺乏社会教育法规、政策以及社会教育行政推动有关。主要表现在:

第一,教育行政部门没有专门负责社会教育的机构,因而使社会教育的推动缺乏行政的支持。教育行政基本上是在学校教育体系和框架下架构的,教育行政部门对社会教育的管理以及支持力度不够。

第二,教育政策和法规对社会教育缺乏规定,没有专门的社会教育发展、管理等法规和条款。日本、韩国以及我国台湾地区都有专门的社会教育

法规，有些国家和地区社会教育法规已经修订多次。在社会教育法规以及政策的支持和保护下，这些地区的社会教育发展得十分兴旺，成为该国家和地区教育事业的重要组成部分。

第三，大学没有开展社会教育的教育计划和制度，也没有主管这种教育实践的机构。美国以及欧洲一些国家，大学很早就有推广教育处等行政机构，负责学校教育事业对社会的推广，已经有很多成功的发展经验，至今国外大学的推广教育仍然是大学教育计划以及制度的一部分。我国大学没有负责推广教育的专门机构。大学的科研处只是负责学校自身科研发展，基本没有推广教育的职能。

由于缺乏政策和法规的保障以及社会教育行政的推动，所以，大学开展社会教育就无法制度化、组织化并形成一种有影响的社会教育实践活动。

四、没有社会教育发展经费

传统上，在人们的认识中，教育经费就是指学校教育经费，这种认识是不全面的，因为，教育不仅仅指学校教育，还有社会教育等多种形式，所以教育经费，应当指发展所有教育事业的经费，但目前，社会教育在整个教育事业经费中，还没有自己的比例。发展社会教育的经费支持基本上是地方行为、区域行为和团体行为，而且没有固定的经费保障和来源。所以，社会教育的发展必然受到经费短缺的限制，这也是社会教育不能尽快发展的原因之一。

从国外经验来看，社会教育的发展最初是依靠政府推动和组织的，政府在经费上的支持是社会教育事业发展的重要基础，然后，政府在经费支持的过程中，调动社会各界的参与，鼓励和奖励社会各界对社会教育的投入。

日本是世界各国有社会教育专项经费的国家之一。日本有专门的社会教育财政，一般是指国家及地方公共团体确保执行社会教育行政所必需的财源，并对之进行管理和执行作用之总体。

社会教育经费是社会教育事业运行与发展的保证，日本的社会教育经费包括两部分：一是社会教育行政费，即为社会教育行政的组织与运转所使用的经费，一般由国家及地方公共团体承担；另一种是民间开展的各种各样的社会教育活动所用之经费，它由私人和民间团体负担。社会教育经费有8个领域，包括：公民馆费、图书馆费、博物馆费、青少年设施费、体育设施费、其他设施费、文化遗产保护费、教育委员会活动费。社会教育财政负担原则上是按国家及市镇村的行政划分或运营责任之多寡来决定的。

通过维持与保障社会教育经费来实施对社会教育事业的管理，能够保障社会教育事业的进行和发展，是日本社会教育事业一直经久不衰、持续发展的成功经验之一。所以，日本的社会教育费总的来说是呈增长趋势的，尤其1965年以后，日本的社会教育经费的增长速度超过教育费总额的增长速度。如1989年日本教育费总额相当于1965年的13.4倍，而其中社会教育费相当于1965年的42.8倍。通过社会教育专门的经费来发展与管理社会教育事业，是日本社会教育事业发展的重要保证。

从国内社会教育经验来看，民国期间教育行政有社会教育司，在教育经费上，有专项社会教育经费支持，因而民国期间的社会教育事业发展迅速，成为近代社会文化教育事业发展的重要经验之一。

新中国成立初期我国有社会教育经费支持社会教育发展。经历了几次教育运动以及教育革命以后，社会教育事业以及社会教育经费双双受挫，至今，在教育经费总额中，很难见到有关社会教育专项经费支持。各种社会教育工作被分化至各个机关，其经费也随主管部门的不同而分化。

大学推动社会教育的经费，也没有专门的教育经济政策和法规的支持。大学参与的各种社会教育活动，基本随着需要和形势，由主管部门提供经费支持，因而，其社会教育工作以及活动的成效，很难评估。从国外国内社会教育经费的经验来看，有社会教育经费支持是开展与发展社会教育事业的基础。所以，如何增加政府和民间对社会教育事业的投入，是社会教育事业发展的一个重要保证。

五、缺乏社会教育指导者

从国外社会教育发展的经验来看，社会教育团体及其社会教育指导者是推动社会教育事业的主要人力资源。日本是社会教育团体和社会教育指导者十分发达的国家之一。

社会教育团体是指以开展社会教育活动为目的而结成的团体。无论从历史，还是现实来看，日本社会教育团体众多。因此，管理、组织这些社会教育团体以及通过这些社会教育团体来实施和组织各种社会教育活动成了日本社会教育的一个重要特色。国家和地方应采取促进、奖励、指导、建议等方式来管理社会教育团体的活动。例如，法律上规定禁止国家及地方对社会教育有关团体施加不正当的支配。

日本主要社会教育团体有：一般社会教育团体，如社会教育联合会、社会教育协会等；成人教育团体，全国教师与家长联合会等；妇女教育团体；青少年教育团体；修养、教化团体；社会函授教育团体；技能教育团体；视听教育团体；社会教育设施团体；道德弘扬团体等。

日本社会教育指导者是指对社会教育活动进行援助、促进、指导和管理的有关人员。可分为社会教育行政机关的指导者、社会教育设施的指导者、社会教育学习指导者和社会教育团体指导者等。在这些社会教育团体和社会教育指导者的推动下，日本社会教育成为与学校教育齐头并进的“两驾马车”，成为社会进步事业的重要动力之一。

从大学开展社会教育的视角来看，社会教育指导者应该是以社会教育指导为职业的专兼职人员，包括社会教育管理人员、社会教育工作人员、大学负责开展社会教育的兼职人员等。他们是社会教育事业的参加者、组织者和推动者，对于社会教育事业的开展起着直接推动作用。对大学开展社会教育来说，社会教育指导者是联系的纽带、指导的桥梁。但目前来看，我国还未有社会教育指导者的职业，现在街道、社区组织等指导者，基本上还称为是“社区干部”或物业管理者，他们的职责基本上还是以管理、组织为主，而专兼职社会教育指导者的队伍也没有形成。

从大学来看，大学也没有具体负责推广教育的人员，一些活动基本上还是根据形势需要来举办的，如社会服务、志愿者服务、“三下乡”等。所以，为了使社会教育走向制度化、组织化，使大学推动社会教育有基本的组织人员和联系人员，社会教育指导者人员的培养，也是一个重要的问题。

六、社会参与问题

大学参与开展社会教育，其教育的对象是社会全体民众，所以，民众的参与对于社会教育的开展是不可缺少的。但是，民众是否有参与的愿望呢？从目前来看，主要有如下几个问题需要重视：

（一）民众的愿望

社会教育其目的是为了满足社会民众对教育的需求，然而社会民众有这个愿望吗？从我国历史来看，近代一些教育家们在办平民教育、乡村教育和民众教育时，刚开始确实有一定的困难，有些平民学校、民众学校根本招不到学生，究其原因主要是与当时国困民穷有关，社会大众当时主要关心的是自己的生计，对接受教育还没有那么高的认识。而现在不同了，随着人们生活水平的提高，人们有充分的时间来享受生活、改进生活、提高生活质量和生活的幸福指数，所以，需要有相应的社会组织、设施与活动来满足人们日益增长的文化教育需求。

从另一方面来说，社会职业的变动，待业、失业、下岗人员大量增加，各种社会问题也通过社会表现出来，社区内服务与管理的事务日益增多，这就需要社区在相应发展商业、物业等服务业的过程中，使社区教育也要迅速发展，以适应各类人员不断转岗、换岗的需要。所以，随着社会的不断发展，社会教育要不断满足社会民众对教育的需求。

（二）社会的成熟度

成熟的社会在组织、管理、人员、设施等方面是协调一致的，在组织活动等方面能够一呼百应，人人响应。人人热衷于社会公益事业，每个人对社会内的工作事情，都积极响应，这是成熟社会的标志，也是社会开展各种活动的保证。这样的社会，有利于大学推动社会教育事业，对大学开展社会教育起促进作用；反之，不成熟的社会，大学在推动社会教育上则较为困难。

所以,大学在开展社会教育上,宣传和鼓动是非常必要的。国家、政府和社会要用各种方式来提高社会民众参与社会教育的积极性,尤其吸引学制体系以外的民众参与,更为有意义。

第六章　大学社会教育工作

大学开展社会教育具有必要性和可行性，具有理论依据、政策依据和法规依据。这一章中，我们主要探讨大学应当参与开展哪些社会教育工作，大学应该参与推动哪些社会教育事业。我们从国内外的经验出发，从历史与现实相结合的视角，分析一下大学参与开展的社会教育工作。

第一节　大学开展成人教育

成人教育，顾名思义其教育的对象是成人，然而成人这个教育对象领域范围很大，各个国家和地区都不一样，因而，其发展成人教育的模式也不一样。在欧美国家成人教育实质上是对已经受过学校教育的人的一种再教育制度，根据受教育程度不同实施不同的教育，或可以说是一种继续教育。而在一些发展中国家，成人教育也有多种提法，如有的是一种扫盲教育，有的是一种补习教育，有的是一种继续教育等，基本上是对没有受过教育的成人的一种教育。

在我国近代，成人教育属于社会教育事业的一种，是对没有受过教育的成人的一种补习教育，是对已受过教育的成人的一种继续教育。

新中国成立后我国的成人教育事业有了很大的发展，其提法也呈多样，诸如职工教育、工农教育、干部教育、补习教育、业余教育等。改革开放以后，我国成人教育走上了正规化发展的道路，成人高考、函授教育、自学考试、电大等多种途径，使成人接受教育的机会和途径越来越多。但是一个不容忽视的事实是，成人教育随着正规化的发展也日益呈现出一种学历化的趋势，成人文凭教育也成为成人教育发展的目标，而且越办越高。这种状况和成人教育的本意以及和成人教育的现实与实际是不相符的，因而，成人教育在发展中问题越来越多。鉴于此，世界各国在发展成人教育过程中，都采取正规教育和非正规教育相结合的方式。正规教育为成人谋取学历教育的机会，满足想获得文凭的成人；而非正规教育则面向广大有求学愿望的成人，为他们提供职业教育、技术教育、补习教育和各种专业、职业培训。在这样一种状况下，大学面向开展成人教育的理论与实践应运而生。

一、大学开展成人教育的含义与特点

通过上面的分析我们可知，我国举办成人教育必须要从我国成人的实际状况出发来进行，不能盲目地照搬国外成人教育的经验。国外的成人教育已经有了几百年的发展历史，随着社会及经济的发展变化，基本上已经形成了适合自己发展的成人教育体系，而我国成人的状况以及成人受教育的程度是千差万别的，主要表现在如下几个方面：

首先，自然状况上，成人有性别差异、年龄差异、地区差异、城乡差异、民族差异等。

其次，在社会职业方面，成人从事的职业是相当复杂的，职业对成人的要求也是不同的。

再次，在文化程度、教育程度上，成人更是千差万别。有的是文盲，有的是小学程度，有的是初中程度或高中程度，有的是中专、专科或大学程度等。

这样一种状况使我们在发展成人教育方面不能走学历化道路。学历化只是成人教育的一种途径，而且这个途径很窄，只适合极少数的成人，而大多数成人受主客观条件所限，很难通过这种学历化道路来满足自身的受教育需求，所以，我国成人教育应当有自己特殊的含义。如果从我国历史与现

实出发来研究成人教育,我认为我国成人教育的含义应该是:

通过正规学校教育和非正规社会教育的形式,对从未受过任何学校教育的成人施以补习和培训教育;对受过学校教育的成人施以各种程度的继续教育。

成人教育的这个含义决定了实施成人教育的机关并非只是学校,社会各种机构都可以进行成人教育,如事业单位、企业单位等;进行成人教育的形式也并非只有通过学校教育的形式,各种社会教育形式根据不同需要都可以实施。而由大学开展成人教育则是发展成人教育的一种途径,在目前来看,由大学通过正规教育形式和非正规教育形式来实施成人教育是发展成人教育的一个既经济又可行的事业。

大学开展成人教育的含义是,运用大学各种教育资源,采用各种正规和非正规教育形式,对从未受过任何学校教育的成人施以补习和培训教育;对受过学校教育的成人施以各种程度的继续教育。

这个概念主要有如下几个特点:

首先,大学开展成人教育可以采用正规和非正规教育形式。如果说学校教育是正规教育形式,那么社会教育则是非正规教育。成人教育不应完全以正规学校教育的方式来组织实施,而应当具有灵活性和多样性。

其次,成人教育的推动者和开展者是大学。大学利用自己的教育资源为成人提供各种程度的教育服务。

再次,成人教育的对象是学制系统以外的成人,包括没有受过任何学校教育的成人和受过学校教育但需受继续教育的成人。

最后,成人教育的目的是给未受过学校教育的成人提供补习教育或培训教育,以提高他们的文化知识与相应专业水平;给已受过学校教育的成人提供继续教育,如给具有小学程度的成人提供初中以上程度的教育;给具有高中程度的成人提供大专或大学程度的教育;对已受过大学教育的成人,为他们提供更高程度的教育等。

总之,大学开展成人教育必须突破以学历为教育目标,以学校教育为主要形式的做法，采取更为灵活多样的非正规教育形式，为社会成人谋取接受教育的机会。

二、大学开展成人教育的形式

根据我国成人教育和社会发展的状况，我国社会教育的形式应该具有多样性，以适合不同程度成人的教育需要；应该具有灵活性，以满足不同方式成人求学的需要；应该具有针对性，根据成人的实际需要来设学等。从国内外发展社会成人教育的经验来看，适合我国成人教育的形式，如果通过大学来推动，可以采用如下几种方式：

（一）大学附设社区学院

社区学院是美国从事社会教育的主要形式，已经成为美国高等教育的一个组成部分。我国发展独立的社区学院教育体制，从目前来看，尚有一定的难度，因为如何把它列入学制系统、如何使它与高等教育衔接是一个问题，而目前来看，由大学来附设社区学院，指导、参与、推动社会学院的发展是一个有效的，也是一个可行的教育策略，从推行来看，应该做如下几方面的探讨：

1. 探讨大学开展社区学院的政策、法规。在政策和法律层面，探讨由大学开展社区学院的必要性和可行性，为大学参与开展社区学院提供政策支持。

2. 探讨大学开展社区学院和各种教育形式的结合。如社区教育和职业教育；社区教育和技术教育；社区教育与岗位培训；社区教育与就业和再就业等，找到通过社区学院来促进职业教育、继续教育和补习教育发展的新途径。

3. 探讨大学开展社区教育的基本理论。包括大学开展社区学院的基本原理，诸如作用、目的、原则、规律等；大学开展社区学院的管理理论，如管理方式、计划制度等；大学开展社区学院的教学原理，如课程开发，教学计划，教学原则方法等。

4. 探讨大学参与开展社区学院的指导机构、咨询机关和服务机关。这包括两个方面,一个方面是政府管理教育事业的机关应该有具体负责和指导的部门,如近代以来我国教育行政上的社会教育司或扩充教育处;另一方面是大学应该有相应的机构负责推广和实施,如美国大学的扩充教育处和推广教育部等。

5. 探讨大学开展社区学院的试点。研究大学开展社区学院的经验,总结教训,提出问题,摸索不同大学或学院在开展各类社区学院中的途径与方法。

(二)大学举办各种公开讲座

大学面向社会举办各种公开讲座,是国外大学经常性的做法。尤其日本在大学举办各种讲座方面已经有很长的历史,积累了大量的经验,并在《社会教育法》中有明文的规定,我们可以借鉴其经验,形成适合我国社会实际与国民实际的做法,可以作如下探讨。

1. 探讨建立大学公开讲座制度。每一所大学都要有自己的社会教育领域,大学所在地,就是大学讲座的辐射区,利用大学的师资和学生,使大学公开讲座制度组织化、规范化和制度化,成为长期行为,而不是短期行为;成为组织行为,而不是随机行为等。

2. 探讨公开讲座制度和教师、学生教学与考核相结合的机制。使教师和学生认识到,为社会举办讲座是大学的教育使命,是大学教育事业的一部分,是培养学生、锻炼学生、提倡教师为社会服务的一项教育活动,是学校教育计划的一部分,并作为社会服务的一项内容来推行,如日本大学的公开讲座,要求教师每年要有一定的讲座次数,作为进职、评级、考核的要求。

3. 探讨灵活多样的公开讲座形式。大学实施公开讲座的方式、时间、地点等要和成人教育的实际相结合,如周末讲座、假期讲座、专题讲座等。

4. 讲座的内容应多种多样。其原则是适应社会需要,适应社会发展,直面社会各种问题,促进成人文化教育水平的提高等。如社会问题讲座,包括环境、卫生、安全、防火、防盗、健康、保健、教育、谋生、文化艺术、休闲娱乐、科学知识、各种工业、农业、家庭等技术讲座等等。

(三)大学大力发展函授教育

大学取消年龄限制,是使大学教育面向成人的一个重要举措,但大学为成人教育开放不仅仅体现在取消年龄这一个方面,况且,成人教育也不太适合大学脱产学习的方式。从实践来看,各国发展函授教育、远程教育等,应该是大学为成人教育服务的有效方式,应该大力发展,其做法有:

1. 成人高考要扩大教育对象和领域。对象上取消年龄限制,领域和范围要面向社会,要主动招生,积极争取生源,通过各种方式扩大对成人教育的吸引力。

2. 大学在函授教育上,要尽量适应社会成人教育的需要,在时间、地点等方面要适合社会的生产与生活实际。

3. 大学函授的专业要经常调整,具有灵活性和多样性,适应社会与社区发展的需要,有利于成人学习人员的就业和再就业。

第二节　大学开展补习教育

国外很少使用补习教育一词。在英国,类似的教育活动被称为扩充教育;在美国,非常注重学校教育的推广,相关的教育称为推广教育或补偿教育。从补偿教育来看,美国的补偿教育主要是为社会上处境不利者或受正规教育失败者提供的可选择的、补充的教育计划,以帮助他们获得社会就业的知识与技能,这种教育的主要对象是社会上贫困人员及其子女,包括黑人、有色人种和移民,其目的是为了他们本身的就业与谋生,以促进社会的稳定。

美国的补偿教育有学校补偿和校外补偿两种,校外补偿的基本形式是在社区开办中心学校,主要做法有:第一,为预防处境不利的儿童将来学习困难而开设的学前班及有关家长教育;第二,为学习困难的中小学生补课、提供补充材料和其他辅导活动;第三,为学习失败的成人提供职业培训或在职训练计划。

在德国，也有“补习学校”的教育机构，并有过强迫补习教育的做法，其教育对象也是面向学校以外的失学者或成人，以提供职业技能的训练。

在我国，近代也有补习教育的提法。在清朝末年颁布的“癸卯学制”中，就曾提到“补习教育与高等小学平行”，在教育行政上，补习教育归学部实业司管理。到了后来，经过国民政府时期，补习教育则归社会教育司来执掌，并相继颁布了《职业补习学校规程》(1933 年)和《各省市推行职业补习教育办法大纲》(1936 年)。近代实施的补习教育，经过了以失学儿童为教育对象，到以失学成年民众为教育对象的过程。新中国成立以后，为了适应广泛的政治与业务学习的需要，各级政府曾设立了各种补习学校和业余学校，以实施对工农及其子女的教育。

从国内外补偿教育或补习教育的历史来看，其教育的对象主要是面向学制以外的失学儿童和失学成人。国外由于义务教育实行的时间较长，所以，其补偿教育逐渐向继续教育方向发展。而我国，由于义务教育实行的时间较短，还有因各种原因辍学的失学儿童和没有受过义务教育的成年民众。所以，我国在强化义务教育的同时，补习教育或补偿教育还应是教育发展的一个重点，应突出以学制体系以外，没有受过义务教育或受过义务教育而没有职业技能的成人为主，这种教育，从经验来看，应该通过大学开展社会教育来实施。

一、大学开展补习教育的原因

综观世界各国实施补习教育或补偿教育都由学校来开展的经验，我们认为，在不同历史时期，各国实施补习教育的重点是不同的。如在义务教育还不是很发达的时期，补习教育的对象重点是失学儿童，这时实施补习教育的学校，基本以中小学为主。随着义务教育的发展，失学儿童越来越少，这样补习教育就向成人方向转化，而成人补习教育由中小学来实施，很显然已经不太适合了。所以，由大学来实施补习教育，应该成为成人补习教育发展的重点，有三点原因：

第一,从补习的对象来看,随着经济、社会及教育的发展,儿童和青少年的教育程度日益提高,基本上不再用补习教育。应该发展继续教育来满足儿童和青少年的受教育需要。所以,补习教育的重点逐渐向成人转化,因为成人有一大批还没有受过义务教育,即使受过义务教育,对成人来说是远远不够的,所以,补习教育对成人来说是必要的,也是可行的,是一个适合成人实际状况的教育活动过程。

从补习实施的主体来看,很显然,对成人实施补习教育只依靠中小学是不行的,中小学提供给成人的补习教育,从历史上看,是一种扫盲教育;从发展来看,成人教育逐渐和职业需要、劳动技能及生产、生活相连,所以,中小学的教育水平与资源显然是不够的。因此,大学参与开展成人补习教育是成人教育对象的需要,是社会发展的需要,因而也是今后补习教育发展的方向。

第二,从大学来看,大学应该成为社会进步的动力之源。大学的任务就是教学、科研和为社会服务。实施推广教育,是大学的重要使命之一,所以,实施补习教育应该成为大学的一项重要教育事业。从理论上看,大学实施补习教育可以实现教育机会的均等,为社会上所有的人谋取受教育的机会,实现终身教育的理想,建设学习型社会;从实践上看,大学参与开展补习教育,具备人力、物力、知识与能力的条件。

第三,从社区来看,社区是民众的积聚地,常住人口、外来人口、流动人口使社会人口的受教育层次千差万别,也是动态的。这为大学开展补习教育提供了充分的学生来源。同时社区也是下岗人员、转岗人员、待业人员、失业人员的居住地,市场经济的发展使竞争日益激烈,人们求学、求知的愿望也越来越显著,这使得大学开展补习教育有必要且可行。

所以,从大学、社会和补习对象来看,大学参与开展社会补习教育,在我国是十分重要的,也是可行的。补习教育是学校教育的一体两面,两者互相促进,相辅相成,共同实现着教育功能的发挥,从更为广阔的意义上实现着教育目的。

二、大学开展补习教育的内涵

从补习对象来看，社会实施补习教育，按程度可分为两个层次：一是面向没有受过义务教育的中小学生或成人实施的补习教育，这里指的中小学生主要包括失学者和学习困难者，成人主要指没有受过小学或初中阶段教育的成人，这种补习教育可以称为基础补习教育；二是面向受过义务教育，但没有受过专科或大学教育的成人，为他们提供继续教育，这种补习教育可以称为进修补习教育。

（一）基础补习教育

基础补习教育主要是对社会内中小学的失学者和学习困难者。由于种种原因，诸如父母下岗、失业、离异或是外来人口的子女，或是异地打工的子女等，使得这些儿童不能稳定地、持久地在校学习。有的小学没有毕业，有的中学即辍学在家。为了实现对这些儿童的救助，实现普及教育的目标，推动义务教育的深入，对这些儿童有必要实施基本的补习教育，这类补习教育的内容是：

1. 学习基本的读写算知识与能力。

2. 获得生活实用的基本技能。

3. 锻炼健康的身心。

4. 养成良好的品德与情操。

5. 了解社会民主、法制及生活规则。

6. 进行小学或中学阶段的知识补习教育，为接受进一步教育打下基础。

基础补习教育对象还包括中小学生学习困难者，主要指中小学的后进生、差生。由于种种原因学习有困难的学生，这类学生的补习教育现在已经被市场化了，由于考学竞争的需要，这种补习形成了一个强大的补习教育市场。大学生家教、利用假期办班等形式的补习教育越来越火。政府有关部门虽然三令五申，大力禁止利用假期办班，但却是禁而不止。

大学生家教，对高等教育来说是一个不容忽视的课题。大量的学生深入到家庭，深入到社会，学校如何规范、如何管理，一直困扰着大学的管理者。对于大学生家教学校是提倡、鼓励还是限制、制止，也一直使大学管理者为难。每当看到大学生成群结队，站在马路边高举家教牌的时候，每当看到一个大学生同时从事几个家教的时候，大学的管理者难道就不问一问，这样是否影响学业，是否影响学校的形象，是否有利于学生的成长，对社会是否会带来积极的作用等等。

所以，为了规范补习教育市场，加大对补习教育管理的力度，使大学生的家教服务更加规范、有效，体现教育的积极价值，就必须通过大学来组织规范社会补习教育，其目标是：

1. 补习学校语文、数学、外语基本学科的知识与技能。

2. 指导学生的学习方法。

3. 协助家庭教育并实施对家长教育的指导。

4. 使大学生的家教规范化和组织化。

5. 进行校外和课外的教育活动，充实学生的业余生活。

6. 利用周末或假期参与学生的各种社会实践活动。

成人基础补习教育，其对象是面向社会上没有受过义务教育的成人。随着城市的开放，大量的农村人口纷纷涌进城市，各类民工、打工者、求职者等构成了城市社会人口的复杂性。而这些人的一个显著特点是受教育程度很低，甚至绝大多数都没有受过义务教育。这些人涌入城市，在增进城市市场繁荣的同时，也由于受教育程度低给城市的发展带来了大量的问题，诸如犯罪、制假、扰乱社会治安、各种事故等。如何提高这些人的知识文化水平，也是城市教育发展中一个不容忽视的问题。因此，这些人也是大学开展补习教育的重点对象，其内容是：

1. 补习基本的语文、数学知识技能。

2. 了解现代生产和生活的常识与规则。

3. 学习现代社会基本的科学知识，诸如安全、卫生、环保、法律、防灾、防盗等。

4. 增进谋生与求职的知识与能力，诸如商业、家政、农业、服务等。

5. 养成良好的习惯和品德。

6. 充实生活，学会休闲、娱乐。

总之，基础补习教育由大学来参与开展并逐渐使其规范，是大学教育发展的需要，是社会教育实践的需要，也是受教育对象实际状况的需要，这是由我国特殊的国情与民情所决定的，对于大学以及受教群体来说都有积极的意义。

（二）进修补习教育

进修补习教育主要面向社会内没有受过专科或大学教育的成人，为他们提供继续教育的机会。这种补习根据补习对象的情况，可以是学历教育或非学历教育。即有条件的成人，可以通过补习教育获取学历，无条件的成人，可以接受相应的证书教育。“先培训，后就业”的原则应该坚持并制度化，使每一位上岗人员都持证上岗，这样成人补习教育就会发展起来，其目标是：

1. 提供相当于大专或本科层次的专业教育。

2. 提供增进其职业知识与技能的训练。

3. 丰富其文化科学知识，有助于其生活质量的提高。如卫生、健康、安全、环保、消费、法律、休闲、娱乐、生活科技等方面的知识教育。

4. 为其下岗、转岗和再就业提供相应的职业指导。

5. 养成良好的习惯和道德品质。

三、大学开展补习教育的方式

补习教育类别较多，因而，其实施方式应根据不同的补习类别而有所不同。根据国内外实施补习教育或补偿教育的经验，结合我国的实际，由大学参与开展补习教育应该注意如下几种方式。

（一）举办补习学校

根据补习对象和补习程度的不同，大学与社会合作举办各种补习学校。

1. 举办基础补习学校。招没有受过义务教育的失学儿童，进行义务的免费的教育，经费由教育主管部门和社会筹集，可以利用原有中小学的教室,利用业余时间,如星期天、夜间上课等。教材采用中小学的课本,制订教学计划,按学期进行教学,学生修完学业后经考试合格,由学校发给证书,证明具有同等中小学毕业的资格。

2. 举办成人补习学校。招收没有受过义务教育的成人,以实现成人教育的补习目标。这类学校可根据成人的实际状况来举办,主要是使其接受基本的文化科学知识,能够读、写、算和了解社会常识,为其生活和谋生服务。

总之,补习学校对民众来说,具有一定的福利性和公益性,应该由社会筹办,大学参与,而且地点应该在社会,方便学生就近入学。教师可以利用大学生来服务,可以是有偿和无偿两种形式。大学应当把服务社会工作列入学校教育计划,把大学生的社会服务看成是培养教育学生的一个组成部分。

(二)举办补习班

由于考学竞争日益激烈,所以,社会上针对中小学生的各种补习班也越办越红火,校外语文班、作文班、数学班、外语班、特长班等五花八门,班型人数不等,有的几个学生,有的十几个学生,更有甚者,有的班型,分上午、下午,如果是声誉较高的老师,更是生源火热。办班地点基本上是依托社会,或在家中,或租借民房,或租借教室等。参与办班的老师也是各种各样,有退休的中小学老教师,有年轻的中小学教师,其中也有一些是大学教师或学生,有的是社会人员组织,聘请大学教师或学生来上课。总之,社会的补习班是当今教育发展中一个不容忽视的现象,教育部门虽然也制定了许多相关政策,但收效不大。

如何使社会内的各种补习班规范化、组织化,引导中小学生的校外和课外补习,由大学来参与开展社会各种补习班是一个具有指导性和规范性的有效的做法。

1. 组织大学教师和学生为社会补习服务。

2. 组织处境困难的学生或学习困难的学生进行补习,利用假期和余暇时间，聘请大学师生来上课。

3. 大学制定相应的制度，要求和鼓励师生为社会教育服务，并作为学校计划的一部分，给予相应的奖励。如美国大学生就业时，有社会服务经历者，可以优先择业等政策。

4. 利用大学的教育条件，如教室、桌椅、黑板等进行业余补习。

总之，补习的原则是面向学习困难者、处境困难者和没有受过义务教育的人来进行的，补习也应该是一种福利和公益事业，不应该成为经济创收的事业，现在，补习教育日益市场化，规模越来越大，人数越来越多，各级各类教师的参与也日益增多，有的甚至把校外的补习看成是主业，这是一种不正常的教育现象，急需整顿和规范。

(三)函授教育

面向成人实行函授教育是各国一个成功的经验，可以为那些想获取学位或学历的成人，提供一个机会，所以，大学在积极参与社会开展各种补习教育的同时，也应该发展函授教育来满足成人进一步求学和深造的愿望。

函授教育从某种意义上，也可说是一种学历补习教育或学历补偿。通过成人高考，大学利用假期面授和平时指导相结合的方式对成人施以教育。对社会来说，社会要为大学组织生源，宣传函授教育的好处，使大学的函授教育深入到社会，为每一个成人所了解。对社会成人来说，要结合自己的实际状况，来选择学习和补习的方式，如果有余力能够获得学历教育和学位教育，可以通过函授教育的方式，实现自己的愿望。

(四)规范大学生家教

大学生从事家教是当今高等教育发展中一个重要的教育现象。从性质上看，大学生有偿家教既不是补习教育，也不是继续教育；从教育计划和制度方面来看，大学生家教不是大学教育计划的组成部分，也就是说它不在大学对学生培养的教育计划之内，学校对家教的态度也不是鼓励和提倡；对学生来说，家教增加收入，补充学费，社会实践，仿佛也是情有可原，国内外都有勤工俭学的先例和做法。

但是值得研究的是大学生从事家教是否是大学为社会服务，是否上升到大学开展社会教育的角度来认识和研究，以使大学生从事家教更好地为社会服务，更好地体现教育的作用。所以如何整顿、规范大学生家教，使其成为大学服务社会的一种方式，是高等教育研究中一个重要的课题。

1. 大学应建立大学生从事家教的指导与服务机构，负责大学生家教事宜，从政策、法律等方面为学生提供支持。

2. 大学制定学生从事家教的各种规章制度。制订计划，使家教有组织、有计划地进行，并逐渐使其成为锻炼学生、服务社会、不影响学业、互利互惠的一种社会实践活动。

3. 对大学生来说，其主要任务还是学习。在不影响学业的情况下，可以从事家教。但是，同时还应当认识到，家教也是大学服务社会的一种教育形式。家教不仅仅是一种个人行为，也是一种学校行为。学生进入社会，深入家庭，代表着学校的声誉和信息，他们的行为处处影响着社会、家庭及教育的对象。

4. 社区在大学生家教中应起辅助作用。如果把学生家教看成是一种学校行为，那么学校通过社区可以更规范地为学生家教服务，如联系家教、家教登记、指导家教等。通过社区联系可以使学生不再站在马路边高举家教牌，这样既可节省时间，同时还能使家教规范化。

总之，大学生家教是大学联系社会的一个重要方式，大学不能漠然视之，应该使之成为大学服务社会的一个重要领域，使其规范化、组织化和制度化，如果能够充分的组织和利用好这种方式，那么，大学和社会千家万户的联系，对社会的进步，科学文化知识的传播是有积极意义的。

第三节　大学开展培训教育

补习教育和培训教育的区别在于，补习教育是对没有受过任何教育或受教育很少的人的一种补习或补偿教育，其补习对象领域包括所有的人，并突出处境困难或学习困难的人。其补习目的根据求学者受教育程度不同，可以是学历教育，也可是非学历教育。

培训教育是一种职业教育，它突出以从业人员为教育的对象，其目的是为了使从业人员具备相应的职业知识与技能，根据“先培训，后就业”的原则，培训教育是一种职业证书教育或资格认可证教育。由于市场经济的发展，社会上各种职业竞争的激烈，使各种职业都需具备相应的专业和业务，成为社会发展的一个必然要求。因而，社会上培训市场也十分火热，各式各样的培训真是“五花八门”。培训市场的发展给高等教育带来了一定的冲击，对大学的招生、分配及成人教育产生影响。所以，整顿和规范培训教育，使培训教育发挥其功能，促进职业教育的发展，促进从业人员专业、业务水平的提高，大学参与、开展、指导培训教育势在必行。

一、大学开展培训教育的理由

从国内外职业教育的历史和发展来看，职业培训、职业训练等教育活动，各国都十分重视，在发展中逐渐形成的培训教育以从业人员为主，以从业人员获得相应职业证书为目的的多种形式的职业培训教育。尤其是随着科学技术的发展，知识经济的到来，对从业人员的职业知识与技能的要求越来越高。这样，无论对从业人员、对大学、对社会来说，职业的逐渐专业化和业务强度不断提高，使三者的关系日益密切，在结合上日益广泛，大学的作用也日渐突出。

首先，对大学来说，大学服务社会是大学办学的天职，大学利用自己的人才优势、专业优势为社会服务，是大学办学的一个重要的教育理念。大学的办学理念促使大学在社会服务上应该拓展自己的服务空间和领域，寻找多种途径和道路来为社会服务，因此，世界各国都有大学开放的主张，主张大学要扩大教育对象，扩充教育领域，广泛参与社会进步事业等。

在大学服务社会的多种途径中，大学为社会提供教育服务，被认为是最正当的服务。所以，各国的成人教育、继续教育、职业教育等教育事业，基本上都是在大学的参与下发展起来的。同样,培训教育也不例外,随着职业对人要求的日益增高,随着职业专业化水平的增强,各种职业培训也离不开大学的参与。从各种培训的实际活动来看,由社会各界组织的培训,基本上也都有大学的参与,如聘请大学教师授课,利用大学的物质设备,诸如教室、教材等。只不过是这种培训活动不是大学自身的行为,大学还没有自觉地参与到这种广泛的培训教育活动中去,所以,理论与实践上都表明,大学参与开展社会各种培训教育是必要和可行的。

其次,对从业人员来说,大学参与开展培训教育对他们也是有利的。在业务与专业上,大学可以给予从业人员以正规化的教育,可以系统地提高其知识与技能水平。大学在相应的专业领域毕竟能站在该领域的前沿,所以,培训教师或教学设备、手段、教材等都可以给予从业人员更高质量的服务,以满足其受教育的需要,满足其职业的需要,同时其职业证书或资格证书,也有一定的教育分量。

再次,对社区来说,社区是从业人员的居住地,是从业人员生活与工作的场所。在社区,依靠社区,为了社区,已经成为当代社会教育发展的一个趋势,而培训教育离不开一定的场所和场地,也离不开一定的条件和设施。培训教育的扩大与影响,离不开社区的支持,所以,社会教育应该包括培训教育,而培训教育应该通过社会教育来规范和整顿,而所有这一切教育事业,都需要发挥大学的作用。大学在参与开展成人教育或职业教育上,不要再搞"守株待兔"式的教育,应该走出校园、走出教室、走向社会,面向从业人员施教,这既可扩大大学成人教育的对象领域,也可以使大学树立自身的形象与扩大影响。

总之,大学参与开展各种培训教育是必要的,也是可行的,对于大学的发展,对于从业人员的提高,对于社会教育事业的规范化,都有着积极的作用。这对于建设学习型社会,实现终身教育的理想是有促进作用的。

二、大学开展培训教育的内涵

培训教育目前发展的越来越细,诸如岗位培训、离岗培训、在职培训等。

从事培训的专业与业务也越办越多，诸如外语培训、出国培训、计算机培训、各种劳动技能培训等。开展培训教育的部门也越来越多，有教育部门、工商部门、管理部门等。各种证书也是“五花八门”，多种多样。培训市场的混乱，使得培训教育出现了一连串的问题，如证出多门，难分真假，难辨质量高低，各种证书进入就业领域，使就业市场也难以规范和整理。

为了提高培训教育的质量，提高广大从业人员的专业、业务水平，大学必须参与开展培训教育。大学参与开展培训教育主要是利用自身教育资源与专业优势，参与培训教育的竞争，规范培训市场，指导培训业务，提高培训质量，使培训教育制度化。其内容主要包括：

第一，为各种专业培训、职业培训、岗位培训等设计教育目标，提出质量标准。

第二，为各种培训提供教育、教学计划，确立教育、教学大纲和各种业务培训的具体目标。

第三，为各专业培训教育提供高质量的教材与课程设计，并提出各种培训的教育、教学原则。

第四，设计适合从业人员实际状况的教育、教学组织形式和教学方法。

第五，提出各种培训的教育、教学质量评估体系与评价标准，以使培训走向规范。

第六，统一各种培训证书的管理和发放，使大学相应专业与社会各种培训联系起来，增加大学对培训教育的参与度。

总之，培训教育的广泛性，使得大学应该探索参与培训教育的途径与方式，一方面和社会各界广泛合作，取得社会各界的支持；另一方面大学应该利用自身的资源与优势抢占和占领培训市场，这一是为了自身的需要，同时也是对社会负责，否则培训教育领域出现的师资不合格、培训质量不高、管理不善、设施不完全以及乱收费等现象，会扰乱社会教育的发展秩序，干扰成人教育以及继续教育的发展，降低全民教育的水平，由大学来规范和整理培训教育是当今教育发展中一个不容忽视的课题。

三、大学开展培训教育的途径

培训教育有多种类型,根据终身教育的需要,社会任何单位和机构都可以参与培训教育,都可以开展各种类型的培训教育。大学开展培训教育主要是利用自身的教育资源和专业优势,采取多种社会教育形式来实施。

(一)举办各种培训学校

面对需求广阔的培训就业市场,大学应该自觉地投入到这个重要的教育领域中来,参与竞争,参与管理,提供服务。利用大学专业与人才优势,充分参与和占领各种培训领域。附设各种培训学院、培训学校是大学利用自身优势的一个强有力的做法,其途径主要有:

1. 大学附设培训学院或培训学校,职业学院或职业学校,抢占培训教育的制高点,为社会各界提供高质量的培训服务,树立形象,扩大影响。

2. 大学应该面向社会办学,适应市场和职业流动的需要,为社会各个方面设立长期或短期的培训教育服务,设置各种培训学校,如外语培训学校、计算机培训学校、各种专业的培训学校等。

3. 大学和社会各界合作办学,也体现在培训教育上。主动了解社会各部门的需求,和企业、事业、机关、商贸、公司等合作培训业务,建立相应的培训学校,长期服务。

4. 大学可以面向社会民众需要,设立各种市民学校、民工学校等。为常住人口、流动人口和各种打工人员提供广泛的专业培训教育服务。

(二)举办各种培训班

如果说培训学院或培训学校提供的是长期、稳定的教育服务,那么各种培训班则是根据社会需要,提供短期、快速、高效的培训服务。这是市场竞争的需要,也是职业流动、变换的需要,随着社会的发展,社会各类人员下岗、转岗的增加,培训教育很有市场前景。

1. 大学要了解社会需要,了解就业市场的变化,了解从业人员的需要,及时、快速地举办各种培训班,为社会人员服务。

2. 要了解自己专业的优势与特点,发挥自身的优势在培训教育领域抢占市场、树立形象、扩大影响,创办名牌、名校、名人的培训效应。

3. 利用大学的物质资源设施,如校舍、教室、教材等,为培训提供强有力的支持。

4. 充分发挥和调动学校师生参与培训教育的积极性,使培训教育和家教以及大学教师的兼职相结合,鼓励师生利用自身的专业为培训教育服务。

(三)发展合作培训

大学成为社会进步的动力之源,就应该为社会提供知识、智力与人才的支持,就应该广泛和社会各界合作办学。而发展合作培训是大学与社会合作办学的一个良好的途径。从社会发展变化来看,职业对人的业务与专业要求的增强,社会职业的流动,以及人员的不断变换,使大学参与各种培训成为必要和可能,其主要途径有:

1. 在职培训。主要对在岗从业人员进行的职业培训,可以是跨职业或行业的,目的是提高在职人员的专业与业务水平,可以和社会各界联系,根据大学自身的实际状况来进行,诸如外语培训、计算机培训、劳动技能培训等。

2. 部门培训、行业培训。主要是和社会某一部门、职业或行业进行合作,从事对从业人员的再提高教育,强调的是与部门和行业的合作。

总之,大学参与开展各种培训教育,其方式与途径是多方面的。大学的自主办学为从事各种培训教育开了方便之门,大学的有利条件,使大学参与开展培训教育是可行的,也是社会其他部门所不能比拟的。大学参与开展培训教育,对于社会各界都有益处,尤其在知识经济社会,随着专业化的增强,各行各业的人员,都需要提高和深造,而进入大学脱产学习的人毕竟是少数,所以,从实际出发,为了实现终身教育的理想,建设学习型社会,发展适合国情与民情的培训教育事业是大学不可推卸的责任。

第四节 大学开展家庭教育

从社会学角度来看，家庭是社会组织的基本单元，社会是由许多相互关联的家庭所组成。一个家庭是否健全，会直接影响到社会的稳定与秩序。一个不健全、不和谐的家庭很容易滋生出许多问题，从而影响社会的稳定，所以，从社会学意义上看，健全、和谐的家庭需要家庭教育的维系。从教育学意义上看，家庭是儿童的第一所学校，父母是儿童的第一任教师。家庭教育无论对儿童，还是对家长都具有重要的意义，所以，从社会教育的角度来看，家庭教育不仅仅指家庭对儿童的教育，还包括社会对家庭的教育以及对家长的教育。但是家庭教育由谁来推动，家庭教育由谁负责指导和管理，长期以来人们并未形成一致的认识。各个国家都根据自身的传统来推进家庭教育的实施，而在各种指导家庭教育的计划中，由大学参与开展指导家庭教育是一个可行而且有效的做法，对此，我们不妨做一些试验研究。

一、国外大学开展家庭教育的经验

许多国家把家庭教育作为一项重要的教育事业放到社会教育中实施，通过学校实现对家庭教育的指导和帮助，我们仅举几例来看一看国外的做法。

美国的全美家长教师会。受杜威实用主义教育的影响，美国的各级各类学校教育都普遍重视与社会各个方面的联系与合作，各种形式的联结校区的组织十分普遍。在众多的校区结合组织中，最富有代表性的是 1897 年成立的全美家长教师会，这是一个推动家长与学校、家长与教师密切配合的组织，在这个组织的推动影响下，各类学校积极参与家长的教育活动，家庭与家长也积极参与学校的教育活动，在双向参与教育活动中，实现着学校对家庭与家长教育的指导，也实现着家庭与家长对学校教育的参与。在这样的教育实践过程中，大学对家庭教育有重要的指导功能，大学深入社会开展各种各样的家庭教育实践活动,如组织讲演、开办讲座、组织研讨、举办各种咨询和展览等,同时,在社区学院开办有关家政的课程。

英国在修改教育法案中,1980 年《教育法修正案》和 1988 年《教育改革法》都加入了有关"学校—家庭—社会"之间联系的条款,规定学校教育与家庭教育的双向参与。在学校外则普遍成立诸如"教师家长联谊会"、"家长联谊会"等团体,学校则为家长举办"家庭教育中心",开展"开放日"、"家长接待日"等活动,通过学校与家庭或家长的广泛联系,实现学校与家庭的双向参与与合作。

日本也提倡大学对社会开放。为了加强家庭教育与社区、社会教育的联系,日本文部省在 1971 年颁布的《关于开设和管理家庭教育学级》中强调:"虽然家庭教育是父母或相当于父母的人对孩子的教育,但是在家庭教育中,父母的学习十分重要。基于这种认识,在社会教育行政中,要把对父母的教育当做成人教育的一环,国家和地方公共团体要为促进以父母等人为对象的家庭教育的学习,进行条件方面的整备。"①为此,日本在学校与家庭之间也有各种民间教育团体来组织学校与家庭教育之间的合作,如家长教师联合会等。大学在开展指导家庭教育方面,形式也是多种多样的,如举办家庭教育学级、举办各种家庭教育讲座、为未来父母们开设讲座、面向劳动父母的讲座,同时,还有家庭教育咨询事业、家庭教育综合研讨事业以及在大学设置家政系,制作和发行家庭教育材料等。

可见,国外在发展各类教育事业的过程中,也十分重视对家庭教育的规划、指导和管理,但是,家庭教育的特殊性使得政府很难控制和组织实施,因此,都试图通过非政府组织来组织、指导和管理,大学就是组织、指导和开展家庭教育的重要机构。

二、大学开展家庭教育的工作与途径

根据国内外大学参与开展家庭教育事业的经验,我们应当总结和探索

---

① 梁忠义:《日本社会教育》,山西教育出版社 1994 年版,第 341 页。

新时期我国大学与家庭教育相结合的新方法和新途径，这种途径就是大学开展家庭教育，其含义指大学利用自身的教育资源，举办各种家庭教育活动，参与、协助、指导和管理家庭教育，归纳起来，大学应该做如下几方面的工作：

（一）开设家政专业

国外大学有家政专业、社会教育和社区教育等专业，专门研究家庭教育学术，培养从事家庭教育的人才，以便推广家庭教育事业。我们应该吸取这一方面的经验，在大学中设置相关专业，研讨家庭教育理论，培养专门人员，为推进家庭教育提供理论与学术的支持。

（二）设立家长学校

大学参与社会教育是多方面的，和社区合作举办家长学校是一个有效的做法，大学负责家庭业务上的指导，社区负责学校与家长的沟通，家长也可参与学校的办学等活动，使家长学校成为新时期学校与家庭双向参与的场所，或者大学可以附设家长学校，定期和学生家长沟通与交流。

（三）开展从事家庭教育人员的培训

大学应该是生产知识和传播知识的发源地，在各种新知识的传播上，应该开风气之先，及时有效地把各种知识传播到社会的各个方面。在家庭教育上，大学不应该视家庭教育是分外之事，为社会服务，为社区服务，为家庭服务，是当今大学的办学使命。所以，大学在参与社会培训教育的过程中，对家长的教育培训，对家庭教育的指导，也是其培训教育的一个重要方面，可以采取讲座、座谈、咨询、展览等多种形式，使大学在培训家长教育方面作出贡献。

（四）和电视台、广播电台、报刊、杂志等媒体合作，开办家庭教育节目或栏目

现代社会教育是全员、全程、全方位的教育，大学应该利用各种社会教育形式与手段，参与社会教育事业。其中利用各种媒体为家庭教育服务，就是一项重要的内容。国外各发达国家均有此做法，如日本的家庭教育咨询

事业、家庭教育交流事业等，就是利用各种媒体参与，对家庭教育的一种指导性服务。大学和媒体合作的形式有多种，诸如开辟家庭教育专栏、聘请学者专家讲座、开展征文活动、提供各种家庭教育信息等。

(五)成立家长教师联谊会

双向参与、双向合作是国外大学与家庭、社会联系的一个重要方式。家庭与社会关心学校的办学，学校的教育事业需要家庭与社会的帮助与评价，所以，各国都有学校—家长—社会相结合的组织，负责三方的联系。在各种联系方式中家长教师联谊会是一个成功的做法，可以采取各种形式的联谊组织或活动，增加家长与学校，家长与教师的联系，增加家长与学校的双向参与，这对于学校办学以及指导家庭教育都有促进作用。

(六)成立家庭教育研究会，开展家庭教育研究、推广与咨询活动

各大学根据自身的实际都可以成立各种各样的家庭教育研究组织，不应该视家庭教育研究为教育研究的弱项，应该把它作为一项重要的教育事业来抓。针对家庭教育的特殊状况，开展各种研究，并把研究的成果推广。此外，大学应当开展各种家庭教育咨询服务，结合大学生家教把家庭教育知识、信息传送到千家万户。

(七)协助社会设立家庭教育服务中心，推广家庭教育服务

现代社会建设的功能是非常全面的，而社会教育是社会建设的一项重要事业，在社会教育事业中，对社会家庭教育的参与与指导，是世界各国都很重视的一个课题。大学参与开展社会家庭教育，并非把大量的时间与精力用在社会家庭教育上，而是利用其教育的优势，帮助组织、指导和建立各种机构，如协助社会建立家庭教育服务中心，一方面为社会提供各式各样的家教服务，另一方面通过家教服务指导家庭教育，向科学化、知识化、现代化方向发展。

(八)组织各种家庭教育活动，如征文、竞赛、展览等

大学参与社会教育事业，其中一个重要的事项就是参与开展社会各种文化教育活动，以引导民风民俗的改良。在各种活动中，可以开展各种家庭

教育的活动，以指导和调动家庭教育的积极性，丰富其活动的内容和领域，使家庭教育能够教育人、吸引人，如家庭教育竞赛活动、家庭教育征文活动、好家庭活动、好孩子活动、好父母活动等，同时可以利用节假日把家庭活动引入校园，利用校园的设施为家庭教育服务。

第七章 大学社会文化工作

传承社会文化是大学的重要任务之一，大学在社会文化建设上应该是引领者和推动者。大学的社会服务不应该仅限于学校教育工作的推广，还应该注重广义的教育，即社会文化事业的建设与推广。大学开展社会教育事业，其含义和领域是非常广阔的，除了上述教育领域的成人教育、补习教育、培训教育及家庭教育等教育事业以外，还包括协助开展社会各种文化工作，拓展社会教育机构与设施的职能，帮助开发和利用各种社会教育资源，一方面为自身教育的发展提供资源支持，另一方面可以通过开发利用社会教育资源，为社会的文化进步服务，成为社会文化事业发展的助推者。

社会文化教育机构与设施，主要是指社会文化机构开展社会教育的必要物质基础，包括据点、场所、场地等，它是从事社会教育的保障，也是社会教育事业发展的标志。在社会文化教育机构与设施上，世界各国发展的情况是不同的。从社会文化教育发展史来看，欧美各国的社会文化教育机构与设施，是作为各种文化事业、福利事业、慈善事业、公益事业等来发展的，如图书馆、博物馆、公园、展览馆、电影院、艺术馆、科学馆，等等。而在日本，近代以来出现的所有这些社会公益事业、文化事业等，都是作为社会教育事业发展的。即使在今天，日本《社会教育法》中，有关图书馆、博物馆、公民馆等事业，都被看成是社会教育的机构与设施。

我国近代以来各种文化事业，如图书馆、博物馆、展览馆等；各种公益事业，如电影院、公园、体育场等；各种福利事业，如孤儿院、教养院、感化院等，自出现起就是作为社会教育机构与设施而发展的。社会教育的机构与设施近代以来一直是教育事业的一个重要组成部分。新中国成立后，由于设立社会教育司，这些机构与设施仍然是社会教育的事业。但是，后来取消了社会教育司，社会教育于教育行政上没有了地位，尤其“文化大革命”期间，所有这些文化事业、公益事业、福利事业等都受到了前所未有的破坏，发展逐渐停顿，许多方面出现了空白。改革开放以后，原来属于社会教育行政管理的社会教育机构与设施，被分化为各种文化事业、宣传事业等，归文化部门或宣传部门来管理。这样社会教育的事业，其机构、设施等就随着社会教育行政的消失，而改换了主管和职能。

从现实来看，改革开放以后我国社会文化事业、公益事业、福利事业等有了很大的发展，各种事业已经形成了自身发展的体系。但是，由于取消了社会教育行政，许多事业的发展逐渐淡化了社会教育的职能，尤其市场经济发展以来，许多本属于社会教育的机构与设施，也渐渐市场化了，如公园、电影院、剧院、视听机构、体育场馆等。甚至许多机构与设施，已经忘记了自身的社会教育职能，受经济利益所驱动，把创收看成是唯一的工作事项，如有些文化馆、青少年宫等。而有些本来对民众有积极影响的机构与设施，由于没有经济发展的成分，逐渐失去了原有的社会教育功能，作用越来越低，如文化馆、科学馆、艺术馆、儿童宫、青少年之家等。因此，重视发展这些社会教育事业对国、对民、对社会、对社区来说，已经是刻不容缓的事。在社会风气下降，民德需要提高，各种犯罪现象增加，各种事故不断的情况下，大力发展社会教育事业，规范、整理与创新社会教育事业是目前我国教育发展中一个十分重要的课题。

但是，这些社会教育机构与设施依靠谁来推动，很显然社会文化事业、公益事业、福利事业等只靠国家来推动是不够的，只靠各个主管机关、职能部门来推动也难以形成全社会的力量。既要发展各种文化事业、公益事业，同时又要使其增大社会教育的职能，从历史来看，依靠大学来参与开展不失是一个很好的做法，也是一个可行的做法。由大学来参与开展各种社会文化事业，原因于前面我们已经有所论述，这里简要概括几点：

其一，大学有服务社会的职能，通过发展社会文化事业服务社会是大学办学的使命，大学从事的社会教育是一个广义的教育活动，而文化事业具有教育的社会效能，所以大学助推社会文化工作具有重要的教育意义。

其二，大学办学要积极开发社会文化资源，一方面利用社会文化资源为自身办学服务，另一方面运用社会文化资源为社会进步事业服务。大学传承文化，创新文化，引领文化是大学文化工作的重要职能，对于大学以及社会都具有积极的意义。

其三，大学具备推动社会文化发展的教育条件。大学是文化的高地，大学师生是文化群体、知识群体，在社会文化进步事业上，大学应该开风气之先，利用大学的文化资源，为社会文化机构与设施的建设，为社会文化活动的开展，提供知识与智力的支持。

由大学来开发各种社会文化资源，是一个利国、利民、利校的重要举措。国家和政府只要增加奖励措施，在发展上合理增加投入，纳入社会发展计划，利用大学的教育优势，可以使社会文化机构与设施，随同社会的发展逐渐地发展起来。

第一节　大学与图书馆

从我国图书馆发展史来看，近代图书馆的出现一直作为社会教育事业发展的，在行政管理上归社会教育司执掌，在业务上归社会教育司指导。图书馆以社会教育事业而定位，在我国近代是一个十分重要的教育现象。由于图书馆是社会教育事业，所以，其职能和业务就受教育规律所制约，而突出其教育的功能。图书馆在近代的发展对科学文化知识的普及与传播，对“开民智”，改良社会，提高国民素质起到了积极的作用。

现代社会，图书馆是作为文化事业开始由文化部门来主管，虽然在功能上仍然有社会教育的职能，但其教育实现的程度是有限的，其功能也有所下降。如近代图书馆由社会教育行政主管时，图书馆有“市民大学”的称号，图书馆要成为“社会教育活的中心”，各种图书流通事业、教育事业都由图书馆来开展。其图书馆的办馆形式也是多样的，如附设分馆、劝导人读书、设巡回图书、举办讲座等，各种图书形式深入到民众之中，所以，有所谓的通俗图书馆、流通图书馆、民众图书馆等。而现代图书馆由于失去了社会教育行政的指导，在发展教育事业上则受到了限制，图书馆的数量和形式是十分有限的，图书馆的业务与功能也仅仅围绕着图书在转。所以，如何发展图书馆事业，如何使图书馆事业面向社会大众，深入社会民众的生活，发挥图书馆在传播知识、教育民众、培养人才等方面的作用，是当今教育界不容忽视的一个重要问题。

一、图书馆的内涵与形式

图书馆是由文化部门主管、主办，以收集、整理、保存图书以及各种区域内历史资料和社会发展所需的资料，供社会全体民众使用，以促进其素质和生活质量全面提高的社会教育机构。图书馆有国立、省立、市立图书馆等不同层次，它有如下几个特点：

首先，图书馆由文化部门主管和主办或教育部门指导，建立在民众较多、社会民众居住较为密集的地方。

其次，图书馆在性质上应明确是一种社会教育机构，是社会建设与为民服务的公益事业和福利机构，不应以收入和经济指标作为其运行的杠杆，收费应当是成本和手续费。

再次，在服务对象上，图书馆面向社会所有民众，不分年龄、性别和民族，其教育的重点是社会内受教育程度较低、文化水平较差、没有大量时间求学的人。

总之，图书馆是依靠社会、为了社会、服务社会的一种教育事业，应该列入社会建设与发展规划之中，成为社会公共、公益事业的一部分。从目前来看，其推动力由于受人力、物力、财力所限，应当采用多样的发展模式来开展，即政府主管，选择成熟和较为发达的社区，筹集各种资金，由社会牵头，利用大学的人力和知识，建设一批典型的图书馆，以积累经验，便于推广。由于各地经济发展和文化需求不平衡，所以，图书馆的形式，应该是多种多样的。

从国内外做法及历史经验来看，图书馆的形式，要根据社会经济、文化、受教群体的特点来设立。根据目前社会发展的状况，图书馆可以采取如下几种形式：

第一，图书馆。在经济和文化发达的社会，可以设立较为大型的图书馆。搜集、整理历史资料和各种图书、报刊，并为社会民众提供各种图书、报刊服务。

第二，图书室、阅览室。在经济和文化发展相对较为落后的社会，可以开设小型的图书室或阅览室，为社会民众提供图书和报刊服务。

第三，书店、书摊、书报亭。应当认识到，凡是以经营书刊为业务的地方，应该成为社会教育的机构与场所，受社会教育制度与法律的制约。所以，社会内各种经营图书、报刊的书店、书摊、书报亭等，都应该在经营图书和报刊的过程中，为社会民众提供租书、借书等服务，而书的种类和数量绝不应该仅仅以消遣为目的，应该提供更为广泛的服务。

第四，巡回文库。各大图书馆应该在社会设立巡回文库或流动图书站，定期了解社会民众的需要，定期为社会民众提供所需要的图书。

在这些形式的图书馆设置中，大学应该发挥其积极的作用，可以通过各种方式为所在社会民众提供图书、报刊，尤其是各大学所用过的旧书、旧教材、剩余报刊等，应该通过各种方式提供给社会，为社会基层民众服务。

二、图书馆的业务与职能

图书馆应该是一种民众图书馆、通俗图书馆、活动图书馆，应该办成“市民大学”和“社会教育活的教育中心”。因为其服务的对象是社会所有民众，所以，其业务与职能应该以群众的需要为出发点，依靠群众、为了群众、满足群众，贴近民众的生产与生活，真正为提高民众的素质和生活质量而服务。

同时也应看到，由于社会的发展，人们余暇的时间越来越多，诸如各种节假日等，因此，社会民众对学习及受教育的要求也变得更加多样化，所以，图书馆的业务与职能应该随着社会的发展不断地调整其内容。归纳起来，图书馆的业务与职能，应该注意如下几方面：

第一，收集、保存民众所需的各式各样的图书资料，尤其注意收集乡土资料和具有地方特色的文献史料。

第二，为社会民众提供其所需的生产生活图书资料。根据本社会的实际，了解社会民众的学习需求，在搜集和整理的基础上，形成本社会图书供需特色。

第三，为社会民众提供各种学习与知识咨询。图书馆应该成为当地的信息中心，指导社会民众利用图书和学会学习。

第四，图书馆应该和各级图书馆保持联系，互相协作借阅图书资料。可以附设分馆或图书流动站等。

第五，图书馆应该办活，成为社会"活的教育中心"。可以主办各种读书、用书活动，如读书会、研究会、座谈会、鉴赏会、展览会、讲演会等，通过比赛、奖赏等方式，拉动民众的学习要求。

三、大学与图书馆教育

各种形式的图书馆在建设、运行、服务等过程中，需要相应的文化、专业知识，而在各种图书事业人才比较缺乏的情况下，由大学参与开展图书馆，是一个捷径。大学参与建设图书馆，可以通过如下几方面来进行：

（一）提供图书、资料

每一所大学都有各种专业，每一个专业每年都有大量的图书资料用完或翻新，如教师的教材，图书馆、资料室剩余或陈旧的图书报刊，尤其每年大学毕业生用过的教材、参考书及各种书籍。这些图书、资料，对大学及师生来说有的已经过时，有的已经不用，但对社会来说，则是一笔财富。所以，与其使这些图书资料每年卖掉，还不如让其发挥作用，提供给图书馆，用于社会的图书建设。

（二）进行业务指导

图书馆图书资料的收集、整理、保存和分类，都需要一定的图书管理业务。大学应该在这一方面给予图书馆指导，帮助其对馆内的图书资料进行相应的归类，并协助其收集图书，收集民间乡土资料，这对图书馆建设和大学的专业开发及课程改革都有益处。

（三）参与各种活动

图书馆要办活，就要举办各种图书活动。大学可以利用余闲时间参与社会的各种活动，如读书会、座谈会、演讲会、鉴赏会、报告会、展览会等。大学可以利用这个机会和社会各界沟通，社会也可利用这个机会为大学服务。总之，社会各种图书活动，有大学的参与，更有力量。

（四）培训图书事业人才

大学相关专业，如图书馆专业等，应该利用其专业优势为社会各种培训教育服务。在图书馆建设上，也应当为社会图书事业培训人才。可以说，社会内的各种事业都需要有人去推动，而人的素质和专业技能，对于事业发展的好坏，起着重要的作用。所以，大学在专业与人才等方面为图书馆服务，是一个良好的途径。

总之，图书馆事业是衡量一个国家和社会文化、文明发展程度的一个重要标准。各个发达国家都有一套从中央到地方的公共图书馆事业体系，尤其图书馆事业已经深入到偏远的乡村，成为各地教育民众、传播知识信息、改良社会风气的社会教育中心。图书馆事业的发展，为社会基层民众提供了一个接受各种科学文化知识的场所和场地，对于提高民众的素质，改善其生活的质量以及教育机会的均等，都有着十分重要的作用。

第二节　大学与博物馆

我国近代博物馆的出现,最初也是作为社会教育事业产生与发展的,自民国教育部设社会教育司以来,博物馆就始终是其执掌的社会教育事业的一种。近代博物馆以教育事业而定位,对于“民智”的开启,知识的普及以及社区风气的改良起到了积极的促进作用。但是,由于受战争的影响,我国近代的博物馆事业并未很好地发展起来,在数量、形式等方面都没有发展到一定的程度,其社会教育功能也是有限的。

现代博物馆是作为文化事业而发展的,其各种事业归文化部门来管理。虽然博物馆仍然具有社会教育的功能,但在教育的程度与形式等方面,已经远远不能适应时代的要求,而相比世界各国,博物馆事业发展已经有几百年的历史,在形式、种类等方面,已日益呈现出一种博物馆体系,向多元化、多方面方向发展。在许多国家和地区博物馆仍然作为教育事业在发展,受教育部门的指导和管理,因而,博物馆教育事业,也越来越发达。

一、博物馆的特点

博物馆在国外已经有很长的发展历史。美国学者布朗·古德博士曾于1895年为近代兴起的博物馆下了一个定义,他说:“博物馆是保存最能充分说明自然现象及人类生活的物品,并充分利用这些来增进人们的知识和进行教育启蒙的机关”。联合国教科文组织的国际博物馆理事会,在1974年的理事会上对博物馆的定义是:“博物馆是指为社会及其发展服务以及向民众公开的非营利的常设机关。是以研究、教育及娱乐为目的,收集、保管、研究、传达、展览与人类及其环境有关的实物的地方”。① 日本《博物馆法》中对博物馆的定义是“博物馆是收集、保管(含培育,下同)、展出有关历史、

① 转引自梁忠义:《日本社会教育》,山西教育出版社1994年版,第183页。

艺术、民俗、产业、自然科学等方面的资料，在教育的考虑下提供给一般公众利用，为促进其教养、调查研究和文化娱乐开展必要的事业，并以进行有关这些方面资料的调查研究为目的的机关”。①

从上述有关博物馆的定义中可以看出，博物馆作为一个教育机关，有教育的职能是其共同的特点。而根据其定义来看，博物馆的种类和形式也是多种多样的，如根据资料内容分，有综合博物馆、专门博物馆等；根据利用者分，有公众博物馆、儿童博物馆、学校博物馆等；根据管理者分，有国立博物馆、公立博物馆、私立博物馆等。在这些众多的博物馆中，社区博物馆是博物馆中的一种新的形式，它与其他博物馆既有相同之处，也有不同之处，其特点是：

第一，博物馆设立在社区，依靠社区，为了社区。根据社区的地理、习俗等实际状况，设立各具特色的博物馆，如本社区历史古迹或人物较多，可以设立历史博物馆；本社区自然景观较为丰富，可以创办自然博物馆等。此外，根据社区所在地的情况，如沿海、内陆、草原等可以创设各种类型的博物馆。

第二，服务对象是社区民众。利用者也是以社区民众为主，社区民众是博物馆的建设者、参与者和受益者。

第三，博物馆的类型与设置应该是以小型和特色为主。不要盲目追求大而全，要体现特色与风格。特色是本地、本馆的特色，风格是本馆区别于其他馆的标志。各种别具特色的博物馆的出现是社区文化教育发展的一个重要标志。

二、博物馆的教育事业

博物馆是社会教育事业之一种，它最大的教育特色，在于通过博物馆的资料，即“物”的形式来实现教育目的，即它是直观的、潜移默化的。参观者无论是文化教育程度高，还是文化教育程度低，都可以从中受益。作为一个

---

① 梁忠义:《日本社会教育》，山西教育出版社 1994 年版，第 183 页。

社区教育机关,博物馆应当推行和举办如下教育事业。

第一,大量收集、保管和展出实物、标本、模型、文献、图标、照片、电影、录音等博物馆资料。

第二,在公众利用博物馆方面给予必要的指导、说明和建议等。编辑和发放有关博物馆资料的指南书、解说书、图标、目录等。

第三,主办有关博物馆资料的各种教育活动,如讲演会、座谈会、报告会、电影放映会、研究会等。

第四,与其他形式的博物馆密切合作,交换资料和信息,相互出借博物馆各种资料。

第五,与各级各类学校合作,联合开展丰富多彩的教育活动。与图书馆、研究所、文化馆、体育馆、美术馆等合作,相互联系,共同开展活动。

总之,博物馆是一种非正规的教育形式,对学校来说可以辅助学校进行校外教育,对社区民众来说,是社区民众经常受益的一种教育方式。所以,博物馆的建设,也是一个国家和地区文化教育发展程度的标志。这几年国外不断出现的主题博物馆、野外博物馆等,就是博物馆事业逐渐发展的标志。

三、大学与博物馆教育

大学利用开发社区教育资源,是大学教育的重要使命。大学不能“关门办学”,应该面向社区发展广泛的社区教育事业,所以,开发建设博物馆,大学应该义不容辞,力所能及地为博物馆的建设作出贡献。

(一)培训人才

博物馆建设、管理与运行也是一个业务性很强的事业,需要有专门人员来推动。其事业发展的程度与效果,与专业人员的素养有很大的关系。大学应当为博物馆建设培养和培训专业人员,通过大学的相关专业,通过各种途径的培养训练,采取各种方式,为博物馆建设输送人才。

(二)指导业务

大学利用自身的教育优势,开发校本课程,为博物馆事业进行业务指导。每一所大学应当建立多个社区建设开发点，通过自己的专业为博物馆事业提供知识与智力的服务，这一方面可以利用社区教育资源为自身教育服务，另一方面也帮助社区建设发展教育事业。

（三）参加活动

博物馆教育也是教育事业的一种，对学校来说是校外教育的补充，对社区来说是一种丰富多彩的教育形式。它通过多姿多彩的教育活动，为社区民众提供学习与受教育的场地，丰富民众的业余生活。大学在博物馆教育活动中，应该作为参加者和指导者，通过博物馆教育把大学的教育引向社区各个层面，如可以参加博物馆举办的讲演活动、展览活动、讲习活动、研究活动等。

总之，随着经济的发展，文化建设的高潮也会到来。各种各样的博物馆，深入到社区的各个角落，对于教育民众、普及文化科学知识、引导民风和民俗的改良具有积极的促进作用。

第三节　大学与文化馆

如果说图书馆是以“书”为媒介的教育机构，博物馆是以“物”为媒介的教育设施，那么，文化馆就是以“人”为教育活动的中心机构。换句话说，图书馆是通过“书”来从事教育活动的，博物馆是通过“物”来从事教育活动的，文化馆则通过“人”来从事教育活动，或者说文化馆的教育活动与事业要通过“人”来进行。

在历史上，文化馆有不同种表现形式，但其实质上都是通过组织“人”的活动来进行的，在不同历史时期都产生了巨大的影响，如近代的通俗教育研究会、通俗教育馆、民众教育馆等社区教育机构与设施的出现，对于文化知识的传播，教育的普及以及社区的改良等都产生了积极的影响。中国共产党在苏区开展社区教育活动时，组织的“工农俱乐部”，是当时十分重要的社区教育机构，对于组织工农群众，宣传马列思想，开展社会革命，也起到了十分重要的作用。新中国成立后，近代的民众教育馆、俱乐部等形式的社会教育机构，在名称上分化成多种形式，经历着不同的演化进程，如群众艺术馆、文化馆、文化宫等。但是，无论名称怎样演变，其本质是不变的，那就是在什么地点，通过什么样的方式，来组织民众、教育民众，以引导民众形成新的良风美俗。所以，新的形势下，随着经济的发展、社区的进步，人们日益增长的文化、教育、艺术的需求也越来越高，为了满足群众的需求，文化馆的建设与发展势在必行。

一、文化馆的特点与形式

从性质上看，文化馆是省、市、县、乡各级政府文化部门设立的进行社区教育的文化事业机构，文化馆无论从历史还是从现实来看，它应以教育事业而定位。它是一个地区社会教育的中心机构，其社会教育的功能和事业应该是全方面、全方位的。而文化馆应当定位于区、街道、县、乡、镇一级的社区教育机构，在城市应以街道、社区为单位来设立，在乡村应该设立于县、乡、镇一级。文化馆应当有如下几个特点：

第一，文化馆的教育目的是为了推进全民教育和终身教育的实施，是为了满足和拉动社区民众对文化及教育的需求。

第二，文化馆以社区民众的活动为中心来展开，有目的、有计划、有组织地开展各种各样的文化教育活动是文化馆的基本任务。

第三，文化馆的教育事业是一种带有福利和公益性的教育事业，不应该以营利为目的，这是文化馆教育的特点与优势之所在，是“得民心”的重要教育手段。

第四，文化馆是社区民众休息、娱乐、学习的场所，不要办成“官府”和学校，它是一个综合的文化教育机构。

总之，文化馆应当建设成为一个地区民众的学习场所，建设成为一个地区民众交流、谈论、了解和增进友谊的场所，应当成为联系社区成员，建立相互协作，共同维护社区利益，并增进社区民众归属感和亲和意识的场所。

由于我国幅员辽阔，各地经济文化发展不平衡，所以，文化馆的建设也要因地制宜，其名称和设置可以随地方的实际特点而定。从目前发展来看，文化馆的形式应当进行规范和创新。

所谓规范文化馆的形式，主要指对历史上遗留的各种文化馆形式进行新的整理。明确各种文化馆的教育形式与内容，明确其社区教育的功能与任务。如近代的通俗教育馆、民众教育馆等；新中国成立后的人民教育馆、群众艺术馆、文化宫、俱乐部、青少年宫等，对这些形式的社区教育机构进行新的建设。

所谓创新文化馆的形式，主要是指根据新的社区发展的需要，根据建设学习化社区和终身教育的需求，根据国外发展社区教育的经验，创造一批新的社区文化教育机构与设施，来满足和拉动民众对文化与教育的需求，如日本综合的社区教育中心公民馆，我国台湾省创设的社区教育馆等。近些年来各地开展的文化广场活动，创设的文化教育中心等已经为创造新的社区文化教育形式打下了基础。

二、文化馆的教育事业

文化馆在机构设置上，应该因地因事而设，主要依据于当地所开展的事业来设置，不要追求大而全，更不要把它办得像个“衙门”。文化馆开展的教育事业主要有：

第一，为各种成人教育、培训教育、继续教育、补习教育等提供场所和场地。对各种类型的教育事业提供组织、管理和服务。

第二，和各级学校以及教育部门合作，联合举办各种培训班，为下岗、转岗及再就业的成人提供职业教育服务，为各种人群举办其所需的培训班。

第三，定期举办各种讲座、讨论会、讲演会、实习会、展览会、座谈会等，为民众的交流提供方便，提供场所和场地。

第四，文化馆和所在地的图书馆、博物馆等社区教育机构合作，为民众的学习提供图书、资料，并给予指导。在没有图书馆或博物馆的地方，可以承担一部分图书馆或博物馆的职能。

第五，举办各种文化教育活动，如文艺活动、体育活动、健身活动、歌咏活动、教育知识比赛等，通过多种形式的文化教育活动，吸引民众，教育民众。

第六，文化馆应成为当地社区民众休闲、娱乐、集会、讨论的场所，是国家教育目的实现的场所，对于辅助学校教育，指导家庭教育，实现社区教育、学校教育与家庭教育的统一，起着桥梁和纽带的作用。

但是，应该注意到，文化馆是一个非营利的社区公益教育机构，有些行为是应当禁止的，如专以营利为目的的文化教育事业；或者利用文化馆的名义从事的营利事业；或者把文化馆的场所、场地出租于某一营利部门等，这些行为会影响文化馆的形象，降低文化馆的教育性质，产生不良影响。

三、大学与文化馆教育

文化馆是一种社会教育事业，同时它也是社区内一种重要的教育资源。大学利用和开发文化馆建设，一方面可以充实大学教育的内容，辅助大学教育的成效；另一方面可以促进社区进步事业的发展，为社区做贡献。

国外许多名牌大学成功的经验之一，就是和所在社区互相推动、互相促进的结果。如在加拿大不列颠哥伦比亚大学校园的“罗伯特·怀曼广场”的铜匾上，有这样一段铭文：“著名的大学与著名的社区休戚相关，相辅相成。从1915年不列颠哥伦比亚大学建立以来，社区的支持和参与一直是它能成为世界知名高等学府和研究机构的基本因素。大学也致力于向不列颠哥伦比亚省人民提供服务”。大学为社区服务其途径和方式也是多种多样的，重视开发和利用社区文化事业就是大学服务社区的一个重要方面。大学在开展文化馆建设上，应该做如下几方面工作。

(一)培养专门人才

文化馆建设需要人才来推动，人才需要一定的专业知识和业务技能，这些人员的培养离不开大学的作用。大学要根据社区文化发展建设的需要，来进行专业设置与调整，为文化馆的教育事业提供人员、开发课程和文化教育活动设计。我国台湾省发展社区教育的一些做法值得借鉴，台湾省在市县镇设立社会教育馆，在大学有相应的社会教育系和专业，培养社会教育的专门人才，在推动全民教育和终身教育上，取得了一定的成效。日本也有类似的做法，社区内设立公民馆，大学有社会教育专业和系科，为社区教育事业培养人才等。

（二）提供专业与专门知识指导

现代社区的发展使任何一种事业的推动都离不开相应的专业知识，文化馆的建设与发展也不例外，诸如文化馆的机构组织、文化馆的业务范围、文化馆的各种教育事业等等，都需要有丰富专业知识的人员来从事。所以，大学应该根据自身所指导的文化馆的实际，结合各种文化馆的状况，提供不同业务与知识的帮助。在大学相关专业内，可以开设社区文化专业的课程，进行社区文化教育的研究，为文化馆的建设与发展服务。

（三）推动与参与各种教育事业

文化馆是以“人”为本开展各种教育事业的。社区内的“人”来自各个阶层，具有不同的职业，其成分复杂，受教育程度也高低不同，要想把这样的民众群体组织好、教育好，没有吸引力是行不通的。根据国外的经验，社区内可以根据不同“人”的情况组织不同的教育事业，如老年人教育、妇女教育、儿童教育、特殊教育、家庭教育等；根据不同的事项开展相应的教育活动，如法制教育、公民道德教育、环境教育、卫生教育、健康教育、艺术教育、体育教育等等。根据不同的内容运用不同的教育形式，如讲演、讲座、座谈、辩论、展览、放映电影等。

总之，文化馆的教育事业在目前状况下，需要大学的推动。大学师生利用业余时间和社区联系，各个大学，每一个系科，每一个班级如果都有自己联系的文化馆，那么可想而知，整个社会的文化教育事业，就会在大学的推动下逐步发展起来。

第四节　大学与传媒教育

传媒教育是指人类充分利用视觉器官、听觉器官以及其他感觉器官来学习的教育，在当代主要指利用多种媒体，充分发挥视听感官的功能，有目的地传递教育信息，以实现最优化的教育活动。凡是运用照片、图表、模型、标本、仪器、录音影片、广播、幻灯、电影、电视、电脑等传媒手段进行教学、教育活动，包括参观、旅行、表演、展览、实验、实习等，都属于传媒教育的范畴。

由于科学技术的发展，经济的繁荣以及人口的急剧增长，造成了世界各国受教育人数的急速增加，教育机构需要为人们提供更多的受教育的机会，从而加重了学校教育的负荷。在这种情况下，世界各国都在探讨通过更广泛、更多样的教育方式，来满足人们受教育的需求。根据从业人员的实际情况，各国都试图尝试运用电教技术，来改变传统的教育与学习方式，运用电影、电视、电脑等教学媒体，创造更为方便、更为轻松、学习机会更多的教育方式。传媒教育就是在这样的推动下逐渐发展起来，并深入到教育的各个领域的。

固然学校教育领域运用传媒教育更能提高教育效率，但传媒教育的特点，使其发挥最好的地方还是社会教育领域。所以，各国都把传媒教育运用到广阔的社会教育领域之中，探讨出社会教育的许多新形式，如科教电影、教育广播、教育电视，各种广播、电视开辟教育类节目，设立广播电视大学，成立各种以传媒材料为主的电教资料室、图书馆等。这些丰富的教育形式，满足了社会各个阶层、各种年龄、各种职业从业人员接受教育的需求；从另一方面来看，也扩大了教育的对象领域，增加了教育的功能。

从我国历史来看，近代相继出现的电影、广播等电教手段，最初是作为社会教育传入我国的。同时电影院、剧院等设施也是作为社会教育机构来发展的。因为中国特殊的国情与民情，如地域广阔、人口众多、民众受教育程度普遍低下，而且有大量的“失学者”，同时各种教育事业均不发达。所以，我国必须把这些传媒机构与设施作为社会教育事业来发展。这是我们的先人在探索中国化教育的过程中，所总结出来的一个十分重要的经验。这些传媒教育机构与设施在社会的广泛设立，对于普及文化知识，推动社会的改良，增进教育的平等，弥补教育事业的不足与缺陷，起着重要的作用。

所以，从我国的国情、民情和教育发展的实际来看，传媒机构与设施，应该作为社会教育事业来进一步发展，诸如电影、电视、戏曲等艺术形式，诸如电影院、剧院、音像等机构与设施，都应该作为社会教育事业来重新规范和发展，而传媒教育就是深入民间、影响基层、引导民众的一项重要社会教育事业。

一、传媒教育的特点

传媒教育是设在社区，利用各种多媒体教学手段，对社区民众进行教育的一种社区教育形式，主要有如下几个特点：

第一，传媒教育是一种非正规教育形式，其目的是为了满足和拉动社区民众对学习与教育的需求，以提高其素质和改善生活质量。

第二，传媒教育机构设置的地点应该在社区，密切民众生活，主动为社区民众服务。其服务的对象是面向社区全体民众，并突出以成年失学民众为主。

第三，传媒教育的人员最初由大学师生组成，逐渐向独立化方向发展。使传媒教育成为社区文化教育建设的一个组成部分。

第四，传媒教育的形式主要有电影、电视、电脑、广播、幻灯等；此外，还可通过参观、旅行、表演、展览、实验等方式来进行。结合社区发展的实际情况采用多种形式的传媒教育手段。

第五，传媒教育的设施与机构有：电影院、影视厅、戏剧院、歌舞院、音像厅（社）、歌厅、舞厅、录像厅、网吧、电子游戏厅等。要明确上述设施与机构的社会教育性质与功能，重新规范、整理与创新这些社区教育的事业。

二、传媒教育的职能

发展传媒教育，是为了使更多的人有受教育的机会，为更多的人谋取学习的条件,提供场所和场地。世界各国为了适应学习化社区的需要,实现终身教育的理想,在传媒教育方面都在探讨适合本国实际状况的教育方式,以实现传媒教育的职能。综观各国的实际情况,传媒教育有如下几方面职能:

第一,传媒教育机构与设施,可以收集、整理和保管开展教育活动所需之教材、教具、机器,根据利用者的要求向其提供服务。

第二,为学习者提供帮助,辅助其学习。各种传媒机构与设施,是供学习用的,为学习者提供学习的条件与服务。

第三,指导传媒教育的普及。传媒教育机构与设施,应该对利用传媒教育教材与器械的学习者进行指导,开展有关传媒教育信息、业务、知识的普及与宣传活动。

第四,开发传媒教材与课程。根据地区需要,独自制作学习所需的传媒教材,开发为社区服务的乡土教材。和大学相关专业合作,开发校本课程。

第五,调查与研讨活动。实施有关传媒教育教材、器材等方面的研修,探讨传媒教育的原理、规律与原则方法。调查社区教育中传媒教育的普及和利用情况,了解学习与利用者的要求与愿望。

第六,和传媒教育机构与团体合作。共同开展传媒教育活动。开发社区教育节目,面向社区受教育者开展各种社区性服务活动。

总之,传媒教育是一种社区教育事业,它面向社区民众,尤其面向社区基层民众,对于教育机会的均等、科学文化知识的普及以及民众素质的提高有着积极的促进作用。

三、大学与传媒教育

大学与社区教育资源的互相利用,是大学成功办学的重要经验。传媒教育是社区教育资源的一种,大学参与开发和利用,对大学的发展以及社区教育事业的进步都有着积极的作用。

(一)传媒教育需要大学的指导

传媒教育是一种专业较强的教育事业,传媒教育的开展需要相关的专业与业务知识。而推动传媒教育就需要有相应的人力与物力,所以,在传媒教育发展的起始期，各国都有通过大学来推动传媒教育的经验，如美国的社区学院、美国大学的推广教育，日本的传媒图书馆、传媒教育中心等。随着社区的进步，传媒教育逐渐向独立化方向发展。大学在推动传媒教育上，途径有很多，诸如设置专业培养、培训专门人员。现在许多大学的教育技术专业、电化教育专业等应该承担起培训传媒教育人员的任务；提供传媒教育教材和资料；提供传媒教育器材与器具。现在许多大学和社区合作，把不用的或剩余的传媒教育器材通过各种形式提供给社区是一个应该制度化的好方式，如“三下乡”等活动。

（二）大学办学需要传媒教育的支持

社区形式广泛的传媒教育机构与设施是大学办学可资利用的教育资源，如社区电影院、剧院、音像机关、网吧等。如果明确这些机构的社区教育性质，那么，这些机构与设施就应该按着社区教育的要求来运作与经营。通过和传媒教育机构的合作，大学可以利用其场所、机构、设施以及器械，为学校教育服务。在大学后勤社区化的过程中，可以探讨大学与传媒教育相结合，相发展的新形势，在互相合作中，共同促进，共同发展。

总之，社区的发展为大学与传媒教育合作既提供了条件，又提出了挑战。提供的条件是，传媒教育的手段与技术日益先进，成本越来越低。提出的挑战是，面临的问题越来越多，诸如网吧的管理，电影院、剧院的经营，各种音像社的音像业务等，都需要重新的认识和规范，作为社区教育机构与设施，应该为社区教育事业服务，而不能仅仅使其成为商业经营的场所。这样，国家的教育目的，就会通过所有的机会、所有的场合来得以实现。学习型社会的建设，以及终身教育的目标就会有一个形式广泛的社区教育基础保证。

第八章　大学社会教育的内容

社会教育的内容是由社会教育的目的所决定的，它受一定社会政治、经济、文化所制约，反映着一定社会政治、经济、文化、教育、科学发展的要求，同时又为一定社会的政治、经济、文化发展而服务。从历史来看，我国自古十分重视社会教化，但内容由于受封建专制政治的影响，社会教化仅仅以道德教化为主。步入近代以后，受西方社会教育思想的影响，以及国内社会发展和革命的需要，传统社会教化内容逐渐由点到面地丰富和发展起来。如从清末的简易识字，逐渐向“开民智”、“新民德”等方向发展。新中国成立以后，社会教育的内容有了新的发展，尤其改革开放以来，适应我国政治、经济、文化与社会的全面进步，社会教育的内容也逐渐丰富和扩大，其领域与范围愈来愈广阔。广阔的社会教育内容，对于文化知识的普及，全民受教育水平的提高，起着越来越重要的作用。

但是，也应当看到，社会教育内容领域，由于其教育的特殊性，在社会教育内容的确定、传播及学习等方面，也暴露了一些问题。由于长期以来我们偏执于学校教育内容与课程的研究与实验，而忽略了对社会教育内容的关注。所以，这些问题，随着社会改革的不断深入，也通过各种形式表现出来，并不断地冲击和影响着社会的进步。具体表现在，封建腐朽道德意识的抬头，社会迷信的增长等现象的出现与传播等等，这就为我们重视与研究社会教育的内容敲响了警钟。而社会教育的内容往往表现在社会生活、生产与活动之中，所以，研究社会教育内容，提高社会教育内容的科学化是具有重要意义的。

我国社会教育内容从理论与实践两方面来看，大致可分为五个方面，即社会德育、社会智育、社会体育、社会美育和社会生活教育。这五个方面是互相联系、互相制约、互相作用的。社会德育是社会教育的核心，它规定和影响着其他教育，而社会德育不能孤立地进行，必须有社会智育、社会体育、社会美育和社会生活教育的配合。在社会教育的实践中，必须有效地将各种教育结合起来，使社会教育也体现出素质教育的要求，为全面提高社会民众的素质而服务。

第一节　大学开展社会德育

现代社会教育学的观点表明，一个社会的德育质量及其成效与整个社会的德育状态与水平有关。全社会都要关心德育，社会的任何活动都有德育因素，都应该体现一定的德育性。所谓社会德育是社会有计划、有组织、有目的的德育活动。社会德育的主体是社会，包括社会各组织机构、单位团体等，客体是社会全体成员。所以说，社会德育是社会道德的载体，是社会道德的推进力量，是社会教育的重要内容。从社会德育的历史经验来看，任何一种有效的社会德育都需要先进人物的引领，需要知识群体的推动。大学是知识群体与先进人物积聚的场所，大学的文化使命与教育价值使它承载着比任何一个社会机构更多的社会责任，即提升社会德育质量。

同时大学也是社会德育质量的“晴雨表”。大学道德形象如何，是社会德育质量的一个缩影。一个道德形象不良的知识群体，不可能对社会的发展有重大提升作用。相反一个道德形象较高的知识群体，会对社会生活的方方面面产生积极影响。从这种意义上讲，大学应该成为社会德育的教育者。大学提升社会德育，主要是指大学作为社会德育的教育者，在实施公民德育的过程中，有目的、有计划、有组织地利用大学的教育优势与影响，对社会受教育者进行德育的过程。同时，通过对社会德育的提升，促进大学德育的发展。因此，在建设和谐社会和学习型社会的过程中，探讨大学的社会德育责任，研究大学如何提升社会德育质量，具有十分重要的教育学价值。

一、“开风气之先”：引领公民道德成长

从历史经验来看，一定时期国民道德状态和质量，与这个时期社会精英、文化精英、教育精英的道德状态和层次有关。作为社会的文化精英、教育精英同时也反映着、代表着这个时代的道德水准，对于这个时代整个国民的道德状态和层次负有责任。大学参与社会教育，从社会德育内容来看，大学知识分子群体应该是国民德育的教育者，是国民道德成长的引领者，在国民道德建设上应该是榜样，应该“开风气之先”。

（一）大学开展社会德育是发展先进文化的需要

社会主义建设是物质文明与精神文明共同建设，协调发展，在推进精神文明建设过程中，公民道德教育是一项重要的任务。百年以来，我国公民道德教育的经验表明，任何一种先进的道德理论，要想深入民心，深得民心，被人民所理解、接受和化为行动，一个重要的前提就是有代表先进思想文化和先进道德理论的知识群体的推动。如近代以康有为、梁启超为代表的维新人士，其振聋发聩的“开民智”、“新民德”、“鼓民力”，拉开了近代中国“作新民”的艰巨工程。再如五四运动的北京大学生，他们走出校园，走向街头，深入民间，通过街头讲演等方式，用自己的学识，启发民众，教育平民，为民众接受新的思想道德起了推动作用。尤其五四以后，中国共产党人用自己的亲身实践，走与工农大众相结合的道路，通过以农村包围城市的方式，实现着用先进的思想道德对广大群众的教育。中国近代的“新民”史表明，公民道德建设需要先进人物的呐喊，需要榜样人物的带动，更需要大学群体的开展与推动。

大学参与开展公民道德建设，就是通过完成大学的教育使命来实现创建新文化。在每一个历史转型期，大学参与建设社会新文化，都是一个社会发展的重要推动力量。如美国最初大学的推广教育或扩充教育。韩国发展初期由大学所倡导的“新社区运动”等。大学对社会进步的推动,不仅仅表现在创造物质文明,不仅仅表现在培养多少人才,创造多少科研成果,还表现为社会精神文明建设出力以及推动公民道德建设的发展。所以说,大学开展社会道德教育,使道德教育内容深入社会,深入民间,深入基层,是发展社会主义文化的一项重要事业。

(二)大学开展社会德育是建设和谐社会的需要

在新世纪,我国要加快改革开放和现代化建设步伐,顺利实现第三步战略目标,为全面建设和谐社会创造条件。建设和谐社会是一个整体工程,需要社会各个方面都要进步和发展。在这样一个宏伟目标实现的过程中,公民道德素质是一个重要的发展指标,是衡量一个社会文明程度的重要标志,它对于社会各个方面的建设都有一定制约作用。良好的公民道德,是公民从事建设事业的精神动力,会促进和谐社会的建设;反之,不良的道德风气,会影响人民群众的干劲,降低人民群众建设的热情,会阻碍和谐社会目标的实现。

从韩国由大学倡导“新社区运动”的经验来看,通过各种形式的大学开展与推动计划,对社会公民道德建设是有积极作用的。公民道德水平的提高,会强有力地促进建设和谐社会,所以,新的形势下,大学应当参与到社会公民道德建设中来,通过下乡、进厂、走入社会,运用讲演、讲座、座谈、汇报等方式来开展公民道德素质的提高。

(三)大学开展社会德育可以实现依法治国和以德治国相结合

依法治国与以德治国相结合是我国建设社会主义的重要治国方略。如何实现?广大民众能够理解、接受和付诸行动是一个基本的知识与精神的前提。几年以来依法治国的实践表明,法律并不是万能的,任何一种法律制度的实施与运行,都需要一定的道德相配合。法律法规健全了,但如果没人懂法,法律知识得不到普及。如果有人知法犯法、有法不依、执法不严,那么,这就不仅仅是法律问题了。所以,物质与精神,法制与德治,他律与自律是一个社会发展建设的整体，不能偏执一隅。

然而，公民道德建设并非向法律制度建设那样，可以颁布法规，可以明令执行，可以通过法律制裁等方式来强制。道德建设是不能强制的，也不是颁布了纲要，开了座谈会就能实现的。公民道德建设是一个教育的过程，从本质上讲是一个社会教育的过程。它需要有先进群体的推动，需要有反映先进生产力要求的知识内容，需要有一个潜移默化的教育方式，通过反复的实践使基层民众理解、接受和付诸行动。所以，从历史与现实的经验来看，发动大学的积极力量，运用大学的教育优势，继续发扬教育与生产劳动相结合的教育传统，使其在新的形势下，发扬光大，对于普及法律与道德的知识，传播先进的思想文化内容，并使其深入民间，深入社会，深入人心，以实现依法治国和以德治国相结合，无疑具有积极的作用。

（四）大学开展社会德育建设可以实现新的"化民成俗"

"化民成俗，其必由学"是我国古代社会教化的重要传统，它的意义是指通过社会教育的手段与方式，使民众形成良风美俗。传统的教化对于我国国民性的形成，对于社会的稳定以及各民族的认同感和归属感起到了重要的作用。但是，近代以来，由于封建统治的解体，受西方各种文化教育思潮的影响以及国内社会革命与教育发展的冲击与影响，传统的教化体系日益瓦解，其教化形式与内容也逐渐走向崩溃，用什么样的思想内容来教化民众，使民众具备什么样的良风美俗，自近代以来就一直受社会有识人士所关注。从梁启超的"新民说"，到鲁迅的"国民性"改造。从平民教育家、乡村教育家们的社会教育实践，到中国共产党把马克思主义普遍真理与中国革命具体实践相结合。艰难的探索和曲折的道路，使人们认识到了，先进的思想理论必须和人民的政治、经济、文化利益相结合，并真正为人民而服务。因此，中国共产党的文化教育实践由于具有人民性，由于它是从群众中来，到群众中去，依靠群众，为了群众，所以，为中国革命从胜利走向胜利起了重要的促进作用。

历史的经验表明，民众的教化事业必须有先进群体的推动，在先进群体的推动下，才能实现新的“化民成俗”。所以，新的形势下，随着小康社会的建设以及先进文化教育事业的发展，民众的风俗也必须要引导改良。诸如节假日的社会活动，过年、过节的礼仪活动等等，都需要有新的知识、新的观念、新的方式来推动，而这些对于公民道德建设是一个长期稳固的基础性工程。

（五）大学开展社会德育可以探索新形势下公民道德教育的新方式

传统的社会教化，其组织形式是通过官方和民间两方面来进行的。官方教化组织形式主要有：社学、书院、保甲、旌表等；民间教化组织形式主要有：宗教、乡约、私塾、义学、戏曲等。由于受生产力发展和封建制度的制约，传统教化组织形式是较为单一的。近代以后，由于社会教育理论与事业的兴起，社会教育的机构与设施开始在民间的各个角落生根。据民国教育部统计，截至 1931 年，我国社会教育的机构、设施与活动已经发展到六十多种。诸如图书馆、博物馆、电影院、剧院、展览馆、公园、体育场、阅报栏等设施与机构，在近代都是作为社会教育事业产生与发展的；再如一些活动，改良小说、戏曲，改良民风、民俗等，也是社会教育内容的一种。但是由于战争与革命的影响，使近代以来的社会教化形式，在转型中始终没有建立起一个有效的社会教化体系。新中国成立后经过“文化大革命”的破坏，尤其把知识青年“上山下乡”推向了极端，使大学开展社会教育事业遭到了严重的损失，知识青年的“上山下乡”也没有创造出一个新式的“化民成俗”的社会教育体系。

近些年来，诸如“希望工程”、“三下乡”、“文化扶贫”、“教育扶贫”、“科技大篷车”、“送温暖”、“志愿者”、“手拉手”、“幸福工程”、“扶残助残”等活动，创造了多种在社会进行公民道德教育的新形式。但有些活动不能是短期行为，应该在实践中摸索出适合新形势特点的公民道德教育的新体系，在这一方面大学应开风气之先，起带头作用。

二、与时俱进：德育内容体现时代要求

从历史上看，由封建政权实施的社会教化内容是较为单一的伦理道德。

近代社会教育内容的确定,由于开展者有不同的开展主体,所以,社会教育内容经历了由“简易识字”,向“全面培植”方向的转化。所以说,任何一个历史时期道德内容的确定,都是与这个时期社会政治、经济、文化发展的要求相一致的,体现着一定的时代性和针对性。

现代公民道德建设的过程,实际上是社会教育和社会实践相结合的过程,社会教育是公民道德建设的基础。而大学参与社会教育事业,开展社会公民道德教育的发展,在内容上也要注意时代性和针对性,要密切联系公民的生产与生活实际,在结合时代要求的过程中,使公民道德教育做到深入民心,深得民心,为人民所信服,取得人民的支持。

公民道德教育总的指导思想是:以马克思列宁主义、毛泽东思想、邓小平理论为指导,全面贯彻江泽民同志“三个代表”重要思想,坚持党的基本路线、基本纲领,重在建设、以人为本,在全民族牢固树立建设有中国特色社会主义的共同理想和正确的世界观、人生观、价值观,在全社会大力倡导“爱国守法、明礼诚信、团结友善、勤俭自强、敬业奉献”的基本道德规范,努力提高公民道德素质,促进人的全面发展,培养一代又一代有理想、有道德、有文化、有纪律的社会主义公民。

根据这样的指导思想,大学开展公民道德教育的主要内容有如下几方面:

(一)发展为人民服务的思想

为人民服务的思想是社会主义道德建设的核心内容,是社会主义道德区别和优越于其他社会形态道德的显著标志。社会每一个公民,不论分工如何、能力如何,都要在本职岗位上,通过不同形式做到为人民服务。大学在参与开展各种社会教育事业的过程中,也要把这种思想贯穿于各种教育实践活动之中。大张旗鼓地倡导为人民服务的道德观,引导人们正确处理个人与社会、竞争与协作、先富和后富、经济效益与社会效益等关系。把这些道德观念通过知识讲座、讲演、座谈等形式,让社会民众理解和接受,同时把有关人文主义的思想,如尊重人、理解人、关心人等人际伦理规范,也反映在具体的社会教育事业之中,以促进社会公民道德水平的提高。

（二）集体主义

集体主义是社会主义经济、政治和文化建设的必然要求。社会主义社会人民当家做主，国家利益、集体利益和个人利益根本上是一致的，所以，调节三者的利益必须坚持集体主义的原则。大学在开展社会道德建设实践过程中，要把这些道德要求，通过知识讲解等方式，让民众了解，使民众接受，使人懂得集体主义是社会生产和社会生活所必不可少的原则，引导人们正确认识国家、集体、个人的利益关系，提倡个人利益服从集体利益、局部利益服从整体利益、当前利益服从长远利益、反对小团体主义和本位主义。

（三）爱祖国、爱人民、爱劳动、爱科学、爱社会主义

这是每个公民所必须具备的基本道德要求。社会教育事业的方方面面，都应该遵循这一要求。大学开展社会教育事业，应该把这一要求贯穿各种教育事业的始终，引导人们发扬爱国主义的精神，提高民族自尊心、自信心和自豪感，提倡学习科学知识、科学精神、科学方法，反对封建迷信。

（四）社会公德

社会公德是全体公民在社会交往和公共生活中应该遵循的行为准则，涵盖了人与人、人与社会、人与自然之间的关系。社会的不断发展，公共生活领域的扩大，人们交往和依赖越来越强，社会公德在维护公共利益、公共秩序，保持社会稳定等方面更加突出。所以，大学要推动公民在社会公德方面的进步，大力倡导以文明礼貌、助人为乐、爱护公物、保护环境、遵纪守法为主要内容的社会公德，鼓励人们在社会上做一个好公民。

（五）职业道德

职业道德是所有从业人员在职业活动中应该遵循的行为准则，涵盖了从业人员与服务对象、职业与职工、职业与职业之间的关系。现代社会的发展，使职业的专业化要求越来越高，因此，其竞争也愈演愈烈。在倡导人们树立自立意识、竞争观念、效率观念、民主法制和创新观念的同时，还应该对人们进行以爱岗敬业、诚实守信、办事公道、服务群众、奉献社会等为主要内容的职业道德教育。使社会从业者对自己所从事的职业有一个正确的职业

观念、职业态度和职业技能。在自己的岗位上，有一个良好的职业纪律和职业作风，依靠自己的信誉来进行竞争，依靠自身的职业形象来取信于市场，赢得顾客。大学可以把社会知识教育、技能教育、专业教育、培训教育与职业道德教育相结合，在提高从业人员职业技能的过程中，完善其职业道德。

（六）家庭美德

家庭美德是每个公民在家庭生活中应该遵循的行为准则，涵盖了夫妻、长幼、邻里之间的关系。大学可以通过指导家庭教育等方式，引导家庭教育走向科学化、民主化。在大学家教的过程中，渗透对家庭美德的指导，倡导尊老爱幼、男女平等、夫妻和睦、勤俭持家、邻里团结为主要内容的家庭美德。

总之，大学开展与推动下的公民道德建设，在内容、方法、形式等方面和学校道德教育是有不同的。它必须要坚持道德教育与社会建设相结合的原则；坚持注重效率与维护社会公平相结合的原则；坚持把社会管理和道德教育建设相结合的原则。从社会民众的实际出发，结合社会教育的事业与活动来进行，使道德教育的内容渗透到丰富多彩的教育活动之中去。通过大学的带动，使社会建设有一个更高层次的发展。

第二节 大学开展社会智育

社会智育主要指社会教育者对社会全体民众，通过有计划、有目的、有组织的教育活动，传授文化科学知识，培养从业者的各种专业技术、技能，发展其智力，提高其从业能力的社会教育过程。

大学开展社会智育，主要指大学作为社会教育的教育者，运用自身的教育资源与优势，组织各种各样的教育事业与活动，有计划、有目的地面向社会民众进行知识传授、技能培养和智力开发的社会教育过程。

一、"开民智":大学开发社会智力资源

(一)大学开展社会智育可以"开民智",提高民众科学文化素质

近代以来,一些进步的思想家教育家就认识到,中国之所以国弱、民穷,一个重要的原因就是"民智"未开,"国民程度"太低,为此,他们大声疾呼"开民智","新民为今日中国第一急务"。许多思想家教育家为了提高"民智",掀起了轰轰烈烈的社会教育试验活动,如通俗教育、平民教育、乡村教育、民众教育等。历史的经验表明,社会智育是中国社会教育事业中一个基础性内容,因为智育是先进科学文化知识的载体,是开发民智,提高民众生产和生活技能的主要手段。通过社会智育,可以把各种先进的科学文化知识传播到社会的各个阶层,尤其没有受过任何教育的社会弱势群体,而推动社会智育发展的力量则需要有大学的参与。

从国外经验来看,美国大学教育均有扩充教育和推广教育的功能。许多大学都设有扩充教育处或推广教育部,负责大学教育对外的推广。大学在城市则指导社会内的工厂;大学在乡村则负责指导农民的生产和生活。大学于社会举办各种社会教育事业,也一直是美国高等教育的一个重要传统。韩国在发展的关键时期,也首先是由大学来倡导"新社区运动",逐渐成为全国的一种"新社区运动",对于韩国社会的发展,经济的繁荣,民众生活水平的提高,起到了重要的促进作用。我国近代以来,也有过大学区制的试验,设立扩充教育处负责大学教育的推广与扩充,虽然试验时间较短,并没有成功,但由大学来开展社会教育的做法却得到了推广。所以,国内外的经验表明,大学开展社会智育,是一项利国、利民的教育事业。对于"民智"的开启、知识的普及、民众生产与生活技能的提高是一个十分有效的经验,也是一个成功的捷径。

(二)大学开展社会智育可以有助于社会民众生活质量的提高

民众生活质量的提高需要具备的因素很多,诸如生产知识、生产能力、经营技术、专业技能、商贸知识与技能,各种服务的知识与规范等等,所有这些知识与技能的获得,都离不开教育与学习,这些教育与学习从何而来,大

学的开展应该成为社会教育的主要力量。为此，世界各国都发展社会教育事业，并把它看成是实现学习型社会的基础，实现终身教育的基地，使大学广泛地参与社会教育事业，是有一定道理的。因为，大学的教育职能之一就是为社会服务，大学具备人才、知识与专业的教育优势，有雄厚的教育资源，即使是很小的服务，对社会来说，对社区来说，都是一个很大的帮助。所以，大学应该广泛介入社会教育事业的发展，通过社会智育的实施，为民众生活质量的提高服务。

（三）大学开展社会智育可以扩充大学教育的功能

从历史上看，各个国家的大学均有从事推广教育的经验，大学在把教育事业推向社会的过程中，对大学自身来说，也有积极的促进作用。

首先，大学在开展社会智育的过程中，可以全面培养和提高大学生的素质。大学生有社会实践的机会和场所，可以实践自己在学校内学过的知识与能力，学习与实践的互相结合有助于大学生社会经验的丰富和各种能力的增长。为此，国外许多大学都把具有社会服务经验看成是学生优先择业的条件之一。

其次，大学在开展社会智育的实践中，可以发挥大学教师与教授的作用。一方面有实践与服务的机会；另一方面可以提高自己的教学能力。一方面可以通过社会服务，寻求专业与知识的增长点；另一方面社会可为大学的教育科研提供场所和场地。

最后，大学通过开展社会智育的发展，可以促进学校智育教学的改革与发展。开发校本课程，提供实习基地，寻求科研课题等。总之，大学随着社会的发展应该向“开放大学”方面发展，不应该关起门来，只为人才培养和科研教学而服务，要知道，人才培养和科研教学离开社会这个大舞台，其生命力是有限的。

二、大学开展社会智育的内容

社会智育与大学学校智育既有联系，又有区别。联系是指作为教育的一个组成部分，二者在智育的原则、规律与方法等方面有着共同之点，在内容方面也有一定的共同之处;区别在于二者的侧重点不同。大学学校智育的对象是大学生,是为了提高大学生的知识、技能和智力水平。因此,其内容是通过各种专业课和教育教学活动来进行。社会智育的对象是社会民众,在年龄、职业、受教育程度等方面千差万别,而且社会智育要通过大学来开展,其主要力量是大学的学生。因此,对大学学生来说,在大学是受教育者,要学习各种专业知识,进入社会则成了教育者,要把自己的专业知识传授给社会受教育者。

概括起来,社会智育的内容主要有如下几个重点:

(一)基本文化知识教育

主要指作为一个公民所必须具备的基本的知识与学习能力,包括本民族的语言、文字、拼音、书写等基本知识与技能的教育;包括基本数学运算的知识与能力。这些基本的文化知识与能力,主要通过语文教育和数学教育来进行,使社会内"失学者",受教育程度较低者,以及各种弱势群体,能够运用语言交流,能够掌握基本的读、写、算知识与能力。

近代以来,这种教育被视为扫盲教育。随着教育的发展,人们受教育程度的增高,扫盲教育逐渐向偏远地区发展。这种基本知识教育也主要是面向农村社会。但近年来,由于城市流动人口,外来人口的急剧增加,农村大量的文盲和半文盲涌入城市。随着户籍改革的深入,这些农村人口长期定居于城市,在城市中生产、生活与工作。这些人的教育问题无疑增加了城市社会教育的难度,给城市社会教育带来了一系列问题。但城市社会教育又不能回避这个问题。所以,社会基本知识教育在当前还是必须与必要的。

(二)基本科学知识教育

基本科学知识教育主要是围绕着社会民众生活与生产的实际需要来组织内容。其目的是为了提高民众的生产与生活的质量,为他们的实际需要而服务。包括:健康的知识;卫生的知识;保健的知识;安全的知识;防火、防盗、防灾的知识;环境保护的知识;家教与家政的知识;用水、用电、用气的知识;家居美化,休闲娱乐的知识。在这些广泛的科学知识内容中,社会智育方面应突出以现代科技教育的普及与传播为主。因为，现代生产与生活大都与各种科学技术相连。新产品、新技术的广泛利用和大众化，使各种声、光、化、电的技术含量较高的产品进入家庭，而这些方面知识的普及却远远滞后于新产品的使用，导致各种事故频繁发生。所以，在社会中进行基本的科学知识教育是大学开展社会智育的主要工作。

（三）基本技术技能教育

科学知识是提高生产与生活质量的基础，各种技术技能则是现代人立身、立业的基本保证。社会的发展使人们生产与生活的专业化、业务化日益增强，干什么都需要知识与技能，尤其社会内的各种服务，诸如商贸、物业、管理、保安等。知识与技能掌握的程度，直接影响到其工作的质量和成效。所以，社会各类人员，必须先培训后就业，在就业过程中，也必须时刻学习新的技术和技能。这就为大学开展社会智育提供了广阔的施教空间和领域，大学要开展社会培训教育，把科学技术技能送到千家万户，送到每一个社会。

（四）智力的培养与开发

发展智力，培养创新能力是当今贯穿于世界各国教育改革与发展的一个主题。任何一种教育形式，任何一种领域内的教育都不例外，因为，它关系到"民智"的开启，关系到民族科学文化素质的提高，关系到世界的竞争与发展。所以，国外大力倡导终身教育，提倡建设学习型社会，其目的就是从国民的基础做起，提高国民的整体素质。近代以来，人们始终关注的"民智"问题，"国民性"问题，"国民程度"等问题，就与国民智力的培养和开发有关，甚至有人认为，我国近代以来之所以积贫、积弱，一个重要的原因就是民智的低下，所以，"开民智"的思想一直是近代教育发展的一个主导思想。

因此，大学开展社会的智力开发是大学从事开展社会教育的一个重要任务，应该贯穿于社会教育事业的方方面面，体现在社会各种教育活动之中。通过各种形式的教育事业与活动，来启发民众的思考力，培养其观察力、想象力和创造力。同时要使这些智力发展表现于各项事业的建设与活动之中，如在学习活动中，发展其自学能力；在社会公共事业维护过程中，发展其表达能力，参政、议政的能力；在社会建设过程中，发展其独立工作的能力和动手操作的能力；在科学发明与实验过程中，发展其创造能力等。

第三节　大学开展社会体育

“体育”在我国近代一开始就是作为教育的一个重要组成部分而出现的。从“军国民教育”到“体育”，近代以来许多有识人士，看到中国人体质不强，屡受外人欺辱，一个重要原因就是体育不振，所以，他们呼吁“尚武”、“鼓民力”、“鼓民气”，摆脱“东亚病夫”的辱名，主张大力发展体育运动。

社会体育是广义体育的组成部分，是指社会教育者，为了提高社会民众的身心健康水平，增强人们的体质，丰富人们的社会文化生活，所开展的有计划、有组织的体育教育活动。

大学开展社会体育，主要是利用大学体育教育的优势，有计划、有目的地组织、指导社会体育教育的开展，以普及体育知识，增强民众体育素质，养成民众自觉的锻炼身体的习惯，提高其体质的教育活动。

一、“鼓民力”：大学引领全民健康发展

（一）大学开展社会体育可以促进社会民众的全面发展

社会体育是社会教育的一个重要组成部分，也是一个人全面发展的重要条件。对个人来说身心健康是全面发展的基础，同时身心健康可以有助于其道德水平的提高，有助于知识的学习与智力的发展。对社会来说，体育是联系社会民众的纽带，通过开展丰富多彩的社会体育活动，可以增进人与人之间的了解和友谊，培养集体主义和团队精神。同时体育活动可以丰富人们的业余生活，指导人们形成健康的生活方式。对社会教育来说，大学的参与可以使社会体育开展得有计划、有组织，并逐渐形成社会的团体行为，从而，使社会体育能够全面地促进民众素质的提高。

（二）大学开展社会体育可以引导人们自觉开展体育活动

从历史的经验来看，任何一种社会进步事业，最初都有发动者，在发动力量的推动下，才逐渐成为社会自身的行为。体育活动也是一样，当近代社会体育活动在中国出现的初期，人们观望大于参与，社会体育运动很晚才成为民众自觉的行为，在体育运动方面，大学则开风气之先。可以说社会孕育着丰富的体育教育资源，诸如体育场、体育馆等体育设施；再如体育活动，当今世界已经成为社会生活不可缺少的一部分，人人对体育活动都感兴趣，实际上就是缺少推动的力量。现在人们休闲的时间越来越多，余暇时间干什么，发展社会体育大有用武之地。所以，大学开展社会体育，使大学作为社会体育活动的发动者，逐渐让社会体育成为社会自觉的行为，是当今社会教育中一个值得重视的课题。

（三）大学开展社会体育可以普及体育、健康、卫生、保健等方面的知识，拉动和满足社会民众对体育的需求，形成文明健康的生活方式

大学开展社会体育可以促进各种体育知识的普及与传播，通过开展各种体育活动，在大学的推动下，满足和拉动社会民众对体育的需求。随着社会的发展，人们社会闲暇的时间越来越多，需要丰富生活内容的要求日益强烈，而社会内的体育活动，却没有相应的发展，这十分不利于社会的发展与稳定。人们的假期越来越长，如果相应的活动没有发展的话，那么，人们就会厌倦长假。如果在社会无事可做，那么很有可能无事生非。长此以往会产生不良的生活方式，对社会、对个人的发展不利。所以，大学开展社会体育的发展，可以掀起全民的体育热潮，结合各种世界、国家、省市的体育比赛，把社会民众的参与热情调动起来，对国、对民、对个人都是一件有利的事情。

二、全民健身：大学社会体育的重点

社会体育内容和学校体育内容有所不同，社会体育内容更多的是考虑社会体育对象的实际情况，是从社会体育的特点出发来设计内容的。从目前社会发展的实际状况来看，概括起来，社会体育的内容有如下几个重点：

(一)体育运动项目

根据社会体育设施发展的实际状况,不同的社区可以开展各式各样的体育运动,如田径运动,包括走、跑、跳跃、投掷等活动;体操运动,如保健操、器械操、徒手操等;球类运动,如篮球、排球、足球、乒乓球、手球、羽毛球等;武术,如太极拳等,此外还有游泳、爬山、越野、军事体育、滑冰等。各种体育项目的开展,要根据社区内的体育运动设施发展状况来决定。如有体育场,可以利用其设施开展丰富的体育活动;如社会内体育设施发展较差,没有地点和场所,可以因地制宜地发展一些小项目,如羽毛球等。

总之,社会体育设施应该成为社会发展的一个重要的基础性设施,应该作为社会建设的一部分加以考虑。根据社会的特点可以发展各种有特色的社会体育机构与设施,这对于引导社会体育事业的开展,发展体育运动,增强人们体质具有十分重要的意义。

(二)全民健身运动

全民健身不仅仅是一个口号,它应该通过丰富多彩的体育活动来实施。而要真正做到全民都来参与健身,就必须发展社会体育活动,因为社会体育活动,扎根社会,立足基层,贴近民众,所以,只有社会体育搞好了,才能真正实现全民健身。而大学参与开展全民健身运动,也是大学服务社会的一项使命。根据实际,大学在开展社会体育方面应该做如下几点工作:

1. 宣传鼓动。大学通过各种形式的宣传教育活动,提高社会民众对社会体育的认识,发展从事体育活动的观念,转变人们的思想,认识到开展社会体育以及参加全民健身是每个人生活的一部分,应该大力提倡和发展。

2. 争取社会配合。目前社会的工作计划,并未把社会有计划的体育教育看做是社会工作的一种,大学的作用在于推动社会工作增加体育活动的内容,争取社会各界在体育设施、场地、器材等方面的支持。

3. 提供体育教育指导。大学可以通过体育专业来为社会体育工作培养人才、培训教员,为社会的各种体育运动提供必要的知识、技术等方面的指导。

4. 组织开展活动。根据大学所在社会的情况,发展有特色的体育运动项目,大学可以提供服务,在组织、计划、实施等方面参与大学的各项体育活动。

5. 为所在社会提供全民健身的帮助。大学的体育场所,应该利用业余时间对社会开放,社会根据体育场所的利用状况,开展相应的活动。

总之,全民健身运动,大学应该开风气之先,用自身的行动来带动全民健身运动的开展,这是大学开展社会体育运动的一项重要内容。

(三)社会卫生保健运动

社会体育活动通过积极的体育锻炼以增强人们的体质。社会卫生保健活动则是通过普及卫生知识,培养社会成员的良好卫生习惯,对社会生活、生产和环境实施卫生监督,防治疾病,从而达到提高全民的健康水平。

大学在开展社会卫生保健方面的主要工作有:

1. 要对社会成员进行卫生保健知识教育。通过开展爱国卫生运动和办讲座、专刊、图片展览等方式,经常在社会普及有关生理卫生、公共卫生、环境卫生、饮食卫生、医疗卫生等方面的基本知识,提高全社会卫生保健水平,培养良好的卫生习惯。

2. 要普及环境保护、劳动保护、食品卫生、防疫检疫等卫生法规常识,发动全民积极参与和支持卫生监督。通过标语、板报、专栏及发送宣传品等方式,使社会民众了解社会卫生、个人保健对于民族素质的提高起到作用。

3. 大学相关专业,尤其医学专业、卫生专业、保健专业等,要经常组织下乡、下厂、进入社会等活动,设立咨询点和社会各种教育机构合作开展社会公益活动,通过公益活动,把卫生、保健等知识技能送到社会千家万户。

总之,社会卫生保健运动,在市场经济发展的过程中是一件涉及全民的大事。它和社会民众的生活、生产密切相连,直接影响着民众的生活质量。所以,大学的开展对于满足和拉动全民卫生保健有着积极的促进作用。在这方面韩国由大学发起的"新社区运动",其经验和做法是值得我们借鉴的。

第四节　大学开展社会美育

美育是美学教育，也称审美教育。社会美育就是在社会中，对社会成员进行美学知识教育，培养其正确的审美观和感受美、鉴赏美、创造美的社会教育活动。

大学开展社会美育，主要指大学作为教育者，通过有目的、有计划、有组织的教育活动，参与、指导社会美育实践，以便向社会民众普及美学知识，发展其感受美、鉴赏美和创造美的能力的教育活动。

社会美育与大学学校美育不同，它有如下几个特点：

首先，社会美育的对象是社会全体成员。对象的特点决定了社会美育教育的复杂性，这种复杂表现在美育需求的多样性；美育内容的丰富性；美育形式的多面性等。

其次，社会美育的内容丰富多彩。不同的社会具有不同的美的条件，如何使社会自然美、艺术美、社会美相结合，形成社会美的特色，这比学校美育更有难度。

再次，社会是美育素材的天然宝库。既有自然美，又有艺术美，也有社会美。社会内既有各种艺术家，也有各种美学家；既有民间艺人，也有众多的能工巧匠。所以，如何开展和利用社会内的美的因素、美的条件，是大学开展社会美育的一个关键。

一、大学开展社会美育的意义

人类的发展实际上就是按着美的规律来造型。无论是社会发展，还是人的发展，美的规律、美的目标都是发展程度的重要标志，所以，爱美、追求美和创造美已经渗透到生产与生活的方方面面。社会美育在提高人的素质和改善生活质量等方面的作用越来越突出，而由大学来推动社会美育的发展，是发展社会美育的一个重要推动力量。

（一）大学开展社会美育有助于物质文明和精神文明的建设

社会美育在两个文明建设中的作用与地位越来越突出。在物质文明建设中，美育教导人们任何一种物质创造与生产，都离不开美的原则和规律。其一，社会美育教导人们要按美的要求来美化环境，改造自然。社会美化、净化、绿化已经成为社会建设的一个重要指标，如何做到环境美，美的知识与能力需要社会美育的教育和指导；其二，社会美育教育社会民众在参加社会生产与生活的过程中，在创造物质财富的实践中，追求审美的要求。如劳动产品的审美价值，劳动成果的审美要求，劳动过程的审美原则等。实现生产与生活过程与追求美的统一。

在精神文明建设中，社会美育的意义更为突出。首先，社会美育可以教导人们追求真、善、美，抵制假、恶、丑。通过美的人物、美好的行为、美丽的风景等，使人热爱自然，热爱家乡，热爱祖国。其次，社会美育可以丰富人们的精神生活，提高人们审美能力。做到美育和德育相结合，促进公民道德建设。

（二）大学开展社会美育可以促进社会成员的全面发展

社会美育是使社会成员得以全面发展中不可缺少的组成部分，通过社会美育可以促进社会智育、社会德育、社会体育、社会生活教育的发展。首先，社会美育与社会德育互相包含、互相渗透、互相影响。德育教人心灵美、语言美、行为美。美育教人认识、追求和创造真、善、美。其次，美育和智育也关系密切。美育教人以美学的知识、能力，通过美育可以发展人的想象力、观察力和思维力。智育通过科学知识的传授，智力与能力的发展，可以为美育提供科学的美的知识，为人们鉴赏美、识别美和创造美提供知识与能力。再次，体育和美育更不可分。体育本身就是通过美来吸引人、教育人。而美育教人去欣赏美、感受美。体育美和艺术美的结合，可以使人的生活充满美的享受和乐趣。最后，美育和劳动教育生活教育也不可分。劳动过程、劳动成果都有美的因素，而美的规律、美的原则贯穿于生活与生产的方方面面。

（三）大学开展社会美育可以为学校美育创造更好的美育环境

学校美育可以说是社会美育的一部分，学校美育的成效与社会美育有着重要的关系。而社会美育有众多的表现形式，其中学校美育就是社会美育的一个重要领域。青少年、学生在社会的生活并不比在学校生活少，家庭在社会，家长也在社会，学生节假日也离不开社会，所以，社会美育建设的好与坏，对青少年的成长也有着十分重要的关系。大学开展社会美育，从大学的角度来看，实际上也是在建设校外美育环境。校外美育的建设可以为学校美育提供更好的条件，可以弥补学校美育的不足，可以发挥社会美育对学校美育的积极作用，从这个意义上讲，大学开展社会美育的发展对大学自身美育教育有着辅助作用。

总之，大学开展社会美育，对社会的各个方面可以起到催化作用，其对社会发展的功效是潜移默化、耳濡目染的。发挥大学在开展社会美育过程中的积极作用，是满足和带动社会各界按照美的规律来改造世界的一项重要任务。

二、大学开展社会美育的内容

社会是美育素材的天然宝库，孕育着丰富的美育资源，大学如何开发和利用社会美育资源，是大学开展社会美育教育的一个关键环节。概括来说，大学在开展社会美育上主要有如下几方面的内容：

（一）自然美的教育

大自然是美育的丰富源泉，是最易受社会民众接受的审美对象。社会中自然美的素材丰富多彩，形式万千，基本上可分为两类：一种是经过人类改造和加工的自然对象的美，如公园、山景、园林、博物馆等；另一种是天然存在的自然美，如山林、大海、建筑、街道、名胜古迹等。这些美的素材都孕育着丰富的知识，是一种重要的教育资源，它可以启发人们的智慧，培养人们的情感，丰富人们的生活。如何使这些美育资源化为巨大的教育力量，是社会教育发展中一个重要的课题。

大学开展社会自然美教育，应该注意以下几点工作：

1. 宣传教育。通过各种形式的宣传活动,引导社会民众参与到各种挖掘、欣赏、创造自然美的活动中来。发现身边美的材料,享受身边美好的自然景观,充分利用社会内部的自然美,为美好的生活服务。

2. 参与活动。学生举办各种形式的审美活动、旅游活动,来带动社会民众对美的追求和向往,如旅行、露营、登山、遍访名胜古迹等。

3. 挖掘、整理社会内的自然美。如深入社会进行写生、摄影、采集标本、创作诗文、撰写游记等。

4. 指导、帮助社会内自然美的建设。为社会人工美景提供设计和指导;为社会自然景观设计发展规划,组织各种参观活动等。

(二)生活美的教育

生活美也是社会美育的一个重要源泉。它包括环境美、家庭美、心灵美、行为美等因素,体现在民众的日常生活之中,通过美好的事件、美丽的心灵、美好的行为表现出来。生活中的美对民众的作用是潜移默化、耳濡目染的,因此,大学开展社会生活美育,对社会教育和社会发展来说意义重大。

1. 发现、挖掘社会生活美的素材。大学根据教育与教学的需要,深入社会发现、挖掘各种生活美的资料,如优秀任务,典型事迹等。帮助社会整理与建设生活美的素材。

2. 指导社会建设生活美。大学与社会广泛联系,通过多种形式运用知识帮助社会设计规划环境美。举办各种有关生活美的活动,使社会活动充满美的因素,能够吸引人。

3. 参与各种社会实践活动,把美的因素带入活动之中。如结合讲座、座谈、交流、展览、参观等活动,向民众进行美的知识的教育,增加民众对美的追求与爱护。

(三)艺术美的教育

艺术美是指艺术家运用一定的创作手段,对自然美、社会生活美,经过艺术加工,通过各种艺术形式和作品表现出来的美。艺术美是反映在社会之中,通过社会各种艺术形式表现出来的各种艺术美,其形式是非常丰富的，如电影、电视、戏剧、音乐、舞蹈、图画、版画、杂技、曲艺、建筑等。各种艺术形式的美都有自己的特点，其作用和功效是不同的，每一个社会都有自己特殊的艺术形式，所以，在运用艺术美的教育实践中不必追求统一，应当尽量发展特色。大学在开展社会艺术美上，更有自己特殊的任务。

1. 大学把学校美的艺术带到社会，满足和拉动社会民众对艺术美的追求。大学服务社会形式多样，利用各种艺术形式为社会服务也是其中的一种。为此，大学应当通过各种艺术手段、作品把美好的艺术带入社会，如文艺演出、话剧、巡回艺术表演等。

2. 要发现、利用和挖掘社会各种艺术美的资源。社会内有各种艺术家，诸如音乐家、画家、书法家、文学家等，此外，还有各种能工巧匠，这些都是社会天然的艺术美育资源，发动他们为社会艺术美教育服务，无疑是一个既方便，又有成效的事情。

3. 指导、参与社会艺术创作活动。社会教育形式是较为丰富的，通过艺术形式实现美育与德育、智育的结合，无疑是社会教育一种最好的形式。大学可以参与各种事业，如文学创作、艺术欣赏、卡拉 OK 活动、艺术表演等。

总之，大学开展下的社会美育，是社会教育的一个组成部分。对社会教育来说，大学参与开展社会美育为社会教育的发展提供了动力。对大学来说，大学参与社会美育实践，可以使大学参与开发运用社会美育资源，更好地为大学教育服务。大学参与社会美育一定要坚持思想性和艺术性的统一，坚持教育性和科学性的统一，坚持以大学教育为主和为社会服务相结合的统一，做到既能促进大学美育的发展，又能促进社会美育的进步。

第五节　大学开展生活教育

如果说社会智育、社会德育、社会体育、社会美育是为了提高社会民众的素质，那么社会生活教育则是为了提高社会民众的生活质量。社会生活教育内容的选择要依据于社会民众生活的需要和发展来确定，应该说社会生活教育是社会民众生活的全部。杜威“教育就是生活”应该作为确立社会生活教育的准则。

由大学来开展社会生活教育则是在这种生活教育的基础上，所进行的一种有重点、有针对性的教育。主要是因为大学主要的任务并非是开展社会教育，开展社会教育是大学教育计划以外的教育，所以，在时间上、精力上要根据大学的实际情况来确定，同时也要根据社会目前所最需的生活需要来选择。根据这样的原则，我们认为，大学开展社会生活教育内容应该包括：生活知识技能教育、亲职教育、环境教育和休闲教育。

一、“作新民”：大学提升社会生活质量

学习型社会教育的一个重要任务就是提高人们的生活质量。大学开展社会生活教育的根本目的是为了提高社会民众的生活质量。而一个人的生活质量，一个家庭的生活质量，一个社会的生活质量，是由多种因素制约的，大学的作用主要是在这些因素中，提高其知识与技能因素，生活方式因素以及民风、民俗改良等。

（一）大学开展生活教育可以普及现代生活科学文化知识

知识经济时代，生活的方方面面都离不开科学知识，可以说，现代生活就是以科学知识为基础的生活，因而生活质量的提高，与科学知识的普及和掌握有着密切的联系。从这个角度来说，科学知识的普及是现代科学教育中的一个十分重要的问题，各个国家在科学普及上，都不遗余力。从我国近代历史来看，最初人们把“技术”看做是一个国家强盛的标志，因而把学习西方的技术看做是“当务之急”，可后来人们发现“技术”并不是万能的，如果民众素质差，民众没有科学知识，那么再好的技术也发挥不了作用，所以，才主张“开民智”，“作新民”。但科学知识怎么普及？由谁来普及？普及到什么层次？发挥大学的作用是世界各国一个普遍推行的做法，如美国大学的推广教育、扩充教育；日本的社会教育；韩国的“新社区运动”等，在这方面都积累了大量的经验，所以，从历史与现实的经验来看，大学开展生活教育，可以把

科学文化知识普及到社会的基层。深入到民间,深入到社会的每一户民众。

（二）大学开展生活教育可以提高社会民众的生活技能

职业教育是培养从业人员的职业技能,而生活教育同样也要培养人的生活技能。尤其随着现代社会的发展,各种先进的科技手段进入社会、走入家庭,从知识经济的角度来看,现代社会和现代家庭是依靠技术支撑起来的。从社会来说,物业管理,社会服务,技术含量越来越高;从家庭来看,各种电、声、光、水、气等应用与维护都需要相应的知识技能。近些年以来,社会与家庭各种事故的频频发生,与知识和技能的缺乏有重要的关系,这些知识与技能怎样来获得,大学的开展很有必要,所以,大学开展社会生活技术宣传教育,可以使各种技术深入到社会,深入到家庭,促使人们认识现代生活技术的重要,用科学的知识技术来指导生活。

（三）大学开展生活教育可以形成社会民众良好的生活方式

现代医学和心理科学的发展表明,许多疾病的产生与传播,与不良生活方式有关,而不良的生活方式是由长期的生活习惯所造成。不良的生活习惯则与社会内的生活设施、条件以及家庭生活的状况有联系,如何改掉不良的生活习惯,形成良好的生活习惯,学习、接受教育和指导,从事积极的社会活动,是一个重要条件。大学开展社会生活教育就会为这些人的学习、受教育、参加社会活动提供条件,大学的宣传、鼓动和举办活动可以为社会民众树立正确的观念,形成科学的生活观。

（四）大学开展生活教育可以推进民风、民俗的改革

通过发展社会教育来实现新的“化民成俗”,一直是近代以来许多仁人志士为之奋斗的目标,但是,由于战争与革命的影响,“化民成俗”始终没有完成。新中国成立以后的“文化大革命”把这种“化民成俗”的想法推向了极端,走向了反面。如何实现新的“化民成俗”？如何使民众养成新的民风、民俗？由谁来推动这种新民风、新民俗的养成。近代以来许多思想家、教育家为此花费了大量的心血。从通俗教育、平民教育,到民众教育、工农教育,许多试验活动搞得轰轰烈烈。这种试图通过社会教育来开展“化民

成俗”的实践,虽然成效不大,但为我们今天发展教育事业提供了许多重要的启示,那就是,民风、民俗的改良,要通过社会教育的方式来进行。而大学在开展社会教育,开展“化民成俗”方面,有着社会任何力量所不能替代的作用,所以,历史的经验表明,大学参与开展社会生活教育,关系到民风和民俗的养成,关系到“国民性”的改造和国民素质的提高。

二、社会生活的全部:大学生活教育的内容

前面我们已经说过,社会生活教育的内容实际上就是社会生活的全部。但从国内外历史与现实的经验来看,任何一个时期社会生活教育都受时代的影响,而呈现出一定的重点,这个重点是由民众生活需要与发展所决定的。根据这样的原则,我们确立当代社会民众生活教育的重点包括如下几个方面:

(一)生活知识技能教育

社会教育的内容应该是社会生活的全部,而生活的全部应该围绕着社会民众的生活需要与发展来展开。从社会民众生活的需要与发展来看,大学开展的社会生活教育应该包括以下几个重点:

1. 安全教育。包括交通安全、防火、防盗、预防各种自然灾害等教育。这种教育应该是市场经济发展初期社会教育内容的一个重点。从各国社会教育发展的初期来看,这类教育内容的确定,应当具有一定的对策性和针对性。针对社会频发的事件,进行有针对性的教育。大学可以通过讲座、展览、报告、标语等形式,采用社会教育的手段,对全体民众进行多方面的教育活动。使安全教育深入社会的每一个角落。

2. 衣、食、住、行等生活的知识与技能教育。这是生活质量提高的基础性教育活动。包括衣、食、住、行、用等方面的知识学问与技能,也是应该天天讲,月月讲的。大学可以通过板报、图书室、座谈、讲座等方式,把这些知识技能送到千家万户。不断增强民众在这一方面的学习和自学。这对于改进落后的生活方式,用科学的知识学问来指导生活很有帮助。

3. 家庭实用知识技能教育。各种电器纷纷进入家庭,而相应的知识也

应该进入家庭。诸如维护、保险、使用等知识与技能,应该成为社会知识教育的常课。通过板报、阅报栏、标语、图书、讲座、座谈等方式,使各种知识与技能经常被社会民众了解和掌握。大学应该经常指导社会的知识技能讲座,以促进社会民众自觉地学习与交流。

4. 商贸知识技能教育。市场经济的发展,一方面繁荣了经济,丰富了商品,为人们的生活创造了许多方便条件。但另一方面,各种假冒伪劣商品,各种欺诈性宣传和经销,也充斥着社会的每一个角落,影响和干扰着民众生活质量的提高。但这一方面的教育和学习却远远没有跟上市场经济的发展,尤其面向社会的教育和宣传,在许多方面更是一片空白。所以,大学作为先进知识的宣传者,应该具有这种开社会进步风气之先的勇气,通过各种形式的社会教育,来提高人们识别真假、打击伪劣的能力。

总之,大学在社会进步事业上,不能把自己置身事外,关起门来办学,应该通过各种有效的方式,在不影响教学与科研的情况下,通过各种社会教育的方式和手段,来拉动社会民众对生活知识与技能的学习。这对全面提高民族的素质,促进社会的发展有积极的意义。

(二)亲职教育

如果说家庭教育是侧重于指导父母对孩子的教育,那么亲职教育则是以家长为教育对象的教育。包括做父母者和即将做父母者,如何扮演父母的角色,如何成为成功的父母。

这种教育在国外已经早已发展,如美国社会学院的家政教育,日本公民馆为“未来父母”所开设的各种讲座等。由于社会的急剧变化,家庭结构的转型及家庭成员之间的交流和依赖越来越少。家庭在现代社会应当具有什么功能,如何做父母等许多问题困扰着年轻人。由于家庭文化知识以及观念的发展远远滞后于经济与社会观念的发展,所以,各种由于家庭衍发的社会问题越来越多,如青少年犯罪、自杀、出走等。如何稳定家庭,如何对父母进行有效的教育指导,“有效扮演父母角色”的亲职教育,成为各国教育界共同关心的课题。

而由学校来开展亲职教育，则更容易发挥教育的作用。因为学校教育的对象是青年学生，每一个学生都有父母，而且都很关心学生的学习，只要通过合适的方式，组织家长学习、了解孩子的教育以及自己的教育，一定会取得父母的支持的。

大学在参与开展亲职教育方面，主要应该做好如下几点：

1. 帮助父母了解亲职教育的目标。包括帮助学生家长了解其子女的身心发展规律与过程；了解作为现代父母应有的角色与权利；了解父母与孩子之间应当具有的正确观念和态度；学习合理有效教育子女的方法等。

2. 做好在校大学生的教育工作。大学要开设合适的课程或讲座，对未来父母进行家庭教育、婚姻教育、性的教育及法律法规教育等。

3. 探讨大学实施亲职教育的有效方式。如开发课程、开设讲座、举办座谈会、召开研讨会、建立家长学校、进行家长访问等。此外，还可以为社会各种家庭教育机构或实施家教人员提供资料、影片、咨询和辅导，有条件的大学可以发行家庭教育刊物等。

（三）环境教育

环境教育，顾名思义就是通过教育的过程，提高国民对环境的认识，养成爱护环境的态度和保护环境的行为。这种教育的过程是透过学校教育、家庭教育和社会教育共同进行的，是当前我国社会教育的一个重点。因此，社会生活教育就应该把环境教育作为一项重要教育内容来抓。

大学开展社会环境教育主要是指大学作为一个教育实施机构，在对学生进行环境教育的过程中，应该把这种环境教育推向社会、引入社会，利用大学的教育优势，促进全民对环境的重视，以形成自觉爱护环境和保护环境的行为。其实施环境教育的主要内容有：

1. 增强全民对环境教育的认识。让普通民众了解环境教育的意义与目的，包括环境保护的观念，环境保护的知识，对待环境的态度和进行环境保护所需的技能。

2. 增强社会民众对本人所处环境的认识和保护。了解社会环境所含的范围,如空气污染、自然平衡、森林和树木的保护、噪音污染、土地资源利用、水资源、动物、植物的保护以及城市公共设施的维护等。

3. 探讨大学参与开展社会环境教育的新方式。如组织环境保护小组,深入社会调查研究,指导社会环境保护工作,配合相关专业加强实施环境实习和实践;举办各种环境教育活动,动员社会民众积极参加;举办各种环境讲座、座谈和展览,普及各种环境保护的知识。

总之,大学参与开展社会环境教育,是开展社会教育发展的一项重要内容。对学校来说,可以弥补学校环境教育的不足,利用社会环境教育的资源,为自己的环境教育服务;对社会来说,通过大学的开展,增加了环境教育的人力,有利于形成环境保护的社会教育力量。

(四)休闲教育

经济的发展,科技的进步,社会的日益文明,使得人们工作的时间越来越短,休闲的时间日益增多。如何对待休闲,如何利用休闲成为现代社会人们普遍关心的问题。因而,休闲教育也成为当代教育发展过程中颇为引人注意的一个问题。

休闲教育实际上就是通过教育的过程,培养学习者运用休闲时间、安排休闲活动、享受休闲生活的过程。以使其能够在休闲的时间里面,从事适当活动,发展身心,愉快生活。

大学开展社会休闲教育,就是利用大学的教育力量来满足和拉动社会民众对休闲教育的需求。指导社会民众合理地运用休闲时间,发展正当的休闲事业,为全面提高社会民众的素质和生活质量而服务。

主要有如下几方面内容:

1. 让学习者了解休闲教育的目标。包括休闲的意义、休闲的权利、休闲的责任、休闲的计划和选择,如何利用休闲的资源等等。

2. 让学习者明白休闲的含义,学会如何休闲。包括知识性休闲、教育性休闲、娱乐性休闲、艺术性休闲、服务性休闲、体育性休闲等。在对休闲了解、认知、决定等方面,使休闲向健康、科学、教育、娱乐等方面发展。

3. 研究探讨推行休闲教育的好方式。如开发休闲的课程，开设有关休闲的讲座，开展有关休闲的活动，以学校社团为中心有计划地开展休闲教育等。

4. 大学利用节假日、周末等休闲时间，参与开展社会各种休闲活动。指导学生与家长学习休闲，把休闲教育作为一个重要的教育事业来对待。

5. 为社会民众提供休闲教育指导。包括各种咨询、板报、讲座、座谈等方式，利用社会的各种教育机构与设施，开发休闲教育事业。

总之，现代社会是一个竞争的社会，同时也是一个休闲的社会，人们的余暇时间如何度过，是衡量一个社会生活质量高低的重要因素。大学在指导、带动、参与社会休闲教育方面，应该起带头作用，把高尚、文明、健康的休闲方式带入社会，带进民众的日常生活之中。

第九章　大学社会教育方式

大学是实施正规化的高等教育机构,它是学制体系以内的教育,而社会教育是一种非正规教育,在目前,是学制系统以外的教育形式。如何利用学制体系以内的大学来推动学制系统以外的社会教育发展,从国内外历史与现实的经验来看,主要有三种方式:

第一种是采用学校式的教育形式,来发展社会教育事业,如美国的社区学院、北欧的民众学校等;

第二种是利用社会式或公共式的教育形式来发展社会教育,如日本的公民馆、新加坡的社会中心、我国台湾的社会教育馆等。此外,日本的图书馆、博物馆、展览馆等也是社会教育的机构;

第三种是通过学校开展社会教育的方式来发展社会教育事业。普通学校明确有发展社会教育的职责,如美国的全美家长教师会、英国的社会教育部和中小学董事会、日本的家长教师联合会等。

这三种方式,在推动社会教育上,各有优势和不足。第一种有利于发展社会正规化教育,如成人教育、继续教育、补偿教育等,可以是学历教育或非学历教育,但其难点在于和现行学制的关系,在合流与接轨上,必须取得学制上的地位才能发展;第二种是非正规教育形式,用大量的社会教育设施与机构来推进社会教育事业的发展,较为灵活多样,可以采用各种方式的社会教育手段,来推动社会教育的发展,但其不足是花费大量的人力与物力,缺乏推动的持久力;第三种学校开展的方式,优点是可以省人力和物力,利用现有各级各类学校的教育资源,推进社会教育事业的发展,但其缺憾是如何使其制度化,避免短期行为和形式主义。

从各国发展社会教育的实际状况来看,各个国家在发展中逐渐使各种形式相结合,突出本国的重点,采取多元化发展模式,已经有了相当长的发展历史,积累了许多经验。

我国社会教育发展的历史较短,社会教育由谁来推动?采用什么样的方式最为有效?从我国国情、民情及教育的实际情况来看,我认为,通过学校开展社会教育的方式,利用大学的力量来推进社会教育的实施,在社会教育发展的初期,最为有效。理由于前面已经有所论述,从三种推动方式来看,由大学来开展社会教育,在我国还有如下几个原因:

其一,社会教育在短期列入学制系统,和学制合流或接轨,恐怕较难。原因有三:一是在现行教育行政系统中,没有专门机构负责社会教育的管理与推动。目前社会教育的发展,是在社会党群部门或社会部门等非教育机构的推动下开展的;二是现行学制系统中,成人教育、继续教育基本上已经成为一种学历化教育。学制系统以正规化和学历化为主流,使非学历化的社会教育很难立足;三是在学制系统内设立类似美国社会学院的模式,来发展社会教育也难以成功。所以,在我国把社会教育列入学制系统或在学制以外另设一社会教育体系,均在短期内难以奏效。

其二,采用非正规化的社会教育设施与机构来推动社会教育事业,也难以成功。一是图书馆、博物馆、展览馆、文化馆等机构与设施,在目前是作为文化事业发展的,由文化部门来指导和管理,其社会教育的功能已经下降,由这些部门推动的社会教育事业微乎其微;二是我国目前的社会公益事业、福利事业、慈善事业等发展较慢,这些部门发展较慢,在一定程度上制约着具有公益色彩的社会教育的发展;三是独立地发展社会教育机构与设施,来推进社会教育事业,诸如日本的公民馆、我国台湾的社会教育馆等,则需要大量的人力和物力。

所以，综合上述原因来看，目前在我国推动社会教育事业，由大学来开展，通过大学的推动来发展社会教育事业，是一个既经济又可行的方案。大学在推动社会教育事业的发展上，主要有三种实施方式：

第一种是采用学校式的推动方式。如在前面所讲过的大学开展成人教育、继续教育、补习教育、家庭教育等。这种学校式的方式，既可以是一种学历补偿教育，也可以是一种证书教育或培训教育。

第二种是采用社会式的或公共式的推动方式。如在前面所讲的开展社区图书馆、博物馆、文化馆、传媒教育等。在这种方式的推动中，大学的作用是设置专业、参与指导、培养人才和参加活动。

第三种是采用专题式的推动方式。利用现有的社会教育机构与设施，通过专题式的教育活动，来推动社会教育的发展。本章就是从这种专题式的角度出发，专门探讨大学开展社会教育事业的几种较为典型的实施方式。

这种专题式的推动方式，从目前来看，可以说是适合国情、民情和大学实际情况的一种推动方式，包括公开讲座、研讨座谈、咨询展览、举办活动等。

第一节 大学开展公开讲座

公开讲座主要指针对社会教育的内容，拟定主题，聘请学有专长或经验丰富的专家学者，对社会民众做一次或一系列的通俗性、公开性学术讲座。公开讲座应该说是大学推动社会教育的重要方式之一。

从世界各国社会教育发展的初期来看，各国在推动社会教育发展上，均有此做法。如美国大学的推广教育或扩充教育；法国和德国的大学教授讲习会；日本大学的公开讲座、文化讲座、夏季讲座等，都是利用大学的教育优势，面向社会各个阶层的民众开设各种公开讲座。

一、公开讲座的含义与特点

运用公开讲座的方式来开展社会教育，有如下几个特点：

第一，公开讲座方式灵活，受经济、人员、时间、场所等条件的限制较小，对各种物质设施要求不高，可以随时随地举办讲座。如在社会教育发展的初期，露天讲演、集会讲演等，曾经都使用过。

第二，公开讲座的内容根据社会民众需要和发展来决定，具有针对性、时代性和灵活性。讲座是针对大家比较关心的问题，因此，很受社会民众的欢迎和支持。

第三，公开讲座的形式也是多种多样的。包括讲演、演讲、报告、汇报等，可以是露天讲演，也可在会堂讲演，根据社会的情况和内容题目的情况而定。

第四，公开讲座可以请大学专家学者来主讲，也可聘请社会上有名望的人士来主讲。

第五，公开讲座要突出通俗、易懂的风格，因为它面向的是社会各界民众，所以，必须要吸引人，讲座要生动、活泼、健康向上。

总之，公开讲座是大学与社会沟通的一个非常有效的方式，是大学推动社会教育发展的一个行之有效的手段，也是一个常用的手段，要坚持和发扬。

二、公开讲座的社会教育功能

通过公开讲座的方式使大学与社会结合，无论对大学还是对社会，无论对学者还是对民众都有积极的作用。归纳起来，公开讲座的社会教育功能有如下几点：

第一，公开讲座把大学与社会联系起来，可以实现社会教育化和教育社会化。有助于建设学习型社会和终身教育的发展，有利于为普通民众谋取接受大学教育的机会，实现大学教育的大众化。

第二，公开讲座把专家学者和社会民众结合起来，有助于实现知识分子人民化，人民群众知识化。对于提高普通民众的文化知识水平，提高民族的科学文化素养，使先进的思想观念深入民间有积极的促进作用。

第三，通过公开讲座的方式，可以解决、回答社会民众普遍关心的社会问题、生活问题。传播新的思想观念，传播先进的科学文化知识，澄清社会上的不正确的认识，引导民众接受科学正确的思想。

第四，通过公开讲座，使社会各界民众了解大学的办学，增进社会与大学之间的关系，为大学办学提供优良的社会环境，协助大学教育好学生。

第五，通过公开讲座，使大学与学者了解社会民众的生活，了解人民群众普遍关注的社会焦点问题，为自己的研究提供直接的材料来源，有助于大学的教学与科研。

三、公开讲座的实施步骤

公开讲座就讲座次数而言，有单次讲座和系列讲座之分；就进行方式来看，有纯粹性的专家主讲或报告，也有主讲后的发问和讨论。公开讲座虽然方式灵活，但准备工作也是取得成效的一个保证。

（一）计划准备

主要是指讲座前的各种计划和准备工作，包括制订大学推动社会教育计划，在学期之初拟订好公开讲座的计划，诸如公开讲座的主题、拟请公开讲座的人选、讲座实施的时间、讲座的地点、场所、经费等。

（二）联系协调

计划制订好以后，大学主办单位应该做两方面的工作。一方面在校内做好联系工作，委派人员负责，制订实施方案；另一方面可以依据所指导的社会或所在的社会，联系开展讲座事宜。

（三）筹措经费

公开讲座所花经费是较少的，主要包括主讲人的交通费、讲课费和工作人员的劳务费及场地的租借、布置等费用。这些经费的筹措，由于目前我国没有社会教育事业发展的专项经费，所以，在大学推动社会教育发展的初期，应该取得政府教育行政部门的支持或社会各界的赞助。

（四）组织实施

依据计划进行讲座的实施，包括发函聘请主讲人；制作海报或宣传单；

通知社会主管教育的机关做好宣传工作;布置讲座场所;接送主讲人;准备记录和总结。

(五)整理总结

讲座完成后进行必要的总结和评定,包括整理讲座的记录稿;听取反馈意见;准备下一次讲座;把讲座的相关资料存档或印刷,供以后参考。

第二节　大学开展研讨座谈

如果说公开讲座是以讲为主,侧重于以主讲人为主导,较为适合于知识、学术的传播与学习,那么研讨与座谈,则侧重于双方的平等交流。所以,大学推动社会教育的发展,从国内外经验来看,研讨座谈也是一个常用的方式,如美国的家长教师会、日本的家长教师联合会等,在大学与社会的交流中,座谈与研讨是一个非常受欢迎的联谊方式。

一、研讨座谈的含义与特点

所谓研讨座谈是指针对某一问题、现象等,由大学组织学校相关人员,深入社会,集中某一场所或场合,进行讨论、研究、座谈的社会教育方式。它有如下几个特点:

第一,研讨座谈的形式较为松散、灵活和自由。不受计划性约束和各种条件的限制,可随时随地组织和实施,针对形势和问题的需要,大学可以经常组织社会相关人员进行研讨与座谈。

第二,研讨座谈的目的,对大学来说,了解社会问题,进行学术理论与思想的研究,可以搜集第一手材料;对社会来说,可以通过和专家学者的交流,学习知识,掌握信息,澄清认识,开阔眼界。

第三,研讨座谈的内容体现针对性、时代性和现实性,便于提出问题、分析问题和解决问题。尤其社会民众所关心的焦点问题、热点问题、难点问题应该是研讨座谈的重点。

第四，研讨座谈的方式基本上以讨论会、座谈会为主。但根据社会的情况和问题的实际，可以组织大学现场教学活动，组织社会家长的交流活动，组织各种研究会。通过与社会各种教育组织的合作，开展各个方面的研讨活动等，如家长联谊会、校企联合会、社会教育委员会等。

总之，研究会、讨论会、座谈会等方式，应该成为大学推动社会教育发展的一个基本的社会教育手段。在大学与社会合作的过程中，一方面促进大学的发展，另一方面也促进社会的发展。

二、研讨座谈的社会教育功能

第一，通过研讨座谈增进大学与社会之间的交流。对大学来说，可以增加了解社会的渠道，争取社会对大学的支持；对社会来说，可以了解大学的办学，争取大学对社会的服务。在双向的互动中，促进共同的发展。

第二，通过研讨座谈，大学利用自身的教育优势，诸如专家学者、学生团体等，可以把大学的教育事业、活动推向社会。这对于普及科学文化知识，增加社会基层民众受教育的机会，有积极的意义。

第三，通过研讨座谈，增加家长对学生和学校的了解。现代大学和家长的联系太少，学生一旦入学，对学生的教育就成了学校单方面的行为。从专业教育到思想教育，学校一统到底。不对家长教育进行教育开发，是我国大学教育中的一个弱项，所以，以往在这一方面没有途径。通过研讨会、座谈会，以及建立各种大学与家长的联谊方式，是增进大学与家长联系的重要渠道。

第四，通过研讨座谈，不同的大学可以和社会各种组织机构建立广泛的联系，发展校企合作、大学与事业单位的合作，在合作中寻求教育资源的开发与共享，使大学成为社会教育网络中一个起主导作用的教育中枢，在促进社会发展，促进人的全面发展方面起导向的作用。

三、研讨座谈的实施步骤和原则

开展社会教育讲座会、研讨会、座谈会等，在实施步骤上大同小异，一般都经过计划准备、联系协调、筹措经费、组织实施、整理总结等阶段。在实施

原则上,要注意以下几个方面:

(一)了解需求,增强针对性

在开展研讨和座谈以前,要了解社会民众对研讨与座谈主题的兴趣。了解他们普遍关心的热点问题、重点问题和难点问题,以便增加研讨的针对性和效果。了解需求的方法,可以通过问卷、访谈或由学生带给家长填写调查表的方式来进行。

(二)聘请专家学者,突出权威性和影响力

组织研讨座谈可以通过一般工作人员来联系,但主持研讨座谈,必须通过专家学者来进行。研讨座谈的主题、内容、形式等,与主持座谈人的学术水平与能力有很大的关系,研讨座谈的成效和影响与主持人也有重要的关系。所以,大学在确定好研讨座谈的主题以后,就要聘请名师,请适合主持的专业人士来参加,以提高研讨与座谈的影响与效果。

(三)广为宣传,扩大影响

宣传是为了使社会每一位人士都知道研讨座谈是关系到自身的一件事情,使每个人都关心,都积极参与。因此,大学要通过各种手段来扩大影响,主要有印发宣传品、张贴海报、发布消息等。同时让学生把信息带给家长,要求家长参与。

(四)实施过程要认真、细致

研讨座谈能否发挥社会教育的作用,能否坚持进行,与实施过程是否有吸引力有极为重要的关系。因为实施过程关系到研讨座谈的效果与成败,所以,实施者、组织者一定要在组织的过程中,做到认真、细致、谨慎。主要有:初次研讨座谈一定要请权威人士主持;会议的组织工作要做到隆重、热情;和社会组织者合作,要求保证人数;研讨座谈的形式要丰富多样;研讨座谈的气氛要热烈、有序等。

(五)总结要制度化,要行之有效

研讨座谈活动的总结是为了找出活动的经验与教训,是每次活动完成后的一项必要工作。从成效来看,必须使总结制度化,即有特定的时间、特定的人员、特定的组织程序来进行总结。总结的主要内容包括:研讨座谈的效果;参加人数的多少及反响;是否适合社会的需要;是否继续进行;主持人员及主讲人员是否合适等。

第三节　大学开展咨询展览

从教育学意义上来看,实现教育目的应该利用各种机会,采用各种教育方式。研讨座谈、公开讲座是一种面对面的教育方式,但是它需要有听众,而对于那些没有时间听的观众来说,显得效果有限,因此,咨询展览就成了大学开展社会教育经常采用的方式之一。

一、咨询展览的含义与特点

咨询展览是国内外常用的一种社会教育方式。所谓咨询是指大学利用自身的教育优势,把自己的教育、教学成果推向社会,面向社会所有成员施教,通过各种知识的、技能的服务,来实现大学对社会教育的指导。所谓展览是通过各种展览品的陈列介绍,将所要表达的教育内容和信息,展现给参观者,以实现教育的目的与效果。这种社会教育方式有如下几个特点:

第一,咨询展览的目的是通过直接的、面对面的教育方式,实现社会教育的功能,完成社会教育的目的。这种功能与目的的实现是潜移默化、耳濡目染的。

第二,咨询展览面向社会大众,没有固定的教育对象。它借用商品展览和展销的方式为社会基层民众提供一个接受教育和学习的场所和场地。尤其为那些在知识、技能方面急需的社会各类人员提供各种知识与技能的直接服务,是其他社会教育手段所不具备的。

第三,咨询展览的内容丰富多彩。既可以根据形势的需要来确定社会教育内容,也可以长期按计划、有步骤地实施系列知识与技能的服务。各学校可根据自身专业、学科的实际情况来决定。

第四,咨询展览的方式各具优点。咨询需要人力,需要专家与学者的参与,是人与人之间的交流活动,而展览需要物品,道具,各种书刊、图表、图片、实物等都可用于展览。

第五,虽然各行各业都可举办咨询与展览。但能够使其制度化和经常化的推动者,还是大学。因为大学有人力与物力的教育优势,有服务于社会的教育功能,可以作为一种教育活动或事业来开展,因此,更具教育意义。

二、咨询展览的社会教育功能

从社会教育的发展史来看,咨询展览是最早使用的社会教育手段之一。早在维新运动时期,一些进步人士就通过产品展览、商业展览、教育品展览等方式来"开民智","启民风"。随着社会的发展,各种各样的博览会已经成为社会进步的一项重要事业。但大学参与咨询与展览的历史在我国还很短。最初北京大学等高校参与平民教育事业是通过组织演讲团的方式来进行的,由于政府和学校的限制,并未使大学参与社会教育的实践发展和丰富起来,在这以后由于战争与革命的影响,大学参与社会教育事业的方式,仅仅表现在参加游行等方面。

改革开放以来,由于大学教育事业的发展,大学参与社会教育事业的方式越来越多。而在各种方式中,咨询展览是一个常用的社会教育手段。大学师生在一定时期通过走向街头、面向社会、面向广大群众的方式,用自己的知识服务人民,取得了一定的社会教育成效。纵观咨询展览的社会教育方式,归纳起来主要有如下功能:

第一,通过咨询展览可以传播新的科学文化知识,传播新的科学技术技能。有助于社会风气的改善,有助于民众素质的提高,有助于满足和拉动广大民众对教育与学习的需求。

第二,通过咨询展览为社会基层民众提供一个学习的场所和场地。这对于平时没有机会学习的人来说,对于他们了解最新的科学文化知识,了解生产与生活的技能,有着积极的教育意义。

第三,通过咨询展览可以丰富社会的文化教育生活,激励家长和社会成员参与社会教育事业的热情，了解社会教育的重要和自身受教育及学习的必需。

第四，大学通过咨询展览可以多一个了解社会的窗口。对专家学者来说可以实践自己的知识与技能，发现新的知识与技能的增长点。对于学生来说，咨询与展览的社会实践，可以锻炼其工作能力和实践能力。对大学办学来说，可以多一种教育的方式和形式，对于人才成长、课程开发与科学研究来说，具有积极的意义。

总之，通过咨询展览的社会教育实践，在大学与社会的互动中，实现着社会教育的发展，实现着对大学办学的促进，其社会意义和教育意义是巨大的。

三、咨询展览的实施步骤与原则

为使咨询展览活动达到一定的教育效果，咨询与展览一定要注意计划、设计、内容、设备、宣传及教育等因素。咨询展览在实施步骤上，虽然有些不同，但大致应注意如下几项：首先，制订咨询与展览的计划，主要是拟订咨询与展览的主题、内容、方式，明确主办与协办的单位，规定咨询与展览的时间、地点、对象，明确工作分配及经费预算等；其次，咨询需要的相关材料以及展览所需要的展品等；再次，宣传活动，为了提高咨询与展览的教育效果，要进行必要的宣传，其方式可以通过张贴海报、发送传单、请柬，利用各种传媒等方式来进行；最后，组织人力，咨询与展览需要现场解说和交流，因此需要大量的专业人员，大学要利用好自己的教育资源，组织好自己的人员队伍，以使咨询与展览顺利完成。

总之，咨询与展览是大学服务社会的一个经常性的社会教育手段，只要组织得好，其社会教育的功能是非常巨大的。但是，现在大学在利用这个社会教育形式上，还存在着许多缺点，诸如没有计划性、忽冷忽热、缺乏必要的组织和制度保证、成效不大等。所以，为了使咨询与展览最大程度上发挥社会教育的作用，在实施过程中应当遵循如下几项基本原则：

第一，咨询内容与展览主题的确定，要突出社会关注的热点与难点，反映时代性和针对性，要注意社会民众的需要和兴趣，尽量从满足和拉动其学习的角度出发，来设计内容和主题。

第二，咨询与展览的场地，时间要尽量适合社会民众的需要。如利用节假日、休闲时间，在社会民众比较集中的地方进行，便于社会民众的参观和学习。

第三，咨询与解说要尽量请相关专家和学者。因为各种科学知识需要训练有素的人员来解说和咨询。同时民众的各种疑难问题也是多种多样的，没有相应的知识积累和水平，要完成这项任务是较难的。

第四，要采用各种相关的咨询与展览的技术手段来配合，如免费的咨询材料、图片、图表等。同时和其他社会教育手段共同参与，如座谈、讲座、音乐欣赏、有奖征答，动手操作等，以引起参观和被咨询者的兴趣。

第五，咨询与展览要成为大学开展社会教育的一种经常性的社会教育手段，要使其制度化和组织化，成为大学学校教学计划的一部分。不要时冷时热，形势需要了就搞一次，不需要了就不搞。只有列入大学教育计划之中，成为学校教学、培养学生及教师服务社会的一项工作，才能真正使咨询与展览发挥社会教育的效果。

第四节　大学开展社会教育活动

大学与社会的互动有多种方式，但教育的互动应该是一个主要的方式。如果说研讨座谈和公开讲座主要是通过组织“人”来接受教育，咨询展览主要是通过利用“物”来进行教育，那么，举办活动则是以“动”来组织实施教育，亦即通过举办活动来调动人们参与社会教育。

一、社会教育活动的含义与方式

社会教育活动是指为达到某种目的而采取的有组织的行动。把它运用到大学开展社会教育的实践之中，则是指大学通过举办各种活动把自己的教育事业推向社会,通过大学积极的教育实践活动,来推动社会教育的发展。

从社会教育的历史来看,大学参与社会教育实践活动已经有很长的历史,大学通过举办各种活动来推动社会教育事业,也有相当长的历史。如蔡元培早在五四运动以前,就曾介绍说,欧洲的一些大学教授,经常于校外举办各种讲习会或平民大学。他在介绍美国的大学时也曾指出,美国大学有服务社会的功能,经常利用各种形式的服务,从事推广教育。所以,他主张实行大学院制,设立扩充教育处来实现大学对社会教育事业的指导。他的这种想法虽然没有施行,但大学参与开展社会教育事业及活动的做法,却得以展开。

新中国成立以后,在经历了“关门办学”和“开门办学”的经验与教训以后,我们认识到,“关门办学”和“开门办学”是两种极端化的大学开展社会教育的做法。“文化大革命”时期的知识青年“上山下乡”,通过接受贫下中农再教育的方式,实现大学与社会教育的结合,其做法是值得商榷的。但不“上山下乡”,不把自己的教育事业推向社会,同样也是不行的。所以,正确的做法是大学在不影响教学与科研的情况下,通过开展社会教育的方式,实现对社会教育活动的规范与指导,通过举办各种社会教育活动,来推动社会教育的发展。

从国内外大学举办社会教育活动的经验来看,其方式主要有如下几种:

(一)学习活动

学习活动是在大学的推动下,通过各种专题性教育,组织开展的各种活动。这种学习活动,可以和各种社会教育事业相结合,或和其他社会教育方式相结合,来共同组织进行。如通过报告会、讲座、座谈、讨论会等,可以组织读书活动、知识竞赛活动;通过社会成人教育、继续教育、培训教育及家庭教育等,可以开展“岗位练兵”、“技术表演”等活动。

各式各类的学习活动,其优点之一是学习形式的生动活泼,把学习内容寓于活动之中,能吸引社会广大民众的积极参与,可以收到较大的教育效果；二是学习内容紧密结合实际，实践性强，便于理解和掌握；三是一些活动引进竞争机制，能激发学习的热情，提高群众学习的兴趣。

（二）文体活动

大学推动社会文体活动，主要是指大学利用自己的文体教育资源，实施对社会文体教育活动的参与、指导和帮助，在业余时间里所开展的各种各样的群众性文化体育娱乐活动。它包括两方面内容：一是文化活动，诸如文化广场活动、音乐欣赏活动、绘画、书法、影视、美术、摄影、歌咏、曲艺等活动；二是体育活动，诸如各种比赛、各种表演、全民健身活动等。

文体娱乐活动，是社会精神文明之中一种健康、科学的活动方式，是现代社会教育中一项重要的建设内容。尤其步入老年化社会之后，文体活动对于组织、引导和教育老年人，具有重要的作用。它对于引导社会民众形成健康的生活方式，全面提高民众的素质具有积极的作用。

（三）道德教育活动

活动是公民道德建设的载体，是新形势下加强公民道德建设的重要途径。道德教育活动主要是指为了“新民德”，树立新的道德风尚而由大学推动开展的各种公民道德教育活动。它包括三方面的内容：一是为树立职业道德风尚而开展的活动，如社会内的各种奖惩活动，对各行各业的监督与评比活动等；二是为公民道德建设而开展的教育活动，如社会好家庭活动，好父亲、好母亲活动等；三是为了移风易俗而开展的民风民俗的改良活动，如社会内的节假日活动，婚丧嫁娶、红白喜事活动等。

（四）公益活动

大学应该参与和指导各种社会公益活动，如“希望工程”、“三下乡”、“科技大篷车”、“送温暖”、“志愿者”、“手拉手”、“幸福工程”、“春蕾计划”、“扶残助残”等。这些活动覆盖面广，参与人数多，影响巨大。这些社会公益活动，只靠社会各界的推动力量有限，必须有大学的参与，才能加大推广的力度。所以，大学应该利用好各种社会公益事业，作为举办社会教育的一个阵地，同时也有助于自身教育的发展。

（五）竞赛活动

大学在学校内部举办的竞赛活动，种类繁多。但如果把一些竞赛活动推向社会，应用于社会教育领域，吸引社会各界民众的参加，则可扩大大学的社会教育功能，增加大学的影响面。这种通过大学组织各种社会竞赛活动的做法，是大学推动社会教育发展的重要方式之一。它包括学习竞赛活动、知识竞赛活动、文体表演活动、各种生活生产技能比赛活动等。通过竞赛活动的实施，可以丰富民众的业余文化生活，提高民众的生活质量，引导民众形成健康的生活方式。所以，大学应当探讨面向社会举办各种竞赛的活动方式，通过各种竞赛活动来推动社会教育事业的发展。

二、社会教育活动的步骤与原则

举办各种社会教育活动都要遵循一定的步骤，按计划、有组织、有目的地进行。一般说来活动的步骤包括：制订计划、广为宣传、组织人力、筹备资金、具体实施、总结评定等。尤其由大学参与举办各种活动，应注意以下几个原则：

（一）目的明确，主题鲜明

任何活动其突出的特点，就是具有目的性。大学在举办各种社会教育活动中，为了实现社会教育的功能，达到社会教育的成效，在组织各种社会活动时，一定要目的明确、主题鲜明。这样才能使活动充满号召力和影响力，反映大学推动社会教育活动的特点，突出大学在指导和参与社会教育活动中的作用。

（二）计划周密，安排合理

活动的计划性也是活动取得成效的一个重要保证。大学来推动社会教育活动，更应把计划性和组织性放在首位。在举办活动之初，一定要有一个完整的计划和组织保证，包括开展单位、协办单位、参与方式、活动内容、人员安排、聘请人员、经费预算、工作分配、注意事项、评定方式等。同时在时间、地点、形式、内容等方面，要注意安排适当合理，尽量发挥大学在参与举办各种社会教育活动之中的作用。

(三)从学校和社会实际出发

任何活动总需要一定的人力和物力的保证,受时间、地点、知识、技术等方面的限制。大学在开展社会教育活动之中,一定要从学校自身的条件出发,尽量利用自己的教育优势,来参与举办各种社会教育活动。不要好高骛远,求全求大。社会也是一样,要从自己的实际状况出发,来举办和承办各种社会教育活动。多利用本社会的各种活动资源,充分发挥本社会的教育条件,通过利用大学的推动来发展各种社会教育活动。

(四)以学校教学科研为主,活动为辅

大学的主要任务还是教学、科研和培养人才,它所开展的一切活动应该围绕着大学的任务来展开。举办任何社会教育事业与活动,都不应该影响学校的正常工作。正确的做法是通过参与开展各种社会教育活动,来促进教学、科研和学生的培养,或把推动社会教育活动和学校工作结合起来,在二者的互相作用中,寻求学校工作与社会工作相结合的最佳方式。现代条件下的生产劳动与教育相结合,应该走大学推动社会教育发展的新模式。

(五)使组织活动制度化,成为大学推广教育的一部分

大学开展社会教育事业的教育理念,就是大学把发展社会教育事业作为自己学校教育事业的一部分来看待。无论是过去大学的扩充教育或推广教育,还是现代大学开放教育或大学城教育模式,社会教育已经成为大学发展教育事业中一个不容忽视的教育领域。所以,大学无论是推动社会教育事业,还是推动社会教育活动,都应把这种推动作为大学自身的教育事业来开展,因而应该使其制度化,列入大学教育计划之中,成为大学从事推广教育的一部分。只有这样,才能真正促进大学与社会教育的结合,促进大学推动下的学习型社会的实现。

第十章　大学社会教育展望

纵观社会的发展史和大学的发展史，我们可以发现，大学自产生起就与社会的发展有着极为重要的关系。社会的变化制约着大学的发展，大学的进步又促进社会的发展。在社会诸事业的进步中，我们都可看到大学教育的作用。可以说，自大学出现以来，大学所举办的教育事业就已经成为推动社会进步事业的动力之一。这种大学应该成为社会进步事业动力之源的观点，可以看成是大学教育的一个基本规律，是大学办学一个成功经验的概括和总结。按照这个观点来审视21世纪，我们发现，科学技术的进步、知识经济的迅速发展、人口寿命的延长、人们受教育希望程度的普遍提高等，种种社会因素在冲击着大学教育。终身教育、终身学习，已经成为世界各国教育改革与发展的一个重要指导思想，如何实现终身教育、终身学习，世界各国都在摸索适合本国国情的终身教育体系。

20世纪初，各种教育思潮、教育形式此起彼伏，诸如继续教育、回归教育、非正规教育、开放教育、全民教育、社会教育、补偿教育、合作教育、闲暇教育等。纵观这些教育思想与形式的发展可以看出，这些教育的产生与发展其共同点不外两个方面：一是如何使传统学校教育的功能更加扩大，包括传统大学的教育功能，使其更灵活，更适应广大求学者的需要；二是在学校教育系统以外如何寻求更为有效的教育形式，来实现全民教育，满足和拉动社会各界民众对教育的需求。这两点归结为一点，其实质就是如何建立一个学习型社会，使人人都有受教育的机会，使社会为人人提供这种受教育的机会。在这种思想的推动下，大学如何更大地发挥其社会教育功能，如何为建设学习型社会做出更大的贡献，已经成为世界各国教育改革与发展中共同关注的教育课题。所以，展望21世纪，我们相信，在终身教育思想的推动下，大学推动建设学习型社会，大学面向社会全方位办学以及大学推动社会教育发展和充分利用挖掘社会教育资源，一定会成为高等教育发展的趋势之一。

第一节　大学教育资源对社会的开放

大学与所在社区的关系无论是在地理上，还是在物质资源、文化资源、教育资源上，都有着天然的联系，地理上的相连、相依、相靠以及各种资源上的共享，使大学与所在社区互相依赖，互相促进。大学的办学与发展不可能超越当地社会与社区的政治、经济、文化条件，而社会的进步没有大学教育的参与和推动，也是不可能的。所以，谋求大学与社会的共同发展，谋取大学教育文化资源对社会的开放，是大学办学过程中一个值得重视的课题。

一、国外大学开放教育的启示

开放教育、开放学习是20世纪70年代开始流行于世界各国的一种教育思想和制度。

开放教育（open education）是一种不要求入学资格，所有求学者均可参加的教育形式。教学不在固定的学校中，而是在学生工作、居住地进行，不需要住宿，费用较低。各级各类学校都可根据自己的情况，通过各种形式，来举办开放教育。

开放学习（open learning）和开放教育实质是相同的。是指面向社会各类学习对象，不受传统教育机构常有的种种入学条件限制，采用多种形式和手段组织进行的有计划的学习。

开放教育和开放学习的主要特征有:①教育与学习对象上,没有任何入学资格与条件限制;②教育与教学不在校园内教室中进行。学生在工作、居住的社会内随时随地学习,不受地理分隔限制;③学费开支低。住地偏远也不会增加大量费用;④利用各种多媒体技术组织教学等。

在举办开放教育和开放学习上,各国情况不同,所采用的方式也不尽一样。一些发展中国家举办开放教育和开放学习,其目的是为了扫盲教育或普及教育。而一些发达国家举办开放教育或开放学习,则更多是用于大学教育资源对社会的开放,谋取大学教育的普及和职业教育的发展。下面仅举几例来看一看世界各国举办开放教育的情况。

(一)英国的开放大学

英国20世纪70年代初出现的以广播、电视、函授与暑期学校相结合的成人高等教育机构,1971年成立并开始招生。大学设有总部,并下设地区分部和各地学习中心,负责面授、电话辅导和咨询。

开放大学规定,凡21岁以上有能力接受高等教育的英国公民,不论性别、学历和社会地位,均可申请入学。根据“先来先收”的原则,按报名先后录取,入学年龄21—70岁不等,60%的学生为30—40岁左右。

学校设置三类课程。

1. 本科生课程,采用学分制。学生修完一学年课程(32周,每周12—14小时),经考试合格,得1学分。第一年必须修两门基础课,得2学分。第二年起分科,不固定学习年限,修满6学分者获普通文学学士学位;再修2个高级水平的学分(满8分),获荣誉学士学位。

2. 高级学位课程,分两种。一种是通过课程学习,取得硕士学位;另一种通过科研,取得哲学学士、哲学硕士、哲学博士学位。

3. 继续教育课程,为非学位课程。供希望扩大或更新专业知识者选读。多为短期、实用课程。1990年,人文、教育、管理、数学、科学、技术和社会科学7个学院和系共开设140门课程,供学生任意选修。学习期限5—10个月不等。

开放大学采用多种远距离教学法。课程通过广播和电视播放。教材、学习资料和实验仪器等直接邮寄到学生家里。学生或在家学习,或到附近的学习中心接受辅导,参加小组讨论。

开放大学的办学经费主要来自教育和科研部的拨款与学生的学费。设专职教师,并从各高等院校聘请辅导教师。1988 年曾聘请大学兼职教师 5544 人。

(二)欧美的开放入学

开放入学(open admission),是欧美一些国家第二次世界大战后出现的一种大学招生制度。一般指持有规定的中学毕业证书或同等学力证明即可进入一定的高等学校,无须再经过任何考试选拔过程。

美国一些高等学校传统上一直向居住在学校所在州或所在市、持有中学毕业证书的学生开放。在一定条件下,有些学校还允许不持有上述证书或证明入学。如美国的某些院校允许无证书者入学,但须经过一段时间的观察和考验,有些大学在录取少数民族学生时不考虑其入学资格;大部分社会学院接受 18 岁以上本地区民众中的任何申请者入学,并不要求具有中学毕业证书或同等学力证明。

这种开放入学制度的产生有如下几方面原因:

1. 高等教育民主化和大众化的影响。社会发展,竞争激烈,使人人受教育的要求增高,要求扩大高等教育的规模,增加人人接受高等教育机会的呼声越来越高。传统大学的种种条件限制满足不了人们接受高等教育的需要,所以,大学开放势在必行。

2. 中等教育发展迅速,中学毕业生大量增加。

3. 为缓和某些社会矛盾,如少数民族对教育机会不均等的不满。

4. 20 世纪 70 年代后某些国家(如美国)高等学校生源不足。

大学开放入学的出现,对于扩大大学的教育对象,缓解就业与升学的压力,提高人们受教育的水平,起到了积极的作用。但也引起一些学生素质差、教育质量不高,教师、设备、校舍等办学条件不足的问题。对此,一些国家采取了择优录取的某些限制做法。

（三）美国的“无墙大学”

作为一种尝试为所有的人提供受高等教育机会的大学教育机构。美国“无墙大学”的基本特点是：

1. 招收任何年龄在16岁至60岁之间的想要继续学习的人。

2. 教学大纲适合学生的需要和兴趣，把所学知识编成一个目录表，每个学生或一组学生自己组织学习项目。

3. 每个学生必须在校内实验中心脱产学习半年，学生和教师不断交换意见。

“无墙大学”的教学人员主要是现任各大学的兼职教授和教师，此外，还从工商业等领域聘请专家、艺术家和技师前来授课。

在世界许多国家地区，也有类似的教育试验机构，给人们提供大量选择教育活动和教学计划的机会，如“人民大学”、“工人大学”、“义务大学”、“技术训练站”等。

（四）加拿大开放学习联合体

开放学习联合体是加拿大不列颠·哥伦比亚省的一个远距离开放学习机构。1988年由其前身开放学习学院联合该省其他开展中学后远距离教育的院校和机构形成，总部设在温哥华。这个开放学习联合体统辖三个相对独立的远距离教育实体。

1. 开放大学

提供大学层次的学位教育和证书教育，亦是哥伦比亚省各院校开展大学层次远距离教学的协调机构。

2. 开放学院

提供学院层次的各类职业技术教育，颁发相应的证书，还进行高中补习教育和作为第二外语的英语教育。

3. 知识网

知识网是一个独特的教育电视广播机构，不仅负责开放学习联合体本身教学节目的录制和播出，且支持和帮助该省各类大学和学院开设广播电视教学课程，还承担各类儿童教育和社会公众教育任务。

到1988年，开放学习联合体，共开设大学层次课程近240门，职业技术教育课程200门，学习人数超过5万。不列颠·哥伦比亚省社会95%的人均能收到知识网的250余个电视节目，每周实际收看人数超过60万人，占该省人口的1/5。

（五）印度开放大学系统

印度的开放大学系统，亦称“函授教育系统”，是印度非正规高等教育系统。1962年，专家委员会公布《专家委员会关于函授教育的报告》，决定由德里大学在1962—1963学年试行函授教育。同学年，首批函授生入德里大学修读文科学士学位课程，包括英语、现代印度语言、数学、历史学、政治学、经济学和商业学等课程。20世纪60年代后期又有3所大学和4所地区教育学院开设学位函授课程。70年代增至25所学校。开设函授课程主要由大学中的函授系或函授教育学院（亦称“函授课程与继续教育学院”）承担。

1982年，安德拉邦政府创办印度第一所开放大学——安德拉邦开放大学。1985年，根据中央立法，英迪拉·甘地国立开放大学创办。至此，印度建立了一个从国立开放大学到邦立开放大学，再到大学函授系或函授学院的开放大学系统。

在1962—1963学年，仅有函授生1112人，占全体大学生的0.15%。至1982—1983学年，函授生已达16万人，所占比例上升到4.9%。

（六）荷兰开放大学

荷兰开放大学是一个远距离教育性质的大学，于1984年成立。其办学的宗旨是：为在年轻时错过了进大学机会的人们提供接受高等教育的机会；为不愿意或不适合进传统大学学习的人们提供替代类型的高等教育；开创一种比较经济的高等教育形式。通过这种形式的办学推动高等教育的革新。

其办学特点是:开放入学;自由选课;自定进度;自选学习时间和地点。招收18岁以上的成人。开设7个领域大学课程和高等职业技术教育课程。全国有18个学习中心,为学生提供辅导、指导、咨询、资料等,同时组织学生自学小组、实践活动及考试。

(七)法国万森大学

法国万森大学的办学理念是:

1.大学向那些不需要学士学位的人开放,这样便使得许多在职人员能够继续他们的学业。

2.刚出中学没有专业经验的年轻学生和极为熟悉专业的成人,进入同一个班级学习,可以增进他们之间的交流,对学业有利。

3.所设学科要适合学生对于这些学科的理解能力,使学生的学习不是一个知识积累的过程,而是一个根据兴趣、能力和表现研究的过程。

4.同时进行基础知识教育和职业培训,能够激发传统大学教学过程中所没有的思想信息和创造性。

在这种办学思想的指导下,万森大学尽可能多地招收工人和未取得学士学位的学生。在它招收的学生中,全体学生约有三分之二是挣工资的,约有一半没有学士学位。

这种办学模式,已逐渐被法国其他大学所采用。有些大学通过课程设置,为学生灵活地接受各种教育服务。

(八)大学开放日

大学开放日主要是指大学对社会各个方面实行固定的开放,以谋取大学和社会的联系。较为典型的开放日有:

1.苏联时期,大学为中学高年级学生举办的开放日。目的是帮助他们了解高等学校的情况,以备毕业时选择报考院校。通常每年春季举办,通过报纸、广播、电视通报日期。届时中学高年级学生、应届毕业生和一切自愿参加者到各校,与该校教师、研究生和大学生会见,听取该校情况及毕业生工作与成就的介绍,进行实地参观,对该校进行较为全面的了解。

2. 我国香港大学对家长、学生及社会人士到学校参观举办开放日，以促进学校发展。每年有一天或几天，学校向参观者宣传学校的特点和办学的业绩，展示学校的设备、课程、学生作业、表演及名教师的教学业绩等，有时还举办研讨会。

开放教育除了上述一些较为典型的教育形式以外，各国和各地区还有一些更为灵活的教育方式。如美国的自由大学，一种为成人提供学习机会的非正规高等教育模式；美国的周末学院，一种在周末为成人开设高等教育课程的学校，任何人均可按兴趣或需要来选学课程，教师兼职，学校不发任何证书。

通过对世界各地开放教育和开放学习的了解，我们从中可以得到如下几方面的启示：

1. 大学教育在形式、体制、组织等方面，应该更为灵活、多样，适应不同程度学习者的需要。传统上只有进入大学校园，才是受大学教育，这种认识是狭窄而落后的。这种教育方式只适合适龄青少年，况且还有许多条件的限制。对于想接受大学教育，而条件不足的学习者来说，这种大学教育体制，则显得很机械，所以，各国都在发展各种非正规大学教育体系，以满足广大求学者的需要。

2. 大学在教育对象上，不仅仅是面向青少年，其对象领域应该面向社会所有的人。通过各种形式的大学教育来为社会所有的人服务，应该开展不受任何条件限制的教育服务，扩大其教育领域。

3. 大学教育也不仅仅在于有一个校园。通过各种形式广泛深入社会，把自己的教育地点，放在民众最需要、最合适的地方，便于民众的求学和学习。

4. 大学通过各种形式的课程体系，为社会各界学习者谋取大学程度的教育。这种教育不一定是学历教育或学位教育。开设非学位课程，以适应从业人员的转岗和更新知识与业务的需要。

5. 大学教师应广泛受聘于社会各种教育机构，通过大学教师的教育活动实现社会教育及社会教育的大学程度化。

总之,开放教育与开放学习,为我们发展大学教育提供了新的思考点。它要求在新的形势下,大学教育事业必须走出校园,面向社会,开放办学。使自己的办学体制、教学计划、教学形式、教学内容等更加灵活,更富有弹性,在大学教育大众化和终身教育思想的指导下,谋取大学教育的全方位发展。

二、大学教育资源对社会开放的方式

大学对社会的开放,主要是指大学的教育资源与事业对社会开放,在促进社会教育事业发展的过程中,谋取自身的发展。大学对社会的开放,从开放教育的角度来看,应该作为一种大学教育制度来探讨,使其具有计划性和组织性。因为只有通过这种制度化的教育,才能更为有效地推动社会教育的发展,否则,往往流于形式,或成为短期教育行为。这在历史与现实的实践中,都曾发生过。通过对国外大学开放教育的了解和我国大学以及社会发展的实际,我们认为大学教育资源对社会开放的方式主要有三种。

(一)举办社会正规教育

正规教育一般是指纳入学制系统的学校教育而言,是一种有计划、有目的、有组织的教育。社会正规教育则是指社会内的各种学校教育事业,也可称为社会学历教育或证书教育。大学举办社会正规教育,主要是指对社会民众实施大学程度的教育,其目的主要是为社会有能力获得学历、学位或各种证书的成人提供教育服务。这类教育如何开展,参考第五章。其主要形式有:

1. 社会成人教育。通过函授等形式为社会有条件和有能力的中学毕业生或成人提供学历或证书教育。

2. 社会继续教育。为社会有学历或学位的成人提供继续深造的教育,如研究生班教育、研究生课程班教育等。

3. 附设社区学院。大学可以根据自己专业与学科的实际情况,发挥自身教育的强项,附设各种各样的社区学院。这种社区学院可以模仿美国社区学院的形式，根据中国的实际状况来设立。设立过程应注意如下几点：

①目的与目标。大学附设社区学院主要是为本社区具备各种能力的中学毕业生及社区各界成人提供范围广泛的课程与进修服务。

②社区学院实施两种教育计划。一是终结性计划，为求学者毕业后直接进入就业市场提供服务，突出职业技术教育；二是转学性计划，为有条件和有能力的求学者提供学历或学位教育。两年后，学业合格者可进入本大学或学院攻读专科或本科学位。

③社区学院实行开放招生和入学政策。但升学和毕业有严格的标准。社区学生一般实行走读，其招生对象主要面向社区弱势群体、收入较低的学生和少数民族学生或流动人口的子女。

④社区学院一定要根据本地区的就业实际和需要来设置，尤其职业技术教育计划，更应灵活多样。课程、教学、形式、方法等尽量适应教育对象的需要。

⑤社区学院的设置应体现社区福利和慈善的色彩，尽量不收费或少收费。办学经费主要依靠政府的支持和当地社区税收及社区各界的资助。

总之，社区高等职业教育的发展是我国职业教育和高等教育发展中一个必须关注的课题。市场经济的深入发展需要广大社区民众都接受教育，“先培训，后就业”以及“持证上岗”的指导原则，使社区发展应该为广大民众提供这种受教育的机会。所以，大学附设各类社区学院在当代是有必要性和可行性的，通过摸索可以探索出一条适合本国国情的通过社区教育和社区学院来发展职业教育的路子。

4. 附设中学和小学。大学附设中小学应该作为一个重要的教育政策和制度来建设。从大学附设中小学教育的实际状况来看，其教育的成效是相当大的。

首先，大学附设中小学校为大学教育提供学生来源和实习基地；其次，大学附设中小学校可以解决大学办学过程之中的后顾之忧，为教师及职工子女升学提供方便，可以减轻教师在教学与科研方面的牵累；再次，大学附设中小学校,可以带动相关教育资源的开发与利用,如共同的教育设施、机构及服务等,对于学生就业及教师之间的交流起着桥梁作用;最后,大学附设中小学校,对于高等教育与中等及小学教育的衔接、延伸和继续探讨教育教学计划的改革与发展都有积极的作用。从实践来看,一些名牌大学的附属中小学校,在国内中小学教育实践中也都是一流的,如北京大学附属中学,中国人民大学附属中学,北京师范大学附属中学,清华大学附属中学,东北师大附属中学、小学,华东师范大学附属中学,复旦大学附属中学,南京师范大学附属中学、小学等。

所以,大学在办学的过程中,切不可认为附设中小学校是办学的细枝末节,而应该作为一项重要的教育事业来抓。尤其师范性质的学校,附设中小学应该是其师范教育体制的一部分。

(二)举办社会非正规教育

非正规教育主要是指正规学制系统以外的各种教育形式与活动,也可称为非学历教育。大学举办社会非正规教育主要是对社会民众实施各种程度的教育,其目的或是证书教育或是指导性教育,方式灵活,如各种辅导班、进修班等。同时还包括指导社会进行各种社会教育机构与设施的建设。如何开展社会非正规教育,请参见第五章和第六章。归纳如下:

1. 社会培训教育。目的是为社会各类人员提供证书教育或专业和职业培训。

2. 社会补习教育。主要是为社会各类人员提供各种程度的补习教育指导。

3. 社会家庭教育。通过家教等方式指导家庭教育的改良和各种家教服务。

4. 指导建设社会各种社会教育事业。如图书馆、博物馆、文化馆、阅览室、阅报栏、视听中心、娱乐中心、文化中心及广场等。

5. 参与指导各种社会教育活动。如学习活动、咨询活动、展览活动、文体活动、民俗民风的改良活动等。

(三)大学教育资源对社会开放

大学教育资源主要指一切可资大学教育活动所利用的物质资源与精神资源的总和。而大学对社会开放的教育资源,并非是所有的教育资源都对社会开放,而是指那些可以促进社会教育发展,有助于社会教育事业进步的教育设施与条件。主要包括人力资源、场地资源、图书资源和学术活动资源对社会的开放。

1. 人力资源的开放。大学对社会开放的人力资源主要指大学的教师和学生。由大学师生所组成的人力资源是社会上一支富有知识、富有青春气息和活力的知识群体,是推动社会进步事业发展的一个重要力量。如何运用好这个知识群体的作用,是高等教育研究中一个值得重视的课题。大学师生在完成学校教学科研及学业的过程中,通过广泛的社会实践提高自己、锻炼自己,这本身就是一种教育活动,从大学产生起,这种实践活动就没有停息过。但如何规范和管理这种教育实践活动?如何更好地发挥这种教育实践活动的功能?如何在新的形势下增加活动的内容与形式?等等这些问题一直是大学研究中一个相对薄弱的环节。尤其,终身教育、建设学习型社会观念以及社会教育出现以后,大学应该在推动终身教育及建设学习型社会等方面起什么作用?很少有教育理论的支持与探讨。从国内外教育实践的经验来看,利用大学的师生资源来为社会教育发展服务,是一个共同的做法。

从我国大学发展的实际来看,大学师生推动社会教育事业以及参与社会教育的发展一直在进行着,不同时期有不同的提法和做法。如五四运动时期是大学师生从事平民教育,新中国成立后知识青年“上山下乡”,改革开放以来大学师生的各种社会实践。尤其家教的广泛推行和被社会的接受,使大学生参与社会教育既有必要性,也有可行性。如何规范和利用,并引导其向有利于教育发展的方向走,才是今天应该重视的问题。所以,归纳起来,大学师生参与社会活动的途径主要有:

①社会各种教育事业离不开大学师生的参与作用。任何教育活动都必

须有人推动才能发展，而教育活动一个首要因素就是有教育者，大学师生的参与可以为社会教育发展解决教育者，即师资问题。

②社会各种教育事业与活动，如正规教育或非正规教育，文化活动或教育活动等也都离不开大学师生的参与指导。

③大学推动社会教育发展的方式与形式，也必须依靠大学师生来实施。如专题讲座、研讨座谈、咨询展览、图书阅览等。任何一种教育活动，都离不开师生的组织和管理。

④规范引导大学生家教是大学人力资源对社会开放的一个好形式。不要仅仅把大学生家教看成是一种经济行为或市场行为，也不要仅仅把大学生家教看成是一种学生自己的教育活动。大学生走出校园、走进社会、走向民众，其代表的是学校，利用的是大学的名望和在大学读书的时间。所以，其教育行为是应该规范和管理的，最好的方式是通过家教来实现对社会教育的指导。

⑤规范大学教师的兼职服务。通过社会教育的发展，引导大学教师为社会教育服务，如参与社会讲座、座谈、研讨、实习、展览、咨询等活动。尤其社会一些部门聘请教师做兼职服务，如讲课、指导、设计、服务等，这都是大学教师参与社会教育的一种途径。如果利用好可以发挥其教育的功能，实现积极的教育作用。

总之，虽然大学服务社会教育以及大学师生参与社会教育，在教育理论与实践上还处于探讨阶段，但大学师生参与社会教育事业却一天也没有停止过，而且随着社会教育的发展，这种参与会越来越多。所以，规范、管理与创新是目前应该重视的课题。

2. 场地资源的开放。理论上，大学应该成为所在社会的文化教育重镇，成为社会的文化教育中心。实践上，大学与所在社会有着密切的联系。学校与社会在地理与资源上的关系决定了大学的一些教育场地应该为社会教育事业发展服务。这是现代大学开放教育的一种趋势，也是大学推动社会教育发展的一种途径，对于增强学校与社会的联系，发挥大学的教育功能，为社会民众提供受教育的机会，改善大学周边的社会风气，引导基层民众的学习有着促进作用。

大学在不妨碍正常教育教学的前提下，应利用各种节假日休息时间，适当开放学校场地，供社会有条件、有愿望的人员以及团体和单位从事各种有益的文化教育活动，其开放的场地主要有：

①一般教室。可用于成人教育、继续教育、补习教育、培训教育等。

②礼堂或体育馆。可用于各种大型的会议、报告、讲演、表演、电影放映等。

③运动场。各种体育活动和表演活动，各种体育比赛等。

④图书馆。可供书刊的借阅、阅览、展览等活动。

⑤音乐教室。供音乐的学习、练习、培训、表演等。

⑥视听教室。供音乐欣赏和影视欣赏等活动。

⑦电脑教室。供电脑技术培训与学习等活动。

学校场地是为大学教学、科研及各种教育活动服务的，所以，在开放上一定遵循有关原则。

①合法原则。主要是指大学应根据教育法规的要求，依据教育行政主管部门的规定，制定本校开放场地的实施办法和要点，使对外开放教育制度化，并依据制度来实施。依法办事和依制度办事，可以避免各种不良现象的发生，根据要求，可以解决出现的各种问题。

②社会教育原则。学校开放场地的目的，是为了开展社会教育，所以场地的使用必须是有助于社会教育的，健康的和有益的。各种商业性的、营利性的、宗教性的活动，依规定不能出借。

③课余原则。大学场地及设备以提供本校师生进行教育教学活动为优先，只有在不影响正常教学活动的情况下，利用余暇时间，诸如节假日、周末或放学以后才能进行。所以，对社会教育事业的开放，应该以课余时间为主。

④安全原则。大学场地的开放，一定要注意学校的安全、学生的安全和

各种教学设施与设备的安全。注意各种对学校产生不良影响的因素,禁止消极因素对学校的影响,发挥积极因素的作用。

⑤公开、公平原则。社会对大学场地的利用要根据制度提出申请,并收一部分管理费和维护费。收费制度与标准要公开。对社会各单位和个人的使用要公平,既鼓励他们充分利用,又要避免发生纠纷,同时对于工作人员的加班费、误餐费等要公平合理。

总之,学校场地的对外开放,是大学推动社会教育发展的一种有效途径,是大学开放教育的一个组成部分,只要开展得当,管理有效,就能发挥其积极的社会教育功能。

3.图书资源的开放。图书馆在中国近代的出现一开始就是作为社会教育设施引进的。许多有识之士都认为图书馆应该办活,办成"社会教育的活动中心"。所以,在近代有许多"流通图书馆","巡回图书馆","实验图书馆","民众图书馆"等尝试。大学在推动近代图书馆事业的发展上也起到了积极的作用。如李大钊曾任北京大学图书馆馆长,他一直认为图书馆是一个社会教育机关。鲁迅民国初年曾任社会教育司第一科科长,很长一段时间,他的工作是帮助和指导通俗图书馆的建设。

现代大学图书资源对社会的开放,其含义和途径要比近代以来学校图书馆事业广泛得多。但其原则是,大学图书馆并非是公共图书馆,它的读者对象还是以学校师生为主,为学校的教学与科研服务。它对社会的开放,也是有条件限制的,要遵循不影响学校正常工作为原则,在尽可能的范围内,提供适当的服务。其开放的方式主要以馆外服务为主。

①咨询服务。图书馆和阅览室等图书部门不应等读者被动上门,应主动为读者提供服务,咨询服务就是各种服务中一个协助读者解决图书阅览问题的一项工作。现今的图书事业发展极快,从分类到内容有许多知识对民众来说都是陌生的,提供咨询对于引导他们购书、借书、看书等有帮助作用。

②推广服务。图书馆举办推广教育是现今图书馆的一项重要教育职

能。其推广教育不仅仅面向学校里的教师与学生,应利用时间面向社会举办推广教育服务,以增加社会民众对读书的兴趣。如举办新书发布会、专题书刊展览、图书赏析、学术沙龙、图书座谈、好书交换等活动。

③旧书赠送。大学每年都有大量的旧书、旧报以及陈旧的资料和学习用品被淘汰。每年大学毕业生也同样有大量的旧书刊和教材及学习用具被出卖。大学旧的图书资料及学习用品是一个重要的教育资源,需要规范和开发。对大学及学生来说,旧书刊可能没有用或者过时,但对社会民众来说,对社会上广大求学者来说,这些旧的图书资料可能有重大的用处,尤其对于贫穷落后地区的求学者,对于他们更是一笔财富。所以,大学应当组织利用好这些旧的图书资料,通过赠送等活动把这些书刊送到最需要的人手中。

4.学术活动资源。大学的学术活动不仅仅是大学的任务之一,在现代社会教育发展中,应该作为一种教育资源来开发和利用。这种教育资源不仅仅对学校教育教学而言,不仅仅为了促进大学的科研与教学,而且还应当把这种学术活动推向社会,影响社会,发挥其社会教育的功能。从国内外大学学术活动来看,通过学术活动来影响社会,影响民众,提高民众对学术的兴趣,一直是高等学校的一项重要任务。如日本大学于社会开办的学术演讲、讲座,欧美许多大学在校外开设的学术讲演和举办的推广教育以及我国近代大学举办的各种街头演讲等。

从现代来看,大学的学术活动搞得很封闭,只是少数人或少数研究团体在一定范围内的学术研讨活动,其影响也仅仅局限于少数学校和少数人,尤其一些本应对社会发生影响的学术活动,也很难突破学校这个范围。因此,其学术的影响和学术的价值就很难用社会效益来衡量。所以,谋求学术活动对社会的影响,谋取学术活动的社会价值,就应该使学术活动和社会教育结合起来,争取社会对学术活动的支持,争取社会民众对相关学术活动的参与。这是实现大学对社会教育推动的一个十分重要的方式。

大学学术资源对社会开放的方式主要有:

①各种学术研究会及组织应该吸取社会有关人士的参与。尤其一些地方性的学术研究会，不应忽视社会人士的作用。要尽量对社会相关人员开放，吸引他们的参与，利用他们的力量，一方面可扩大会员，另一方面可扩大影响。

②学术研究活动要面向社会宣传。尤其一些普及性的知识团体与学会，在开会时其宣传和广告不应仅仅局限于学校这个范围，应该面向社会宣传，增加民众对学术活动的认识与兴趣，对于普及知识、更新观念有积极意义。

③学术讲座、演讲、报告等，条件允许可向社会开放。主要是吸取社会有兴趣的人士参与，这对于宣传新的思想观念，带动全民对学术研究的兴趣，有促进作用。

④学术成果发挥对社会的影响。学术研讨会并非开完会就结束，要使其发挥积极的作用，就必须有后续影响力，而这种影响力的发挥，其最佳领域是社会。所以，大学的一些学术活动，应该通过各种方式影响社会，发挥其辐射力。

总之，大学的学术活动应该成为社会发展的一种教育资源，在不影响大学正常学术研究与活动的前提下，一些相关的学术研究机构与团体，应该密切与社会的关系，吸引社会有兴趣的人士参加。同时一些学术活动，应扩大对社会的宣传力度，通过条幅、广告、标语、海报等方式，使社会人士关注学术活动，参与学术活动，这对于提高社会民众的文化知识，以及了解最新的学术成果，促进社会教育的发展有积极的意义。

第二节 社会教育资源对大学的开放

现代社会教育的发展使大学与社会互为教育资源。大学对社会的开放是使社会利用大学的教育资源；而社会对大学的开放，则是使大学要利用社会的教育资源。传统上,对于社会与学校的关系,往往从学校的观点出发,认为社会教育是学校教育的一种补充,是学生校外教育的阵地,希望社会能帮助学校共同教育学生,为学校教育提供一个优良的社会环境。而现代社会教育的发展表明社会与学校教育是互相促进,互相作用的。两者在教育资源的运用上是工作伙伴关系,对方既是可资利用的教育对象,同时也是服务的教育对象。发展的趋势,逐渐向"学校社会化"和"社会学校化"方向发展。而在这种发展趋势中,大学如何发挥教育的主导作用,如何利用和挖掘社会的教育资源,是当今大学与社会的关系中一个十分重要的课题。

一、大学利用社会教育资源的意义

社会教育资源是指可资社会教育活动的一切物质资源和精神资源的总和。大学位于一定的社会之中,所以,这种社会教育资源可以被大学所利用。大学在办学过程中,可以把社会教育资源看成自己教育活动的资源来利用和开发,这对大学的发展具有积极的意义。

(一)大学利用社会教育资源有助于大学办学条件的改善

大学办学不是在社会上建立文化教育孤岛,关起门来搞教学与科研。大学任何一种教育活动都不是孤立进行的,都需要一定的办学硬件和软件的支持。而大学办学条件的改善与加强,离不开社会各界的支持,尤其当地社会的支持。所以,从经验来看,一所成功的大学应该取得当地社会的广泛支持,这是大学办学取得天时与地利的一个重要条件。

首先,社会教育资源可以丰富大学的教育教学活动,如社会的图书馆、博物馆、文化馆、体育场、电影院、公园等社会教育设施,都可以辅助大学的教育活动,为学校提供实习与见习的场所,充实学生的校外生活。其次,社会教育资源可以为学校的科研提供资料来源和试验场地,诸如调查、参观、访问等。再次,社会的教育资源可以弥补学校教育条件的不足,可以共同开发和利用一些可资教育活动的教育资源,如电影院、体育场、游泳池等。

(二)大学利用社会教育资源可以改善学校周边环境

学校周边环境实际上就是环绕着大学所在的社会。它是大学办学的一个重要条件,直接影响大学的办学。学校周边环境是否安全,是否有利于大学的办学,是大学办学过程中值得重视的一个因素。而谋取周边环境的改善是大学办学的一项重要任务。如何改善周边环境呢?大学利用和开发社会的社会教育资源有助于学校周边环境的改善。

首先,学校周边的交通、社会治安、卫生环境等条件的改善,有赖于社会教育的作用,诸如各种标语、广告、条幅、阅报栏等设施,可以对改善这种条件起辅助作用。一个福利广告,一个重要的标语和语录,有时在社会教育上,会起到意想不到的效果。其次,学校周边的市场、商店、小摊、小贩、音像社、游戏厅、网吧等,也是影响学校办学的一个因素。学校不能置之不理,应当利用社会教育因素来指导、规范和利用,通过有效的引导使其最大可能地发挥对学校及学生的积极影响。如学校在周边地区多设各种教育性广告,多设各种阅报栏等,通过潜移默化、耳濡目染的方式来影响市民,以增强对学校周边环境的改善。

(三)大学开发社会教育资源可以为大学生教育提供一个大教育环境

"教育社会化"和"社会教育化"一直被有识之士认为是教育的理想形态。因为只有这种形态,才能真正实现人才的培养和民族素质的提高,也只有这种形态,才能发挥教育的积极作用,实现教育与社会影响的一体化。那种只想凭通过大学来培养人力和实现民族素质提高的做法,还没有摆脱教育的工具主义论,其思想是理想化的。马克思曾言,人的本质是社会关系的总和。人的素质也同此理,是社会、学校、家庭共同作用的结果。所以,从这种观点出发,大学在谋求自身教育改革与发展的过程中,一方面要对周边的环境进行改善,其中最重要的工作,就是开发社会教育资源,为学生的培养提供一个良好的大教育环境。

二、社会教育资源的种类

从广义教育的观点来看,凡是社会中能够影响人的思想、知识、技能的事业与活动都可看成是教育资源。但从狭义教育的观点来看,社会教育资源则是指可资大学教育活动的物质资源和精神资源的总和。按着这样的观点，社会教育资源可分为五类：

（一）设施资源

主要指大学在开展社会教育时，可以利用的物力资源。包括两种：

1. 社会式的教育资源。指社会内各种社会教育场所和场地，如图书馆、博物馆、纪念馆、文化馆、体育场、电影院、公园、文化广场、阅报栏、广告栏、音像社、游戏厅、网吧等。大学一方面要指导和开发这些社会教育事业，另一方面在办学过程中要注意利用这些教育事业。

2. 学校式的教育资源。指社会内各种学校教育场所和场地，如中小学校、职业学校、民工学校、特殊学校、市民学校、培训学校、补习学校等。大学一方面参与这些形式的办学，另一方面要注意利用这些学校式的教育形式，为大学教育服务。

（二）人力资源

主要指社会内可以协助大学开展教育活动的各类人员。包括：

1. 专业人员。社会是一个天然人才库，里面有许多大学可资利用的教育专家和学者，大学在办学过程中要善于利用与开发，如各类科技人员，各种有一技之长的人士，各类特殊专家，学校没有的各种人才等。这些社会内的人才群体，大学要发挥他们的作用，吸引他们对大学教育的积极性，从而对大学办学产生重要作用。

2. 热心人士。社会总有一些热心于社会公益事业的人士，吸引他们对大学教育的关注，也是大学利用一切可以利用的积极因素，来服务于大学办学的一个任务。发挥他们的积极性，可以为学校教育及大学生成长，提供一个良好的校外教育环境。

3. 退休人员。社会各类退休人员应该作为一个重要的人力教育资源来开发。随着老龄化社会的到来，随着人口寿命的延长，一些退休人员仍然有充沛的体力与精力，从事各种社会活动。调动这些退休人员参与社会教育事业，是发挥其余热的一个有效的办法。尤其各级各类学校退休的教师，可以直接参与社会教育事业的教学与教育活动。

（三）财力资源

主要指大学为开展社会教育事业应开发校外财力资源，筹措各种校外教育捐助，为开展社会教育事业提供经费支持。

主要做法是鼓励社会大众捐献。社会各界捐资办学是国外发达社会举办社会公益事业的一项重要做法，也是大学利用校外资金发展学校教育的一项重要举措。许多大学在办学硬件和软件上都有社会热心人士的捐助。所以，衡量大学办学的成效，看其取得的校外教育捐助也是一个重要的指标。大学可以通过制定捐助办法，鼓励社会地方热心人士、公益团体、工商企业等踊跃捐资，或赞助大学的教育活动。此外，大学也可以考虑与民间教育团体联合举办各种社会教育事业与活动，以节省经费开支。

（四）文献资源

主要指社会内各种地方性的文献资料，是大学办学过程中一个不容忽视的教育资源。因为它可对大学开展社会教育事业提供直接的支持，也可辅助大学的教学与科研。这些文献资源包括：地方史志、地方政策和法规、社会文化教育资料、地方出版物等。通过开发与利用这些社会性文献资源，可以为大学的办学提供教育与科研方面的帮助，在开展社会教育实践中，可以形成地方文化教育特色。

（五）组织资源

组织资源是上述各种资源的一种综合性资源。主要指大学办学要取得社会各机关团体及企业和事业单位的支持。尤其大学开展社会教育事业，必须与社会各部门合作。这些资源包括：党政部门、社会团体、宗教团体、政治团体、学术团体、各种协会、文教组织等。这些机关组织，可以通过各个方面为学校提供人力、物力、资金、文献等方面的支持，协助大学开展各种教育活动。

三、大学利用社会教育资源的途径

大学可以利用的社会教育资源，有些是明显存在于社会之中的，我们只要在开展社会教育活动时，加以挖掘，即可运用；而有些则是潜在的资源，需要慢慢地加以培育和开发，是一个长期的过程。大学利用社会教育资源的目的一方面是大学办学所需，另一方面是为大学开展社会教育事业服务，因而在利用和开发社会教育资源上，必须讲究方法。既要切合学校的需要，又要顾及资源的负荷，同时还要取得社会各界的信任与支持。其途径和方法主要有：

（一）扩大宣传以争取支持

大学师生与社会各界民众对于学校为何开展社会教育事业，参与社会教育活动，开发社会教育资源，并不一定很了解，因而，会影响大学参与开展社会教育。所以，大学首先要扩大宣传力度，在学校及校外广泛宣传大学开展社会教育的作用，帮助学生、教师转变单一的学校教育思想，树立为社会服务、为社会教育服务的观念，自觉地为社会教育做贡献，投身于社会教育实践中去。同时也增加对社会大众宣传的力度，使他们认识到大学开展社会教育、大学服务社会是大学办学的使命，是大学教育的延续和扩展，对于促进社会文化教育事业的发展，促进社会物质文明与精神文明的建设有积极的作用。使社会民众认识到大学参与开展以及开发社会教育资源，对他们来说是受益的，有助于他们素质的提高和生活质量的改善，以便取得他们的支持和帮助。

（二）建立校外开展社会教育制度及计划

社会服务是大学办学的任务之一，但如何使其成为大学一项经常性的工作，社会服务制度化是一个基本保证。推动社会教育发展是大学服务社会的一项重要工作。所以，只有按计划、有组织、有目的地进行才能有成效。大学应该尝试建立一套校外服务社会教育计划，使利用与开发社会教育资源成为大学教育计划中的一部分。这样，才能使大学推动社会教育成为一种持久的教育行为，才能具有积极的作用。如美国大学的教育推广计划和扩充教育等就是这一方面成功的例子。

（三）组织各种服务社会的校外教育机构与团体

大学根据自己的实际和特点可以建立各种以服务社会为对象的教育组

织,通过各种服务来推动社会教育,利用与开发社会教育资源,如“青年志愿者团体”、“青年服务队”、“大学生演讲团”、“大学生服务组”、“科技服务队”等,通过这些组织的活动,来推动和开发社会教育。把知识、观念和技能送入乡村、厂矿和社会。五四运动时期,北京大学平民教育演讲团就是这一方面的壮举。

(四)组建各种校区联合组织

除了在学校组织各种教师与学生服务社会的组织以外,大学还应该和社会广泛合作,建立各种校际联合性组织,来共同利用和开发社会教育资源,如家长联合会、校友联谊会、学校社会联谊会等。各种形式的联合组织,对于学校办学和社会发展,对于开发和共享社会教育资源有积极的意义。世界各国大学建立的诸如家长教师联谊会、学校家长联合会等组织,在大学与社会的联系上都起着重要的纽带作用。

总之,利用开发社会教育资源是大学推动社会教育发展的一个重要方面。大学在推动社会教育建设,参与社会教育活动的过程中,要通过对社会教育资源的利用与开发,更好地推动社会教育发展。这是21世纪世界各国共同关注的一个重要课题,它有助于“建设学习型社会”理想的实现,有助于社会的稳定和民众素质的提高,有助于大学扩充自身的教育功能,实现大学教育的社会化和大众化。

第三节　大学开展社会教育的对策

通过对大学推动社会教育发展理论与实践的论述,我们认为,由大学来推动社会教育发展是适合我国国情、民情和教育实际的一项值得推广的教育事业。这种结论的获得是我国近代以来社会教育发展经验的总结,是国外发展“非正规教育”和“开放教育”的启示,是我国推动终身教育发展,实现学习型社会应该采取的一项基本教育政策。

通过上面的分析与论证，由大学来推动社会教育的发展，不仅是必要的，也是可行的。为了实现由大学来推动社会教育发展的计划，我们应该做如下几方面努力：

一、走出校园：树立大学开放教育观

“开放教育”、“开放学习”是与“封闭教育”、“封闭学习”相对立而提出的。传统封闭的教育体系，其教育形式是机械而教条的，倾向于选择性和竞争性，主要依靠于封闭的教育体系内部规定的标准，来决定谁应该受教育或谁不应该受教育，规定在什么阶段受教育等。传统大学受这种教育观念的支配，日益走向封闭性和学历化，使大学对社会的作用日益淡漠，其教育领域也日益狭窄。随着终身教育的发展，人们越来越认识到大学封闭办学的危害，提出了大学的开放教育观，主张大学办学要多样化。如联合国教科文组织国际教育发展委员会在编著的《学会生存》一书中强调，“高等教育应该通过许多不同的途径，在任何年龄，以各种形式，为人们所享受；这种教育尤其要着眼于继续不断的自我改造或自我发展”。同时指出，“临时教育应该在任何年龄都可享受到，以适应每个人暂时的或永久的需要”。① 这种开放的大学办学思想，主要是要求大学办学要适应学习者自己的旨趣，来选择受教育的时机和形式以及科目与课程。为此，世界许多国家都有这一方面的办学尝试，如美国的“无墙大学”、加拿大的“开放学习学院”、法国的“万森大学”、印度的“高级修业中心”、南斯拉夫的“工人大学”等。世界各国各种形式的大学开放教育，为我们积累了丰富的办学经验，为大学推动社会教育事业树立了典型。所以，我们为了推动社会教育的发展，首先必须转变观念，树立大学的开放教育观。

1. 大学要扩大自己的教育对象。大学办学不仅仅是面向青少年学生，应该面向所有国民，任何有条件和能力的国民都可以在不同时期、任何年

---

① 联合国教科文组织国际教育发展委员会编著：《学会生存》，教育科学出版社 1996 年版，第 225、226 页。

龄、任何条件下，通过选择适合自己的方式来接受大学教育。大学教育不再是某些人的特权，大学应该树立自己服务社会，服务民众的教育观。通过各种形式的办学来实现教育对象的“有教无类”。《学会生存》作者强调：“高等教育机关向通常正规学生以外的各式各样的人们开放。这类人员有从前毕业、现在又回来学习的毕业生，各种需要高级训练和重新训练的工人和专业人员等等”。①

2. 大学要丰富自己的办学领域。大学办学不要仅仅局限于学校范围之内，在学校教育领域做文章。大学要明确自身有社会教育功能，应该成为社会进步事业的“发动机”和“加速器”。所以，应该扩大自己的办学领域，拓展自身的办学空间。把自己的教育事业与活动推向社会，引入社会，深入到社会的各个角落。在这种广阔的办学领域内，推动社会教育是大学办学的主业，应该在新的形势下发扬光大。对此《学会生存》作者认为：“教育不应再限于学校的围墙之内。所有现有的机构（无论是否为了教学而设置的）和各种方式的社会经济活动都必须用来为教育宗旨服务。”“教育机构和手段必须大大增加，使人们比较容易得到教育，使个人有尽可能多的选择机会。教育必须具有真正群众运动的方式”。②

3. 大学办学形式要灵活多样。大学程度的教育并非只有在校园内才能够实现，各种形式的办学，都可成为大学程度教育的载体。所以，“高等教育的扩充应导致广泛地设置许多能够满足个人与集体日益增长的需要的高等院校”。“在整个中学以后的教育体系中，它的结构、教材和学生类别都必须十分广泛地多样化”。③ 灵活多样的办学形式，适应各种人群的教育需求，对促进民众素质的提高，推动学习型社会的建设具有促进作用。

---

① 联合国教科文组织国际教育发展委员会编著：《学会生存》，教育科学出版社1996年版，第243页。

② 联合国教科文组织国际教育发展委员会编著：《学会生存》，教育科学出版社1996年版，第224、225页。

③ 联合国教科文组织国际教育发展委员会编著：《学会生存》，教育科学出版社1996年版，第242页。

总之,大学的开放教育观是大学推动社会教育发展的思想基础,是从事推动社会教育事业发展的动力之一。必须从提高国民素质的战略高度来看待这个问题。因为这是国情、民情的必须,是国际竞争的需要,是近代“落后就要挨打”教训的总结,也是近代以来许多仁人志士“开民智”、“作新民”为之奋斗的目标。

二、制度创新:探索大学开展社会教育的教育体制

以往大学从事的各种社会服务,本质上就是大学推动社会教育的一种形式。如何继续发挥大学服务社会的传统,如何在新的形势下实现大学对社会教育事业的推动,谋取这种推动教育的制度化是一个重要保证。因为,如果没有制度化保证,那么很容易使大学对社会教育的推动流于形式化,很容易使这种推动跟着形势走,有要求了就从事推动,无要求了就会放弃,甚至出现“三天打鱼,两天晒网”的现象。这种情况国内许多大学都曾发生过,如在各种宣传日,人们都会看到大学师生走上街头,进行宣传、咨询,而过了宣传日,人们就很难见到这些大学师生的身影。各种“上山下乡”的活动,也往往随着形势走。所以,制订大学推动社会教育发展的制度和计划,是这项推动事业发展和进行的保证,是使其有持久力和效力的保证。不妨做如下几点尝试:

1. 设立管理大学推动社会教育的专门行政机构。社会教育以及社会教育的事业与活动,由谁来管理和指导,在教育行政部门还没有明确的主管机关。这无疑限制了社会教育的发展。从国外来看,日本等国都有专门主管社会教育的机关,负责社会教育的实施。我国近代在教育行政上曾有社会教育司和扩充教育处的尝试,但并未发展起来。现在,在教育行政上没有社会教育的专管机关。为了发展社会教育设立专管机关负责实施很有必要。因为,我国人口众多,大多数国民还没有受过大学程度的教育,设专管机关负责推动社会教育,尤其发展非正规教育事业来推进全民教育的实施,无疑是一件利国利民的大事。所以,在教育行政机关内,设立主管社会教育或指定现有教育机关来负责社会教育的实施,是一件刻不容缓的事情。

2. 大学内部设立主管推动社会教育的机关。近代欧美一些国家为了实现大学教育的扩充，在大学内部专门设立扩充教育处或推广教育部，专门负责大学教育事业的推广。我国近代教育家蔡元培在实行大学区制的过程中，在教育行政机关也曾有过设立扩充教育处的尝试。国内外的这些经验表明，由专门机关来推动大学教育事业在校外的推广，是有一定的积极意义的。现代大学开放教育的实践表明，大学推动社会教育及社会教育事业是一项复杂多样的教育实践，其途径、方式、渠道越来越多。所以，必须有专门的机关来负责实施。这样传统大学封闭性的行政设置就不能适应推广教育的需要，应该设置大学推广社会教育的专管机关或部门，由专门人员来负责管理和实施。

3. 大学制定推动社会教育发展计划。大学为社会服务应以推动社会教育为主业。推动社会教育要有成效就必须使其有计划、有组织的进行，使其成为大学办学过程中的一项经常性、持久性的工作，纳入到大学的教学与科研计划之中。所以，一所大学应根据自身的特点，诸如农学、医学、法学、工商、师范等，制定完整详细的大学推动社会教育发展规划。在时间、地点、人员、经费等方面，都要充分考虑周全，使推动计划真正做到教育与劳动相结合，理论与实践相结合教学与服务相结合。既能促进大学教育事业的发展，使学生与教师受到锻炼，又能推动社会教育的发展，并富有成效。同时把大学推动社会教育工作纳入学生与教师考核的过程之中，成为学业评定和教学成绩考核的一项重要指标。如美国大学曾规定：有社会服务经验的学生，同等条件下可优先择业。可以作为制订计划的参考。

三、政策保障：制定大学开展社会教育的政策、法规

欧美许多国家都有成人教育法，日本有社会教育法。在这些国家的法规之中，都有大学参与推动社会教育的事项。如日本《社会教育法》中，规定大学“可根据其教育组织和学校设施的状况，要求其利用学校设施，开设文化讲座、专门讲座、暑期讲座、社会学级讲座等社会教育讲座”。大学“在确认不影响学校教育的情况下，必须尽力将其管理的学校设施供给社会教育利用”。①

在我国近代，许多教育家都有过由大学来开展社会教育的言论。如蔡元培认为，全国设立大学区制，区内一切文化教育事业都由大学来开展。这种思想虽然没有实行，但对后来国民政府颁布大学开展社会教育法规打下了基础。这种大学开展社会教育的尝试，虽然实施时间较短，并未留下什么经验，但至少说明了大学开展社会教育的事业是适应我国民众实际状况的一种教育事业，应该通过政策和法规来规范和管理。

国内外历史的经验表明，加快制定成人教育或社会教育发展的政策和法规是我国教育发展中一个重要课题。通过成人教育或社会教育政策与法规的制定，可以明确大学在推动社会教育发展中的作用、途径和方式，规范大学参与开展社会教育事业的种类和形式，使大学对社会教育的推动走向正规化、法制化。

1. 制定成人教育法规。成人教育越来越成为教育发展中的一个主流。如何发展成人教育，各个国家都根据自己的国情来推进。许多国家制定了成人教育法规，以促使成人教育向规范化、制度化方向发展。我国的国情与民情告诉我们，成人教育在中国不应看做是教育发展中的细枝末节，而应当作为教育发展的主流来看待。所以，应当迫切制定成人教育法规来发展推进成人教育，明确成人教育在教育体制中的作用、地位，以及发展成人教育的途径、方法。我们认为，我国的成人教育不应只走学历化道路，应通过法规发展非正规教育和非学历教育，而其发展的最佳途径是通过社会教育来实施。成人教育通过社会教育的实施走职业教育和培训教育的道路。所以，尝试制定成人教育法规势在必行。

2. 制定社会教育法规。社会教育是与学校教育、家庭教育并行的一种重要的教育形式。它的发展日益趋向以实现全民教育和终身教育为目标，其巨大的教育功能以及广阔的教育领域越来越受到各国的关注。许多国家

① 转引自梁忠义：《日本社会教育》，山西教育出版社 1994 年版，第 393、392 页。

和地区都有相应的社会教育法来规范、指导和发展社会教育事业，取得了巨大的成功。如日本近代著名教育家吉田熊次在总结欧美之所以强盛时说："德、法、英之有今日，非由于学校教育之力，实有赖于彼邦社会教育者甚大，若不注意及此，而只重学校教育，国家终难自强。"①日本现代学者新堀通也认为："社会教育远在学校教育之前就已经存在，即使今天，正如其定义所表现的那样，它起的作用也远比学校教育更为重要。"②所以，日本自明治时期推行社会教育以来，直到今天社会教育仍然是教育事业的一个组成部分。

我们应该学习这些国家先进的教育思想理念，承继我国社会教化的优良经验，发扬近代以来重视社会教育的传统，使社会教育的理论与事业在新的形势下发扬光大。为此，应该尝试制定社会教育法规，明确社会教育的独立教育功能，确立发展社会教育的目的，广泛发展社会教育事业，从而全面促进社会教育事业的发展。

四、社会实践：加强大学的推广教育

大学推广教育是欧美国家很早就有的一项大学教育事业。近代许多教育家一直十分推崇国外的这种推广教育或扩充教育。如蔡元培一直主张"大学教育的扩充"，他主张在全国建立大学区制，就曾设立扩充教育处来实现这种设想。他说："分全国为若干大学区，每区立一大学。区内的中小学教育与学校以外的社会教育，如通信函授、演讲团、体育会、图书馆、博物馆、音乐、演剧、影戏……与其他成年教育、盲哑教育等等，都由大学开展。"③在美国获得乡村教育博士学位的傅葆琛教授，更是赞赏这种大学推广教育。他说："扩充教育，也可以说是推广教育，英文叫做 Extension Education。欧美各国，这种教育很是发达。施行这种教育的机关，多半是大学。美国各大学，皆设有扩充教育处或推广教育部，所举办之教育事业种类甚

---

① 吉田熊次：《社会教育的设施及理论》，上海中华书局 1935 年版，第 2 页。

② 新堀通也：《社会教育学》，春秋出版社 1989 年版，第 1 页。

③ 高平叔编：《蔡元培教育论著选》，人民教育出版社 1991 年版，第 287 页。

多，有学校式的，也有社会式的。”①曾担任中央大学区扩充教育处处长的著名教育家俞庆棠也认为，扩充教育的范围，包括狭义的社会教育和广义的社会教育。她说：“扩充教育以全社会为对象，适应社会各种需要，不择人，不择地，随处可以有教育的设施。”②国民政府时期社会教育处处长陈礼江则直接指出：“扩充教育是以大学为出发点而设施的一种社会教育事业。它是从原有的正式学校教育的观点出发而特别着重于将学校内的教育事业扩充到学校外去。”他说：“欧美各国的大学，看到教育不应当只局限于学校的围墙之内，而应当扩充到校外的民众，所以有所谓的扩充教育。”从这些教育家的论述中，我们可以看到欧美大学很早就有推广教育或扩充教育的做法。

新中国成立后我们一直用大学社会服务来涵盖所有的推广教育事业，由于社会服务很难规范和实践，所以，大学的社会服务工作并未健全化和制度化，往往随着形势走。为了适应建立学习型社会的需要，为了通过大学开放来实现对社会教育的推广，我们必须从理论与实践两方面来重新认识大学推广教育，加强大学推广教育的研究，把大学推广教育发展到一个新的阶段。

1. 明确大学推广教育是大学教育的任务之一。大学以培养人才为目的，为了人才培养，大学的任务不应该仅仅围绕着教学、科研来展开，还应该把实施推广教育看做是大学的基本任务。因为人才培养仅靠在校园里培养是很难实现的，教学与科研如果没有社会各个方面的参与，也很难有所作为。纵观世界各国实施推广教育的经验许多发达国家无不把实施推广教育看做是教学、科研与人才培养的重要途径。所以，实施大学推广教育应该成为我国大学教育发展中一个不容忽视的重要课题，学校应该作为一项重要的教育工作来抓。

---

① 陈侠、傅启群编：《傅葆琛教育论著选》，人民教育出版社 1994 年版，第 104 页。

② 茅仲英编：《俞庆棠教育论著选》，人民教育出版社 1992 年版，第 6 页。

2. 大学实施推广教育可以拓宽大学的教育功能。从大学实施推广教育的历史来看，大学实施推广教育可以扩大教育的对象，把大学的教育事业推向社会、推进社会。因而，大学的教育功能就不仅仅局限于学校范围之内。它在进行人才培养和科学研究的同时，也扩大和丰富着社会教育的功能。如“开民智”、“作新民”，改良社会，弥补学校教育和家庭教育的不足。

3. 大学实施推广教育可以丰富大学的办学领域。大学推广教育从各国实施的经验来看，其办学领域和空间是极为广阔的。如补习教育、培训教育、继续教育、成人教育、社会教育、社会教育、远距离教育等。这些教育的兴起和发展与大学的关系极为密切。从这个经验可以看出，大学的社会服务工作其性质是实施推广教育，大学社会服务的主要工作就是将自己的教育事业推向社会，丰富自身的办学领域，扩大自己的施教空间，用大学的教育优势来满足和拉动全体国民对教育的需求。

五、增加投入：确立大学开展社会教育事业经费

发展教育事业离不开教育经费的支持，发展社会教育或社会教育事业，同样也必须有教育经费作保障。从世界各国来看，许多国家和地区在教育经费总额中都有发展社会教育经费的比率。如日本 1989 年度政府投入社会教育费占教育经费总额的比率为 7.3%；1988 年以前地方社会教育费占地方教育经费总额的比率一直是在 10% 以内，到 1988 年突破 10.3%。[①] 政府、地方和公共团体在经费方面的投入，是日本社会教育事业发展的一个重要保证。

我国近代确立社会教育事业发展专项经费，始于 1928 年试行大学院时期，在第一次全国教育会议上，确立“社会教育经费在整个教育经费中，暂定应占百分之十至二十”。[②] 后来随着形势的发展社会教育经费有起有伏。新中国成立后，曾设社会教育司来主管社会教育事业，社会教育曾有自己的

① 梁忠义：《日本社会教育》，山西教育出版社 1994 年版，第 120 页。

② 蒋建白、吕海澜：《中国社会教育行政》，商务印书馆 1937 年版，第 120 页。

发展经费，但后来取消了社会教育行政，社会教育的许多事业归为文化部门来推动和管理，至此，社会教育事业没有了专门的经费保证。

国内外的经验表明，发展社会教育所需的经费，必须是国家推动，地方参与，发挥公私团体和个人的积极性来多方筹措发展资金。从我国目前社会教育发展的情况来看，我们应当探讨一种在大学推动下发展社会教育的大学推广教育体制，然后逐渐使社会教育向独立化方向发展。在没有专项发展社会教育经费的情况下，增加对大学实施推广教育的经费无疑是在过渡期内一个行之有效而又一举两得的举措。

1. 确立大学实施推广教育的专项经费。大学应该把实施推广教育看做是大学办学的一项专门工作，和教学、科研并重的一项工作。为了维持推广教育的正常运行，其必须有专项经费来保障。这个专项经费出自何处，大学应该重新审视自己办学经费的收入与支出，重新规划学校办学经费的使用，在学校办学条件许可的范围内，逐渐增加对推广教育的投入。

2. 国家和地方政府提供经费支持。国家始终提倡大学为社会服务，但为社会服务是需要一定的财力、物力和人力的。从大学现状来看，大学的社会服务应主要以实施推广教育为主，通过教育活动来进行社会服务。而由于各地经济发展不平衡，推广教育在我国面临着广阔的施教领域和沉重的教育负担。如有些地方推广教育主要是“教育扶贫”、“科技扶贫”；有些地方推广教育主要是实施补习教育；有些地方则是以继续教育为主；等等。所有这些推广教育活动都首先要有一定的教育经费来支持，这就需要有各级政府部门的财政投入来保证实施。从日本发展社会教育的经验来看，国家和地方政府在教育经费总额中，使社会教育经费占一定比率的做法是值得借鉴的，我们可以把这个比率放在大学推广教育上来实施。

3. 鼓励公私团体和个人的捐助。在实现义务教育的前提下，大学实施的推广教育，在教育对象上实际就是面向成人。而成人有自己的特点，大部分是从业人员，都有自己的岗位和生产生活的社会。所以，从这种意义上来看，大学的推广教育实际上就是通过社会这个地点，面向成人进行教育，因而其形式是多种多样的，既可以是正规教育，也可以是非正规教育。这样的教育形式，其受益者是成人和社会团体，所以，世界各国在兴办社会教育的过程中，鼓励公私团体及个人的教育捐助是一项重要的办学举措，许多国家一些重要的社会教育设施与机构都是在团体或个人的捐助下完成的。对此，《学会生存》的作者总结强调："只有私人和公共团体都来贡献力量和资源，才能达到成人教育的目的。"①

总之，通过对大学开展社会教育理论与实践的研究，我们认为，大学从事推动社会教育的发展是大学推广教育的一项重要工作，它的理论基础是终身教育，它的奋斗目标是推动建设学习型社会。在大学开放教育观念的指导下，"我们必须把教育理解为一个终身存在的连续体"，使封闭的教育体系，变成为开放的教育体系。在这个开放的教育体系中，"教育活动既包括制度化的学校教育，也包括校外教育。有一部分教育应该是不拘形式的，并应为一种灵活多样的方式所取代"。在这种不拘形式的灵活多样的教育体系中，"高等院校应该多样化，大学应该成为对成人和青年人开放的、具有多种目的的教育机构"。② 我们应该立足于这样的教育观念，打破学历化社会对大学的束缚，让大学的教育事业面向全民，走出校园，走进社会，走入社会。

---

① 联合国教科文组织国际教育发展委员会编著：《学会生存》，教育科学出版社1996年版，第248页。

② 联合国教科文组织国际教育发展委员会编著：《学会生存》，教育科学出版社1996年版，第277、276、277页。

主要参考资料

一、文献类

1. 教育部:《第一次中国教育年鉴》,开明书局 1934 年版。

2. 教育部:《第二次中国教育年鉴》,商务印书馆 1948 年版。

3. 中国第二历史档案馆编:《中华民国史档案资料汇编》第三辑,江苏古籍出版社 1991 年版。

4. 中国第二历史档案馆编:《中华民国史档案资料汇编》(第五辑),江苏古籍出版社 1994 年版。

5. 高平叔编:《蔡元培教育论著选》,人民教育出版社 1991 年版。

6. 马秋帆编:《梁漱溟教育论著选》,人民教育出版社 1994 年版。

7. 茅仲英编:《俞庆棠教育论著选》,人民教育出版社 1992 年版。

8. 陈侠、傅启群编:《傅葆琛教育论著选》,人民教育出版社 1994 年版。

9. 韦善美编:《雷沛鸿文集》,广西教育出版社 1990 年版。

10. 张达扬、李红梅编:《陶行知论普及教育》,安徽教育出版社 1986 年版。

11. 马秋帆、熊明安编:《晏阳初教育论著选》,人民教育出版社 1993 年版。

12.《中华人民共和国宪法》,法律出版社 1999 年版。

13.《中华人民共和国教育法》,中国法制出版社 1998 年版。

14.《中华人民共和国高等教育法》,法律出版社 1998 年版。

15.《公民道德建设实施纲要》,人民日报出版社 2001 年版。

二、论著类

1. 陈桂生:《教育学的建构》,湖南教育出版社 1998 年版。
2. 陈桂生:《历史的教育学现象透视》,人民教育出版社 1998 年版。
3. 梁忠义:《当代日本社会教育》,山西教育出版社 1994 年版。
4. 李建兴:《中国社会教育发展史》,三民书局 1986 年版。
5. [日]新堀通也:《社会教育学》,春秋出版社 1989 年版。
6. [日]吉田熊次:《社会教育的设施与理论》,上海中华书局 1935 年版。
7. [美]周策纵:《五四运动史》,岳麓书社 1999 年版。
8. 马宗荣:《现代社会教育泛论》,世界书局 1934 年版。
9. 吴学信:《社会教育史》,商务印书馆 1939 年版。
10. 詹栋樑:《社会教育学》,五南图书出版公司 1983 年版。
11. 陈礼江:《社会教育的意义与事业》,正中书局 1937 年版。
12. 潘懋元:《潘懋元高等教育文集》,新华出版社 1991 年版。
13. 王英杰:《美国高等教育的发展与改革》,人民教育出版社 2002 年版。
14. 徐辉:《变革时代的大学使命》,浙江大学出版社 1999 年版。
15. 贺国庆:《德国和美国大学发达史》,人民教育出版社 1998 年版。
16. [西]奥尔特加·加塞特:《大学的使命》,徐小洲译,浙江教育出版社 2001 年版。
17. [美]德里克·博克:《走出象牙塔:现代大学的社会责任》,徐小洲译,浙江教育出版社 2001 年版。
18. 单中惠、杨捷:《外国大学教育问题史》,山东教育出版社 2006 年版。
19. 吕庆广:《六十年代美国学生运动》,江苏人民出版社 2004 年版。
20. 周谷平:《近代西方教育理论在中国的传播》,广东教育出版社 1996 年版。
21. 孙培青:《中国教育史》,华东师范大学出版社 1992 年版。
22. 吴德刚:《中国全民教育问题研究——兼论教育机会平等问题》,教育科学出版社 1998 年版。

23. 张学书:《台湾社会教育》,山西教育出版社 1999 年版。
24. 郭为藩等:《当代教育理论与实际》,五南图书出版公司 1983 年版。
25. 林胜义:《学校开展社会教育——理论与实务》,师大书苑有限公司 1995 年版。
26. 王冬桦、王非主编:《社会教育学概论》,教育科学出版社 1992 年版。
27. 叶忠海:《社区教育学基础》,上海大学出版社 2000 年版。
28. 杨应崧等:《各国社区教育概论》,上海大学出版社 2000 年版。
29. 黄云龙:《社区教育管理与评价》,上海大学出版社 2000 年版。
30. 沈金荣:《社区教育的发展和展望》,上海大学出版社 2000 年版。
31. 联合国教科文组织国际教育发展委员会编著:《学会生存——教育世界的今天和明天》,教育科学出版社 1996 年版。
32. 赵中建编:《教育的使命——面向二十一世纪的教育宣言和行动纲领》,教育科学出版社 1996 年版。
33. 高登云编著:《中国高等教育史》,华东师范大学出版社 1994 年版。
34. 孙启林主编:《社会教育》,吉林教育出版社 2000 年版。
35. 王处辉主编:《中国社会思想史》,中国人民大学出版社 2002 年版。
36. 王雷:《中国近代社会教育史》,人民教育出版社 2003 年版。
37. 王雷:《近代中国社会教育事业与管理》,黑龙江人民出版社 2002 年版。
38. 王雷:《建设学习化社会》,黑龙江人民出版社 2002 年版。

三、论文类

1. 厉以贤:《社区教育的理念》,《教育研究》1999 年第 3 期。
2. 厉以贤:《社区教育的推行》,《教育研究》1999 年第 11 期。
3. 岳子纯:《社区教育:教育与社会结合的新形式》,《南京社会科学》1994 年第 8 期。
4. 马玉琦:《电大教育要与社区教育相结合》,《现代远距离教育》2000 年第 2 期。

5. 苏湘晋:《社区学院:高等教育多层次办学的一种有益模式》,《山西大学学报》1999 年第 1 期。
6. 马超:《社区教育基本知识》,《北京成人教育》1999 年第 7 期。
7. 贺国庆:《从雷莫尔法案到威斯康星观念》,《河北大学学报》1998 年第 3 期。
8. 王保星:《威斯康星观念的诞生及对美国高等教育的影响》,《河北师范大学学报》2000 年第 1 期。
9. 王雷:《"社会教育"传入中国考略》,《河北师范大学学报》(教育科学版)2000 年第 4 期。
10. 王雷:《"开民智":教育发展中一个不容忽视的课题——从近代教育家关注社会教育谈起》,《教育理论与实践》2001 年第 7 期。
11. 王雷:《关注农村社会教育——近代乡村教育试验活动的回顾与启示》,《沈阳师范学院学报》2001 年第 6 期。
12. 王雷:《传统教化思想在近代中国的演变》,《华东师范大学学报》(教育科学版)2002 年第 1 期。
13. 王雷:《我国近代大学实施扩充教育的经验与启示》,《沈阳师范大学学报》2002 年第 3 期。
14. 王雷:《劳动人民知识化:一个不容忘却的教育课题——从近代教育家争论社会教育能否制度化谈起》,《沈阳师范大学学报》2004 年第 1 期。
15. 王雷:《走向生活:论学校对社会生活质量的提升》,《教育理论与实践》2005 年第 11 期。

后　记

本书写作的缘起是多年来笔者对中国社会教育的关注。自研究近代社会教育史以来，给笔者深刻影响的是众多教育家、知识群体对社会教育的关注，他们在当时的社会背景下，认为中国贫、愚、弱、私的国民背景，人口众多、素质差的社会现实，层出不穷的社会疾病，需要发展社会教育来"开民智"、"作新民"，改良民风与民俗。他们认为，在中国只发展学校教育是不能富国安民的，只解决人才问题也是不能富国强兵的，教育的大众化只依靠发展学校教育是完成不了的，中国的国情与民情，必须使学校教育与社会教育并重发展，"民智"与"民心"同时养成，办教育不能重学校而轻社会，厚人才而弱国民。

给笔者深深震撼的是，在对中外社会教育理论与事业的比较研究中发现，我国的社会教育研究还是非常薄弱的。在世界许多国家，社会教育有行政地位，有专门的社会教育法，大学有社会教育专业、社会教育学科以及社会教育研究人员。社会教育有自己的学术地位，有专门的研究杂志和众多的社会教育著作。这些国家的社会教育学家认为，国家的教育目的并非是仅仅依靠学校教育所能完成的，教育目的应该利用社会一切机会、场合和组织活动得以实现，教育的大众化必须通过全社会有组织地拉动和满足，人的素质是整个社会作用的结果，所以，社会教育具有强烈的公益性、对策性、多样性和丰富性。

给笔者以激励的是经多年的社会教育学术研究，发现社会教育领域是一个巨大的教育资源库，需要不断挖掘、开发、整理与创新，尤其提倡终身教育和建设学习型社会以来，在社会管理的视域下，社会教育资源被人们重新认识，孕育着无限的发展生机。

但是，也应该看到，社会教育虽然资源丰富，但研究严重不足，使我们不得不面对许多空白，不得不从头开始。社会教育是什么？社会教育怎么实施？社会教育由谁来实施？等等问题，教育理论界并未给予很好的回答。而当我们翻开近代社会教育史的时候，我们的先人在面临同样问题时，他们通过实践认识到，中国社会教育发展的动力之一，应该由各级各类学校来推动，利用学校的知识群体参与开展社会教育事业，以拉动和满足人们对教育与学习的需求。在这种认识的指导下，进步的大学师生纷纷走出校园，深入平民、深入乡村，用自己的知识启发民众、教育民众，掀起了近代轰轰烈烈的平民教育运动、乡村教育运动、民众教育运动和工农教育运动。

由于有历史的经验，当笔者以大学开展社会教育作为论题时，也就有了写作的依据和研究的信心。所以，通过研究发现，大学社会服务其内涵应该是教育服务，大学开展社会教育就是其提供教育服务之一种，大学通过开展社会教育拓宽着教育的功能，丰富着自己的教育领域，扩大了教育的对象，大学开展社会教育是实现大学教育大众化的重要途径。用这样的观点来反思我们大学的社会服务与社会实践，我们就会发现，大学的社会服务与社会实践具有学校教育和社会教育的双重功能，实现着人才培养和提高全民素质以及提升社会生活质量的多种功效。所以，正如历史与现实、理论与实践所表明的，大学开展社会教育是可行的、必要的和有发展前景的。

本书的写作，也是一种研究性教学成果，多年的大学教学实践，使笔者认识到大学青年知识分子群体应该成为推动社会教育事业进步的重要力量。所以，在教学工作中，笔者十分关注课堂教学与课外实践相结合，学校教育与社会教育相结合，关门读书与开门活动相结合，组织了较为丰富的社会教育实践活动，诸如研讨活动、展览活动、咨询活动、讲座活动、调查活动、口述史研究等，试图通过大学知识群体的社会实践，拓展与提升服务的社会教育内涵，提高社会实践质量。本书的成稿就是在理论与实践、历史与现实、国内与国外、老师与学生的互相观照和合作下得以完成的。

参与部分章节资料整理的教师和研究生主要有：杨云兰博士（第二章，第一节）、东北师范大学教育学部教育史专业研究生王晓旋（第三章，第二节；第六章，第四节）、沈阳师范大学教育史专业研究生孙太雨（第四章，第二节）、付艳（第六章，第一节）。

虽然大学开展社会教育有众多的理论与实践的支持，但是它和大学社会服务以及社会实践是什么关系？如何使这种开展社会教育规范化、制度化？如何通过开展社会教育拓展与提升大学社会服务以及社会实践的水平？这些问题，还需要进一步的探讨。本书的研究只是在大学与社会教育关系范围内的一种尝试探索，试图抛砖引玉，引起人们进一步的关注和思考，因而，其观点肯定存在着这样或那样的不足，希望得到专家、学者和老师们的批评与指正。

王　雷

2012年5月18日